若年者の早期離職

時代背景と職場の人間関係が及ぼす影響

Hatsumi Yasuyuki
初見康行［著］

中央経済社

はしがき

本書の内容（3つのテーマ）

　本書は，若年者の早期離職に対する「職場の人間関係」の影響を検討した研究書である。具体的には，「上司」，「先輩」，「同期」との人間関係が，若年者の「残留意思」や「離職意思」に対して及ぼす影響と，そのメカニズムの解明に取り組んでいる。

　これまで，若年者の早期離職については，経済学，経営学，心理学など，様々な学問領域からアプローチがされてきた。また，学術研究だけでなく，政府機関や民間企業においても，若年者をテーマとした調査が数多く行われている。これらの先行研究を通して，早期離職の現状や多くの原因が明らかにされてきた。しかしながら，本問題に対する社会的関心は近年になっても収まりを見せていない。この事実は，若年者の早期離職が我が国における重要な社会問題であり，未だ根本的な解決がされていないことを示唆するものである。

　このような状況の中で，本書では大きく3つのテーマに取り組んでいる。第1のテーマは，若年早期離職を時系列的な観点から考察し直すことである。具体的には，これまで，断片的に語られてきた早期離職の原因を時系列に整理し，各時代において，早期離職がどのように引き起こされてきたのかを再検討する。本書では，特に，早期離職の原因と考えられる「環境要因」，「構造要因」，「企業要因」，「個人要因」の4つの要因に注目した。バブル経済期以降，若年者の早期離職がどのような要因・時代背景によって引き起こされてきたのかを再検討し，広範な視点から，本問題の全体像を掴んでいく。

　第2のテーマは，実証研究を通した職場の人間関係の可視化である。本書では，若年者の早期離職を引き起こす要因として「職場の人間関係」を取り上げている。本問題については，これまでも早期離職要因の1つであることが指摘されてきたが，必ずしも詳細な検証がされてこなかった。その背景には，職場の人間関係の範囲を特定することが困難なことや，複数の人間関係を比較するための概念・尺度が整備されていなかったことなどが挙げられる。本書では，職場の人間関係の中でも，特に「上司」，「先輩」，「同期」との人間関係に注目

し，2つのサンプルデータを用いて実証研究を行った。定量的な分析を通して職場の人間関係を可視化し，各人の影響力や役割について，新たな知見を獲得していく。

第3のテーマは，職場の人間関係を捉えるための新たな概念の導入である。本書では，職場の人間関係の影響を検証するため，「アイデンティフィケーション」の概念を導入した。具体的には，本概念を対人関係に応用した「関係的アイデンティフィケーション」の概念定義，尺度開発を行っている。

これまで，職場の人間関係については，主にLMX（leader-member exchange）やTMX（team-member exchange）の概念が使用されてきたが，これらの概念にはいくつかの課題が残されている。アイデンティフィケーションの概念・尺度を導入することで課題点を克服し，既存研究とは異なる視点から職場の人間関係を捉えていく。以上の3つのテーマに取り組むことにより，若年早期離職の改善に寄与することが，本書の最終的な目的である。

本書の構成

本書では，上記3つのテーマに取り組んでいくため，次頁に掲げた構成に沿って議論を進めていく。第1章では，若年早期離職問題を時系列的な観点から見直し，バブル経済期以降，本問題がどのような要因，時代背景によって引き起こされてきたのかを再検討していく。また，早期離職の代表的な要因として，「環境要因」，「構造要因」，「企業要因」，「個人要因」の4つを取り上げ，要因間の仮説的な因果関係を示していく。最後に，既存研究の課題点を指摘し，本書のテーマである「職場の人間関係」に注目する必要性を述べていく。

第2章では，本書の主要概念である「アイデンティフィケーション」と，その理論的基盤である「社会的アイデンティティ理論」，「自己カテゴリー化理論」について理解を深めていく。また，先行研究の課題点を指摘し，本書で行う3つの分析と11の仮説を提示していく。

第3章から第5章では，実証研究を通して，若年早期離職に対する「職場の人間関係」の影響を明らかにしていく。はじめに，本書で使用する関係的アイデンティフィケーション尺度の開発手順と分析データの出所を明らかにする。次に，分析方法と結果を提示し，仮説の検証及び，結論・含意を述べていく。最後に，第6章では，本書の限界と将来の研究展望を示していく。

■ 本書の構成

若年早期離職の要因・メカニズムの検討	第1章：若年早期離職の時系列的考察

本書の理論・概念仮説の導出	第2章：アイデンティフィケーションの概念導入と仮説

実証研究と結果の考察	第3章：尺度開発の手順と分析データの出所
	第4章：3つの分析と結果の提示
	第5章：職場の人間関係が若年者の早期離職に及ぼす影響

本書の限界と将来の研究展望	第6章：早期離職研究の発展と4つの研究テーマ

謝辞

　本書の出版は，多くの方々の献身的なサポートによって実現したものである。その中でも，特に5人の方に，この場を借りてお礼を申し上げたい。1人は，大学院の恩師である守島基博先生である。守島先生には修士・博士課程を通して5年間ご指導を頂いた。また，満期退学後も遠方にいる私を根気強く指導してくださり，博士論文の完成まで導いてくださった。本書は，その博士論文の内容が基となっている。先生の求める水準にはまだまだ足りないが，今後も努力を積み重ね，社会に貢献できる研究を発信していきたい。

　2人目は，博士論文の副査を務めて頂いた加藤俊彦先生である。加藤先生には博士課程2年目からご指導を頂き，多数の有益なアドバイスを頂いた。困難な大学院時代を乗り越えることができたのは，加藤先生の多方面にわたる援助のおかげである。加藤先生の魅力である，学生一人一人に向き合う真摯な姿勢と，研究の「楽しさ」を見い出す力を，私もいつか身に付けたいと思う。

　3人目は，加藤先生と共に副査を務めて頂いた，島貫智行先生である。修士論文に続き，博士論文も島貫先生に見て頂く機会に恵まれたことは，私にとって大きな幸運であった。研究・教育・学務の全てを高いレベルでこなす超人的な働き方は，容易にまねできるものではないが，その姿に少しでも近づけるよ

うに精進していきたい。

　4人目は，GMOリサーチ株式会社の高橋翔様である。本書の一部には，GMOリサーチ株式会社との共同研究で取得されたデータが使用されている。貴重なデータを提供して頂くと共に，常に鋭い洞察で刺激を与えてくれる高橋様に，この場を借りて感謝の気持ちを伝えたい。

　5人目は，本書の出版に多大な尽力を頂いた，中央経済社経営編集部編集長の納見伸之氏である。納見氏には，執筆に関する技術的な支援だけでなく，本を出版するという行為に対する責任・心構えまで教えて頂いたように思う。本書が日の目を見ることができたのは，全て中央経済社と納見氏のおかげである。本書が多くの人の手に取られることによって，少しでも恩返しができれば幸いである。

　最後に，いつも陰ながら支えてくれる両親と，妻の香奈，娘の香音ちゃんに感謝の気持ちを伝えたい。私が日々の仕事に注力できるのは，家族の献身的なサポートのおかげである。これからも充実した人生を歩めるよう，家族への感謝の気持ちを記すと共に，本書を捧げる。

　2018年2月　福島県いわき市にて

　　　　　　　　　　　　　　　　　　　　　　　　　　　　初見　康行

目　　次

第1章　若年早期離職の時系列的考察 ─────────── 1

1. 本章の概要・目的──若年早期離職を引き起こす要因とメカニズム ……… 1
2. 若年早期離職に注目すべき理由・背景 ……………………………………… 1
3. 早期離職の時代区分と4つの要因 ……………………………………………… 9
4. 早期離職要因の仮説的因果関係 ……………………………………………… 16
5. 4つの時代区分による若年早期離職の時系列的考察 ……………………… 25
6. 若年早期離職と「職場要因」 ………………………………………………… 47
7. 「職場の人間関係」に取り組む意義 ………………………………………… 50
8. 若年早期離職の要因・メカニズムと職場要因 ……………………………… 57

第2章　アイデンティフィケーションの概念導入と仮説 ── 61

1. 本章の概要・目的──アイデンティフィケーションとは …………… 61
2. 社会的アイデンティティ理論と自己カテゴリー化理論 …………………… 62
3. 組織アイデンティフィケーションと関係的アイデンティフィケーション …… 86
4. 3つの分析と11の仮説 ……………………………………………………… 122
5. アイデンティフィケーション導入の意義 ………………………………… 138

第3章　尺度開発の手順と分析データの出所 ─────── 141

1. 本章の概要・目的──尺度と分析データの信頼性・妥当性の確保 ‥ 141
2. アイデンティフィケーションの尺度開発 ………………………………… 141
3. 分析データの出所 …………………………………………………………… 152

第4章　3つの分析と結果の提示 ─────────── 163

1. 本章の概要・目的──尺度開発・弁別性・構造分析の結果 ………… 163
2. 分析1：アイデンティフィケーションの尺度開発 ……………………… 165
3. 分析2：組織アイデンティフィケーションと組織コミットメントの
   弁別性 ………………………………………………………………………… 190

4　分析3：若年者の残留・離職意思と職場の人間関係の構造分析……198

第5章　職場の人間関係が若年者の早期離職に及ぼす影響 —— 213

　　1　本章の概要・目的——尺度開発・弁別性・構造分析の考察………213
　　2　考察1：アイデンティフィケーションの尺度開発………………214
　　3　考察2：組織アイデンティフィケーションと組織コミットメントの弁別性………………………………………………………………228
　　4　考察3：若年者の残留・離職意思と職場の人間関係の構造分析……230
　　5　理論・尺度開発・若年早期離職への貢献………………………233

第6章　早期離職研究の発展と4つの研究テーマ —— 241

　　1　本章の概要・目的——限界と将来の研究展望……………………241
　　2　分析データと尺度開発の課題………………………………………241
　　3　有望な4つの研究テーマ……………………………………………245
　　4　おわりに——早期離職研究の更なる発展のために………………249

引用・参考文献一覧………………………………………………………251

付　録………………………………………………………………………267

第 1 章

若年早期離職の時系列的考察

1 | 本章の概要・目的
―― 若年早期離職を引き起こす要因とメカニズム

　本書の目的は,「職場の人間関係」が若年者[1]の早期離職に与える影響を明らかにすることである。本課題に取り組む前に，若年早期離職の基本的事実や時代背景を理解することは，本問題の全体像を掴むためにも有益であると考えられる。そのため，第1章では，はじめに早期離職問題に取り組む背景と，本書の基本的な立場を示していく。次に，1980年代末から2014年までの早期離職率の推移と，特徴的な時代区分を示していく。また，早期離職を引き起こす要因について代表的な研究群を概観し，要因間の仮説的な因果関係を示していく。時系列的な観点から本問題の全体像を把握し，早期離職発生の要因・メカニズムを理解していくことが，本章の目的である。

2 | 若年早期離職に注目すべき理由・背景

　早期離職問題に取り組むべき理由・背景として,「社会的背景」と「学術的背景」が挙げられる。「社会的背景」とは，本問題に取り組むべき理由の社会的側面であり，企業・個人・社会それぞれにとって，若年者の早期離職が潜在的な脅威となっていることが挙げられる。また,「学術的背景」とは，早期離職問題における学術研究上の発展余地である。これまで，若年者の早期離職については,「組織社会化」の観点から多くの研究蓄積がされてきた。しかし,

早期離職問題が未だ社会的注目を浴びている事実は，本問題が根本的に解決されていないことの証左であり，新たなアプローチが必要であることを示唆している。以下では，上記2つの背景について述べ，本研究の必要性を明らかにしていく。

2.1 社会問題としての若年早期離職

若年者の早期離職が社会問題となっている。一般に早期離職とは入社後3年以内での離職を指すが，学歴別に見ると，中卒で7割，高卒で5割，大卒で3割が離職をすることから，「7・5・3」離職とも呼ばれる。厚生労働省の「新規学卒就職者の学歴別就職後3年以内離職率の推移」によれば，平成26年度入社者では，中卒で67.7%，高卒で40.8%，大卒では32.2%が入社後3年以内に離職している（厚生労働省，[2017]）。

この若年者の早期離職傾向は，年齢・性別からも確認できる。全年齢を対象とした「雇用動向調査」によれば，男女共に19歳以下の離職率が最も高く，平成28年の年間離職率は，男性31.4%，女性45.0%に及ぶ。しかし，男女共に年齢が上がるにつれて離職率は低下し，男性の場合，35歳から59歳では10%未満，女性の場合も15%未満まで低下する（厚生労働省，[2017]）。学歴，年齢，性別など，様々な観点から見ても，若年者の早期離職傾向が顕著であることが窺える。

若年者の早期離職が我が国の社会問題として注目を集める背景には，「企業」・「個人」・「社会」のそれぞれにとって，早期離職が潜在的な脅威となり得ることがある。

例えば，「企業」の視点から見た場合，若年者の早期離職は，事業推進に必要な人材の確保や人員計画を妨げる可能性がある。また，早期離職によって慢性的に採用活動や教育研修を繰り返すことは，費用・時間・人的資源の負担増にもつながる。さらに，個人と企業の長期的な関わりを前提とし，企業特殊的な知識・能力の蓄積を競争力の源泉としてきた日本企業にとって，若年者の早期離職は，中長期的な競争力の維持・拡大にも大きな影響を与えることが考えられる。特に経営資源の乏しい中小の企業群にとって，若年者が早期に辞めてしまうことは，中長期の事業計画や技術の継承等にも深刻な影響を及ぼす可能性がある。

次に，若年者「個人」の視点から見た場合，早期離職はより深刻な問題を引き起こす。早期の離職が，若年者の職業上のキャリア形成を妨げるためである。前田ほか［2010］は，新卒就職時の初職効果について分析を行い，新卒時に常勤職に就いたとしても，3年以内に一度でも常勤職から離れてしまうと，再度常勤職に就くことが困難になることを指摘している。

　また，小林ほか［2014］は，インターネット調査によるパネルデータを用いて，大卒の早期離職者とその後の転職先について分析を行った。その結果，早期離職者の転職先がサービス業などの一部産業に集中していることや，転職者全体の約半数（49％）が，99名以下の企業に転職していたことが明らかとなった。全体傾向としても，前職より小規模な企業への転職が多数を占めており，早期離職者の転職先は，小規模方向への一方通行となっている。早期離職によって，知識・技能の蓄積がされていない場合，前職よりも有利な雇用条件で働ける可能性は低い。さらに，転職先となる業界・企業の選択肢も狭まる。以上の点を鑑みると，早期離職は，若年者個人のキャリア形成においても，大きなリスク要因になると考えられる。

　最後の視点は，早期離職が「社会」に及ぼす負の影響である。内閣府の「若者の意識に関する調査（ひきこもりに関する実態調査）」によれば，日本の「引きこもり群」は約70万人，潜在層は155万人と推定されている（内閣府，［2010］）。

　注目すべき点は，ひきこもり状態になったきっかけとして，「職場になじめなかった（23.7％）」，「就職活動がうまくいかなかった（20.3％）」など，仕事や就職に関する原因が多く挙げられている点である。つまり，職場や仕事になじめなかったことをきっかけとして離職し，そのまま引きこもってしまう（労働市場から退出してしまう）層が存在している。

　離職時期や人数を正確に把握することが今後の課題であるが，早期離職が，若年層の労働力減少に直接つながっていることも考えられる。そして，このような若年者の労働力減少は，税収等の低下を招き，ひいては，年金・保険などの社会保障制度の維持にも悪影響を与える可能性がある。少子高齢化が深刻な我が国において，若年層の労働力確保に負の影響を与えかねない早期離職は，喫緊に対応すべき社会問題であると考えられる。

　上記のような状況を避けるため，政府機関も様々な対策を講じている。労働

政策研究・研修機構は，若年者の離職理由を明らかにするため，2,169社，13,339名の回答から「若年者の離職理由と職場定着に関する調査[2]」をまとめている（労働政策研究・研修機構，[2007]）。

また，厚生労働省は，平成24年より「産業・事業所規模別の早期離職率」の情報公開を開始した。さらに，平成27年からは，大学生・大学院生向けハローワーク求人票に，過去3年間の採用者数・離職者数の記入を求めており，就職に際しての注意喚起が行われている。内閣府においても，労働界，産業界，教育界，有識者及び政府の合意による「若者雇用戦略」が策定されている（内閣府，[2012]）。本政策では，自らの職業人生を切り開いていける若者の育成を社会全体で支援していくことが提唱され，その実現のため，若者が働き続けられる職場環境の実現，職場定着などが主要な論点として挙げられている。

以上のように，若年者の早期離職問題については，政府機関による調査，情報公開，指針の策定など，多数の対策が推進されている。民間企業や学術機関での調査・研究と合わせると，極めて多数の組織・個人が，若年早期離職問題の解決に関心を抱いているといえる。

2.2 学術研究上の発展余地

若年者の早期離職問題を取り上げるべき理由は，社会的背景だけではない。学術研究上の発展余地が大きいことも，本問題に取り組むべき理由の1つである。例えば，若年者の早期離職問題については，これまで「組織社会化（organizational socialization）」の観点から多くの研究が行われてきた。

組織社会化とは，もともと「社会化（socialization）」の下位概念に位置付けられるものであるが，本概念を広範にレビューした高橋[1993]は，組織社会化を「組織への参入者が組織の一員となるために，組織の規範・価値・行動様式を受け入れ，職務遂行に必要な技能を習得し，組織に適応していく過程」と定義している。

この組織社会化の基本的な仮定は，組織による組織社会化戦術（新入社員研修・メンター制度など）の実行により，新入社員の組織適応が推進され，組織に対する残留意思が高まる（もしくは，離職意思が低下する）というものである。その効果や過程，メカニズムについては，これまでVan Maanen and Schein [1979]，Fisher [1986]，高橋 [1993]，小川 [2006]，竹内・竹内

[2011]，福本［2011］，鴻巣［2012］，尾形［2012a, b］，林［2013］など，多数の優れた研究者から有益な知見・示唆が提供されてきた。

　しかしながら，組織社会化研究にもいくつかの課題点が残されている。例えば，組織社会化は「組織の側」から早期離職を捉えた概念であるため，若年者「個人の側」からの視点が含まれていない。しかし，若年者の早期離職問題を解決していくためには，若年者自身の視点から，組織がどのような存在であるかを分析していく必要がある。

　また，現実の組織に目を向けた場合，組織の規範・価値・行動様式を受容していなくとも，組織に残り続ける者が存在する。逆に，組織の規範・価値・行動様式に共感し，職務遂行に必要な技能を備えた者（組織社会化された者）が離職してしまうこともある。このような現象が現実の組織において少なからず存在していることを考えると，全ての早期離職原因を組織適応に求めることには限界がある。少なくとも，給与・待遇，職務内容，人間関係，勤務地など，あらゆる離職原因を，組織適応の成功・失敗という一元的な枠組みで捉えてしまうことは，問題の焦点をぼかし，細部の検証や具体的な解決策の検討を妨げる可能性がある。組織社会化研究の有効性を認識しつつも，これまでとは異なる視点・概念から，若年者の早期離職問題を捉え直していく必要があると考えられる。

　さらに，2.1項で言及してきた早期離職に関する各種調査では，主に，広範な視点から若年者の早期離職「率」や「人数」に注目がされてきた。しかしながら，事前の文献調査やインタビュー調査など，若年者一人一人の質的調査から見えてくる特徴は，早期離職理由の「多様性」である。

　例えば，「自分の好きなことがやりたい」，「○○に関わる仕事がしたい」などの理想を追求するタイプや，「給与に不満」，「正社員になりたい」など待遇面の改善を求める者，「職場の人間関係がつらい」，「上司と合わない」などの人間関係を指摘する者もいる。また，「会社の将来性に期待が持てない」等の悲観的な理由もあれば，「キャリアアップするため」という前向きな理由から早期離職する者も存在する。他にも，「起業するため」，「NPO法人の立ち上げ」などの回答があった。本書で行った事前の調査においても，以下のような多様な回答が確認されている。

「もともと3年で辞めようと思っていた。次のキャリアへのステップ」
「自分が就職した時は不景気でなかなか内定が出なかった。経済的に就職浪人することはできなかったので，希望と異なる企業に行くしかなかった」
「成長に限界を感じた。やる気はあるのに任せて貰えない。のんびりしている上司や先輩を見て，危機感を感じました」
「赤字が続き，正直，会社の将来性に期待が持てませんでした」
「給与や待遇が良くなかった。事前の説明と実態が異なっていた」
「勤務時間が長く，2年目に体を壊してしまいました」
「好景気で複数内定が出たため，その中で一番有名な会社に入ったが，業界のぬるま湯的な体質が合わなかった。よく調べなかったことを後悔してます」
「会社がやっているビジネスに違和感を覚えた。もっと社会に貢献できる仕事がしたい」
「3年間の社会人生活の中で，本当に自分のやりたいことが見えてきた。たまたまそれに関わる会社に内定が出たので。とても幸運だったと思います」
「職場の人間関係が原因。特に上司と合わなかったことが致命的」
「異動を機に，尊敬していた上司や先輩と離れてしまったこと」
「自分の世代から年俸制になり，以前から働いている人との給与格差が大きかったこと。同じ仕事をしているのに待遇に大きな差があるのは納得がいかなかった」
「入社から3年経っても希望する仕事をやらせて貰えなかったため」
「仕事が完全にルーチン化されていたため，スキルが全く身に付かなかった。このまま30歳になったらまずいと思った」

以上のように，若年者の離職理由については，かなりの多様性があることが確認されている。しかしながら，このような多様性の背景や，各時代においてどのような離職理由が優勢であったのかは，断片的にしか明らかにされていない。

例えば，日本生産性本部が毎年実施している「働くことの意識[3]」調査によると，近年の新入社員の傾向として，「自分の能力・個性が生かせる」が会社選びにおいて重視されている。逆に，調査が開始された1971年（昭和46年）に

第1位（27％）であった「会社の将来性」は，2017年（平成29年）には第4位（8％）まで低下しており，時代の変化の中で，"寄らば大樹の陰"的な傾向が減退し，自らの技能や能力に関心が持たれる時代へ変化してきたことが指摘されている（日本生産性本部，［2017］）。

このような職業観の変化は，若年者の離職行動に対しても影響を及ぼしてきたことが考えられる。しかし，時代背景と早期離職の関係や，上記の職業観の変化が，いつ，何を原因として始まったのかについては，必ずしも明らかにされていない。以上の課題を解決していくためには，これまでとは異なる分析枠組みからの整理・検討が必要である。具体的には，はじめに，断片的に語られてきた早期離職の要因や背景について，時系列に整理し直すことが必要である。特に，若年者の早期離職が注目され始めたバブル経済期以降の社会変化と早期離職の推移を丁寧に追い，早期離職発生の要因・メカニズムを明らかにすることは，本問題の解決に向けた土台作りになると考えられる。

また，若年者一人一人の早期離職行動を改善していくためには，上記のような広範な視点に加え，より若年者個人の行動特性に焦点を当てた分析も必要である。例えば，入社1年目から3年目の若年者と，4年目以降の者との比較分析は，若年者特有の離職行動を明らかにするための有益な示唆を提供することが予想される。しかし，そのような視点から行われた実証研究は少ない。以上のような点を鑑みると，若年者の早期離職問題は，社会的背景だけでなく，研究上の視点・分析方法にも発展の余地があるといえる。

2.3 本書の基本的な前提と立場

本書では，若年早期離職の要因・メカニズムの検討や，実証研究を行っていくが，具体的な分析・検討に入る前に，いくつかの点について，本書の基本的立場を明確にしておきたい。

第1に，本書は，若年者の早期離職は，「企業」・「個人」・「社会」にとって潜在的な脅威であり，早期離職の改善が必要であるという立場に立っている。「7・5・3」離職に代表される，若年者の早期離職については，これまでも社会問題としてたびたび指摘されてきたが，早期離職自体が本当に問題であるかについては，十分な議論がされてこなかった。

太田［2010a］において指摘されているように，若年期が「天職探し」の時

期であることを考えれば，早期離職についても多様な解釈があり得る。場合によっては，現在の早期離職率を健全なものと解釈することも可能かもしれない。

実際，吉村［2012］は，若年離職を企業経営の視点から検討し，一般的には問題とされる高い離職率も，業種・職種によっては経営合理性があることを指摘している。しかしながら，小林ほか［2014］の研究からも明らかなように，早期離職者の転職先は，業界・企業ともに狭まる傾向にあり，前職よりも有利な労働条件で働ける可能性は低い。また，企業にとっても，早期離職によって人的資源が蓄積されていかないことは，採用，教育，人員計画，事業推進，技術継承など，あらゆる面で大きな弊害となり得る。より長期の視点に立てば，上記のような現象は，若年層の労働力確保や税収の減少など，我が国の健全な発展にも影響を及ぼす可能性がある。以上のような点から，本書は，若年者の早期離職は「企業」・「個人」・「社会」にとって望ましくない現象であり，早期離職問題の改善が必要であるという立場に立って，分析を進めていく。

第2に，若年者の定義について明確にしておきたい。若年者の定義については，明確なものが定まっておらず，調査や分野によって異なっている。厚生労働省は，若年労働者の定義を「15歳から34歳までの労働者」としており，各種の雇用調査もこの定義に従って行われている。また，労働政策研究・研修機構が2007年に行った「若年者の離職理由と職場定着に関する調査」においても，調査対象者は，「企業に在籍する35歳未満の若年者（正社員）」と定義されている。しかしながら，内閣府が行った「就業構造基本調査」においては，若年無業者の定義が15歳から39歳となっている。また，民間企業の調査においても，15歳から24歳や，15歳から39歳を若年者として扱う場合があるなど，社会全体での統一はされていない。

本書では，若年者を「新規学卒者として就職した入社1年目から3年目の者」と定義して使用していく。これは，本書が入社3年以内の早期離職をテーマとしており，分析においても，入社3年以内の者と4年以上就業を継続している者の比較分析を行っているためである。それゆえ，本書では今後，「若年者」という言葉について，上記の定義を適用していく。また，同一企業で4年以上就業を継続している者についても，便宜的に「就業継続者」と表現し，表記の簡便性を図っていく。

第3に，本書では，若年者の中でも，特に大卒正社員を対象に分析を進めて

いく。大卒正社員については，政府統計や民間企業が行っている大卒者向けの調査が多数存在するため，より精緻な分析が可能である。また，後述する濱秋ほか［2011］でも指摘されているように，終身雇用，年功賃金など，日本的雇用慣行が最も適用されてきたのは大卒の正社員である。バブル経済の崩壊が日本的雇用慣行の衰退を招き，それが若年者の早期離職に繋がっているとすれば，その影響を最も受けてきたであろう，大卒正社員を分析対象とすることが，本問題の解決策を探究していく上でも適切である。

　さらに，大卒者を分析対象とする最も大きな理由は，早期離職者に占める大卒者の割合が，他の学歴（中学卒，高校卒，短大卒）と比較して多い点にある。厚生労働省の「新規学卒者の離職状況調査[4]」によれば，平成26年の大卒就職者数は42万7,932名[5]であり，その内，3年以内の早期離職者数は，13万7,962名に及ぶ。一方，短大卒の就職者数は，13万8,730名であり，早期離職者数は5万7,259名である。また，高卒者では就職者数17万591名に対し，早期離職者数は6万9,588名，中卒者では，就職者数1,274名に対し，早期離職者数は862名となっている。

　全ての学歴を合わせた早期離職者数は，26万5,671名であり，その内，大卒者が51.9％を占めている。もともと，大卒者の人数が多いため，早期離職者数に占める大卒者の割合が最も大きくなることは必然である。また，「7・5・3」離職と呼ばれるように，人数は最も多いが，早期離職者の割合が最も低いのは大卒者である。しかしながら，大卒者が早期離職者全体の半数を占めていることも事実であり，大卒者の早期離職を検討することが，早期離職問題全体の改善に向けた大きな一歩になると考えられる。それゆえ，本書では，若年者の中でも特に大卒正社員を対象として分析を進めていく。

3 早期離職の時代区分と4つの要因

　上記では，本書の研究背景と基本的な立場を示してきた。本節では，若年早期離職問題を時系列的な観点から見直し，本問題が発生した要因や時代背景について理解を深めていく。

　はじめに，新規大卒者の早期離職率の推移と特徴的な時代区分を示していく。そもそも，若年者の早期離職問題に社会的な注目が集まるようになったのは，

■ 図表1-1　新規大卒者の3年以内離職率の推移と時代区分

出所：厚生労働省［2017］，苅谷・本田［2010］より筆者作成。

バブル経済崩壊後の1990年代である。当時は，年功賃金や終身雇用など，いわゆる「日本的雇用慣行」の終焉が指摘されるなど，我が国の労働環境や働き方が大きな変化に直面した時期でもある。それゆえ，本書においても，バブル経済崩壊前後の1980年代末から2017年までの約30年間の変化に注目し，分析を進めていく。

苅谷・本田［2010］は，バブル経済期以降の大卒就職の変動を，「バブル期」，「ロストジェネレーション期」，「ポスト・ロストジェネレーション期」，「第2次ロストジェネレーション期[6]」の4つに分け，その特徴について述べている。図表1-1は，厚生労働省［2017］「学歴別卒業後3年以内離職率の推移（大学卒）」に，苅谷・本田の時代区分を当てはめたものである。

図表1-1から，いくつかの特徴が見えてくる。まず，①「バブル期（1980年代末から1992年）」の早期離職率は20％台であったが，バブル経済崩壊後の，②「ロスト期（1993年から2004年）」に入ると，35％超まで上昇している。また，③「ポスト期（2005年から2009年）」では早期離職率が20％台後半まで徐々に減少しているのに対し，④「第2ロスト期（2010年から2014年）」では再度30％超まで上昇していることが読み取れる。

苅谷・本田［2010］は，それぞれの期間を，①80年代末から1990年初頭のバブル経済下における採用需要拡大期，②1993年頃から2004年頃の就職氷河期，③2005年頃からの「いざなぎ景気超え」による採用再活性期，④2008年秋に発生した金融危機による新卒採用抑制期として，各期間の特徴を論じている。本書においても，苅谷・本田の時代区分に依拠しながら，各時期において，なぜ早期離職率が上昇・下降したのか，その要因について代表的な研究群を概観していく。

3.1 早期離職の要因①「環境要因」

早期離職率の上昇・下降の要因としてまず注目すべきものが，卒業時の経済環境に代表される「環境要因」説である。これは，若年者の早期離職の原因を，卒業時の経済環境や雇用情勢に求める研究群であり，一般に「世代効果」研究と呼ばれる。

世代効果とは，学校を卒業した時期の経済環境や労働需給状況（失業率，有効求人倍率等）が，ある世代の賃金，採用，離職等に及ぼす長期的な影響を指し，主に労働経済学の分野で研究蓄積がされてきた。例えば，黒澤・玄田［2001］[7]は，1982年から1997年に労働市場に参入した30歳未満の労働者を対象に，就職時の失業率が，就業機会の獲得及び，その後の定着にどのような影響を与えるのかを分析している。分析の結果，失業率の上昇は，正社員として就業する機会を制限するだけでなく，就職後の早期離職にも繋がることを明らかにした。

黒澤・玄田は，失業率の上昇が若年者の早期離職を招く理由として，失業率が高い時期に就職活動をした場合，希望する企業や仕事に就ける可能性が低くなるため，企業と若年者のマッチングの「質」が低下し，結果的に早期の離職に繋がることを指摘している。そして，このような状況を改善するためには，なにより，総需要拡大による新卒市場の需給改善が必要であることを指摘している（黒澤・玄田，［2001］）。

また，大竹・猪木［1997］も，労働者の賃金や離職行動を，仕事と労働者のマッチングの質から説明するJovanovic［1979］の理論をもとに，大学卒の賃金・勤続年数に関する世代効果を分析している。Jovanovic［1979］の理論によれば，労働者と仕事のマッチングの質が高い場合，労働者は職場で高い生産

性をあげることができるため、賃金は上昇し、転職をする必要がなくなるため、勤続年数が伸びるとされる。

しかし、大竹・猪木が指摘しているように、仕事と労働者のマッチングの質に対して、景気変動がどのような影響を与えるのかについては明らかにされてこなかった。分析の結果、不況期に就職した者の勤続年数が、好景気に就職した者に比べて、有意に短いこと（好況期に就職した世代は、そうでない世代よりも平均勤続年数が有意に長いこと）が明らかとなり、離職行動に対する世代効果の影響が確認された。つまり、好況時には仕事と労働者のマッチングの質が高くなるため、勤続年数が長くなる一方、不況期にはマッチングの質が低くなるため、離職行動が促進されるといえる。

3.2　早期離職の要因②「個人要因」

若年早期離職の原因として頻繁に指摘される要因が、若年者の職業観変化を背景とした「個人要因」説である。これは、早期離職の原因を、若年者の仕事に対する見方や価値観が変化したため、という個人の要因に求める研究群であり、広く社会に受け入れられている説でもある。実際、多くの人間が、早期離職の原因は若年者個人の「内的問題」だと認識していることが明らかとなっている。

経済広報センターは、全世代3,764名を対象に、「若年者の就労に関するアンケート」を行った。その結果、早期離職の主な原因がどこにあるのかについて、回答者の80％が「若者自身やその周辺に原因がある」、「どちらかというと若者自身やその周辺に原因がある」と回答している（経済広報センター、[2004]）。さらに、上記回答者にその理由を尋ねたところ、「つらくても、がまんするといった精神的なタフさがないから」という回答が61％で最も多い結果となった。換言すれば、回答者の多くが、早期離職の原因を、若年者個人の精神面の弱さや忍耐力の欠如にあると認識している様子が窺われる。

谷内［2005］は、厚生労働省、日本生産性本部、JGSS-2000[8]など、若者の職業意識に関する様々な調査結果を参照しながら、早期離職の原因として、若年層の職業意識の変化を指摘している。

谷内によれば、戦後生まれの中高年層の職業意識の根底には、物質的豊かさへの希求があり、それが可能となる大企業や安定した企業に入ることが主たる

目標となっていた。それゆえ，入った会社で担当する仕事については事前にほとんど意識されることはなく，その意味で，中高年層の職業意識は，「就社」であったことが指摘されている。

一方，若年層の職業意識の根底にあるのは精神的な豊かさであり，職業選択においても，自分の能力・個性が生かせるかどうかを重視する会社選択が行われていること，したがって，若年層にはおいては，「どこの会社に入るか」ではなく，「どんな仕事ができるか」，「その仕事は自分に合っているか」が重視されることが指摘されている。若年層の職業意識は，どこの会社に入るかよりも，入った会社でどのような仕事ができるかを重視する意味で，まさに「就職」であり，「いくつかの組織に所属し，それぞれのところから必要なものを手に入れていく」（谷内，［2005］34頁）という若年層の職業意識が，早期離職の原因になっていることが示唆されている。

上記のような谷内の主張を裏付ける調査結果も複数存在する。例えば，内閣府が行った「若者の考え方についての調査報告書」では，15歳から29歳の若者3,000名を対象に，職業観に関する質問がされている。その中で，「現在の職業に就いた理由」を尋ねたところ，「自分の好きなことができる（32.5％）」が最も高い数値となっており，「大きな会社である（14.5％）」，「給料が高い（13.4％）」よりも上位に挙げられている（内閣府，［2012］）。

また，同じく内閣府が2001年に行った「青少年の生活と意識に関する基本調査報告書」においても，職業観について，「やりがいのある仕事についてがんばるのは人間にとって大事なことだ（57.2％）」，「自分のやりたい仕事ができれば，収入や社会的地位にはこだわらない（44.9％）」が，それぞれ1位，2位となっている（内閣府，［2001］）。

以上の調査からも，若年層の多くが，収入や社会的地位よりも，やりたい仕事か否かを重視した職業選択をしており，少なくとも，その傾向が2000年代初頭には現れていたことが確認できる。そして，このような個々人の個性や，やりたいことを優先する職業観が，特定の企業に一生涯留まるインセンティブを低下させ，早期離職を誘発していることが考えられる。

3.3　早期離職の要因③「企業要因」

早期離職の要因に関する3つ目の視点は，早期離職の原因を，労働条件の低

下など，雇用主側の問題に求める「企業要因」説の研究群である。

　濱秋ほか［2011］は，若年層の離職について，終身雇用や年功賃金に代表される「日本的雇用慣行」の衰退が，若年層の離職を促していると指摘している。当該研究では，1989年から2008年までの20年間の「賃金構造基本統計調査」の個票データを用いて，企業の中核労働者（男性常用労働者）の働き方にどのような変化が生じてきたのかを分析している。

　分析の結果，年功賃金については，1990年代から徐々に賃金プロファイル（賃金上昇カーブ）の傾きがゆるやかになり，2007年から2008年になると，40歳以降ではほとんど上昇が見られなくなったことが指摘されている。つまり，1990年代までは年功による賃金の上昇が観察されていたが，近年では，特に40歳代後半以降の中高年層で，年功的な賃金の上昇が見られなくなっているということである。

　また，終身雇用については，中高年層ではほとんど変化が見られないのに対し，大卒の若年層では，1990年代後半以降，終身雇用者比率に顕著な低下（60％前後から45％以下への低下）が確認されている。つまり，中高年層の終身雇用が維持される一方，若年層に対する終身雇用制度は衰退してきていることが推測される。

　以上の分析から，濱秋らは，若年労働者（特に大企業に勤める大卒者）は，現在の勤め先で働き続けたとしても，期待できる賃金の上昇率は従来と比べて大きく低下しており，なおかつ，終身雇用も以前ほど望めない状況になっていると指摘している。このような状況の中で，転職が容易ではない中高年層は，賃金上昇率の低下を甘受してでも現在の企業に留まろうとする一方，適応能力が高い若年層は，より良い雇用条件を求めて転職をするインセンティブが高まることが主張されている。年功賃金，終身雇用という「日本的雇用慣行」の衰退が，若年層の離職を促す大きな要因となっていることが推測される。

　また，中村・則定［2014］も，若者の早期離職は，若者自身と労働環境の2つの問題の相乗効果によるものであると仮説を立て，若者の精神的な忍耐力と労働環境が，早期離職とどのような関係にあるのかを分析している。当該研究では，勤務年数3年以内の社会人102名を対象とし，現代の若者の傾向である，逃避や不安に対する意識，抑うつの感じやすさ，そして労働環境におけるストレスが，離職意識とどのように関係しているかが調査されている。分析の結果，

抑うつに耐える力は離職意思とは直接関係がないこと，離職を考えている若者の主な理由は，「労働条件（賃金・労働時間等）」であることが明らかにされている。

　以上の濱秋ほか［2011］や中村・則定［2014］は，早期離職の原因を，労働条件の低下など，雇用主側の問題に求める研究群である。終身雇用や年功賃金に代表される日本的雇用慣行の衰退，また，労働時間の問題など，働く条件の低下が，若年者の早期離職を促していることが推測される。

3.4　早期離職の要因④「構造要因」

　早期離職の最後の視点は，その原因を，産業構造の変化や産業ごとの雇用慣行の違いに求める「構造要因」説である。具体的には，長年，我が国の基幹産業であった製造業の雇用吸収力が減少し，早期離職率の高いサービス業や小売業に入職する若年者が増えたことが，早期離職率の上昇に影響を与えていることが指摘されている。

　総務省統計局［2017］の「労働力調査」によれば，我が国の基幹産業であった製造業の就業者数は，1990年には1,505万人であったが，2016年には1,045万人まで減少している。一方，サービス業は，1990年に1,394万人であったものが，2016年には2,455万人まで増加している。この結果，我が国の産業構造は大きく変化し，雇用吸収力の最も大きな産業が，製造業からサービス業に移っている。その影響は若年者の就職先にも及ぼし，製造業が減少する一方，サービス業に従事する若者が大幅に増加している。

　小林ほか［2014］は，厚生労働省「新規学卒者の離職状況に関する資料一覧」を参考に，特定の業種（宿泊業・飲食サービス業，教育・学習支援業，生活関連サービス業など）においては，早期離職率が他業種に比べて高いこと（いずれの卒業年度においても3年間で45％以上の離職率）を指摘している。また，インターネットを用いた別サンプルの分析においても，流通業，サービス業，マスコミ・広告・コンサルティング業などの特定の業種は，個人属性や経済環境の違いを考慮しても，離職率が他業種に比べて有意に高いことが報告されている。これらの事実から，小林らは，産業や企業規模で採用されている雇用慣行・システムが異なり，それが若年者の早期離職に影響を及ぼしていることを主張している。

小林らは，産業別の雇用システムを，「伝統的な日本型雇用システム」，「門戸開放・使い切り型」，「ふるい落とし選抜型」の3つのタイプに分け，「伝統的な日本型雇用システム」が採用されている金融，製造業などでは，離職も少ないが中途採用による途中参入は難しいこと，サービス業で主に見られる「門戸開放・使い切り型」は，就職はしやすいが，その後の離職確率も高くなること，「ふるい落とし選抜型」を採用するマスコミ関連産業においては，入社だけでなく，入社後の生き残りも厳しいことを指摘している。

　そして，社会全体として「伝統的な日本型雇用システム」に代表される，長期安定的に働ける職場が減少し，「門戸開放・使い切り型」企業が増加していることが，大卒若年者の早期離職が増加する原因になっていることを主張している。換言すれば，離職率の低い製造業，金融業などの雇用が減少し，離職率の高いサービス業の雇用が増加していることが，若年者の早期離職率を引き上げているということである。

　以上のような，若年者の早期離職原因を産業構造の変化や産業ごとの雇用慣行の違いに求める研究群は，2012年に厚生労働省が産業・事業所規模別の離職率を公開してから活発化しており，「環境要因」，「個人要因」，「企業要因」と合わせて，若年者の早期離職を説明する有力な仮説の1つとなっている。

4 ｜ 早期離職要因の仮説的因果関係

　前節では，若年者の早期離職について，「環境要因」，「個人要因」，「企業要因」，「構造要因」の4つの研究群を概観してきた。これまでの研究蓄積から，若年者の早期離職については，これらの要因が深く関わっていることが推測される。

　しかしながら，どの要因が早期離職に対して最も大きな影響を与えているのか，それぞれの要因は，いつ，どのように始まったのか，要因間に因果関係は存在するのか，などの疑問については必ずしも明らかにされていない。それゆえ，これまでの研究成果を整理し，各要因の影響，背景，要因間のつながりなどを明らかにすることは，一定の価値があると考えられる。本節では，時代背景を振り返りながら，早期離職と各要因の関係について明らかにしていく。また，要因間の仮説的な因果関係についても提示していく。

4.1　若年早期離職の最大の要因

　はじめに，若年者の早期離職を引き起こす最も重要な要因は，「環境要因」であることが推測される。世代効果研究を代表とする環境要因説では，若年層の離職は，就職活動時の景気状況に左右されることが確認されている。不況期に就職活動をした場合，求人案件の減少から，自己の能力・志向に合った企業に就職できる可能性が低下し，「不本意就職」が増加することによって，若年者の早期離職が増加することが主張されている。

　この環境要因説が正しい場合，求人倍率が低い（1人当たりの求人数が少ない不況期）ほど，早期離職率は高くなり，逆に，求人倍率が高い（1人当たりの求人数が多数ある好況期）ほど，早期離職率は低くなるはずである。つまり，環境要因が若年者の早期離職に影響を及ぼしているとすれば，景気動向を示す求人倍率と，早期離職率は「逆相関の関係」になることが推測される。

　図表1-2は，1987年から2014年までの大卒求人倍率と早期離職率の推移をそれぞれ示したものである。

　図表1-2から，求人倍率と早期離職率が「逆相関」している様子が確認できる。つまり，求人倍率が高まる好況期においては早期離職率が低下し，求人倍率が下降する不況期においては，早期離職率が上昇している。本書において両者の相関を調べたところ，大卒求人倍率と早期離職率の相関は $-.81$（$p < .01$）となっており，両者の間に極めて強い負の相関関係があることが確認された。

　さらに，求人倍率を独立変数，早期離職率を従属変数とした回帰分析を行った結果，R^2値は .65（$p < .001$）という高い説明力を示した（図表1-3参照）。

　以上の点から，世代効果研究に代表される環境要因説と極めて整合的な結果が確認された。若年者の早期離職率は求人倍率などの「環境要因」と逆相関の関係にあり，時代を超えて早期離職率の変動に強い影響を及ぼしてきたと考えられる。同様の指摘は小林［2016］からもされており，卒業時の景気状況が，他の要因よりも早期離職に強い影響を及ぼしていることが推測される。

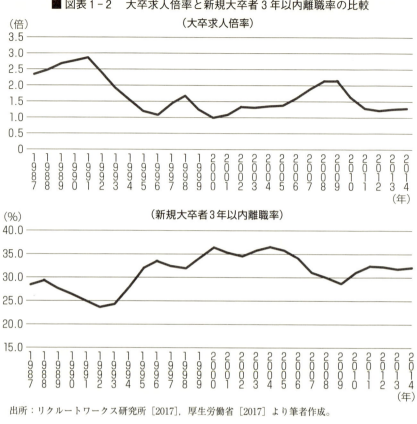

■ 図表1-2　大卒求人倍率と新規大卒者3年以内離職率の比較

出所：リクルートワークス研究所［2017］，厚生労働省［2017］より筆者作成。

■ 図表1-3　大卒求人倍率と早期離職率の関係

「大卒求人倍率」と「新規大卒者3年以内離職率」の相関分析

相関係数	-.81($p < .01$)

「大卒求人倍率」を独立変数，「新規大卒者3年以内離職率」を従属変数とした回帰分析

R^2値	.65($p < .001$)

4.2　早期離職率の上昇・下降幅の不一致

　4.1項より，「環境要因」が若年者の早期離職に対して最も大きな影響を及ぼしてきたことが推測される一方，他の「個人要因」，「企業要因」，「構造要因」は，どのような形で影響を及ぼしてきたのか疑問が残る。

早期離職に対する「個人要因」,「企業要因」,「構造要因」の影響を検討する上で注目すべき点は，経済環境と連動した早期離職率の上昇・下降の「変動幅」が，時代によって必ずしも一致していない点である。つまり，早期離職率は，全体としては経済環境と連動した動きを見せるが，離職率の変動幅（どの程度，早期離職率が上昇・下降するか）は，時代によって異なっている。

例えば，1993年の求人倍率は1.91倍，早期離職率は24.3％であるが，ほぼ同水準の求人倍率であった2007年では，求人倍率が1.89倍に対し，早期離職率は31.1％となっている。また，1987年から2014年までの28年間で，最も早期離職率が高かったのは，求人倍率が最も低かった2000年（求人倍率0.99，早期離職率36.5％）ではなく，2004年である（求人倍率1.35倍，早期離職率36.6％）。

さらに，もう1つ重要な視点は，早期離職率の「高止まり」である。1995年以降，大卒の早期離職率は30％以上の高止まり状態が続いており，30％を下回ったのは2009年のみとなっている。この早期離職率の高止まりについては，小林ほか［2014］など，複数の研究者からも疑問が投げかけられている。

もし，「環境要因」のみが早期離職率に有意な影響を与えていると仮定した場合，求人倍率に対する早期離職率は，時代が変わっても同程度の水準を示すはずである。しかし，そうはなっていない。すなわち，新規大卒者の早期離職率は，全体としては経済環境に強く連動するが，特に1990年代中盤以降は，早期離職率の変動に対して「環境要因」以外の要因が影響を及ぼしていることが推測される。そしてこれらの事実は，若年者の早期離職について，時代ごとの検証が必要であることを示唆している。

4.3 早期離職率の高止まりと「個人要因」

1990年代中盤以降の早期離職率の高止まりを説明するものとして，興味深いデータがある。日本生産性本部が実施している，新入社員の「働くことの意識」調査である。本調査は，新入社員の「働くこと」に対する意識を継続的に調査・分析しており，2017年（平成29年）で49回目となる。新入社員の就労意識をテーマとする調査としては，我が国で最も歴史あるものであり，新入社員の就労意識を時系列に考察できる点に特徴がある。

図表1－4は，調査内の設問「会社を選ぶとき，あなたはどういう要因をもっとも重視しましたか」の結果を，時系列に示したものである（日本生産性

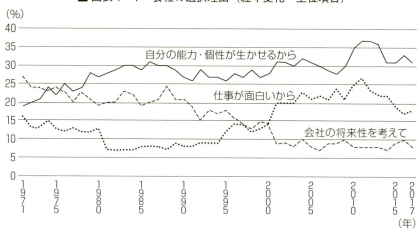

■ 図表1-4　会社の選択理由（経年変化・上位項目）

出所：日本生産性本部［2017］より筆者作成。

本部, ［2017］)。

　図表1-4で注目すべき点は，2001年（平成13年）以降において，「仕事が面白いから」と「会社の将来性を考えて」の項目が逆転している点である。さらに，2000年以降，「仕事が面白いから」，「自分の能力・個性が生かせるから」が全体として上昇傾向にある一方，「会社の将来性を考えて」は下降したままとなっている。つまり，2000年以降を境目として，若年層の仕事に対する価値観が，「会社重視」から「仕事重視」に大きく転換していったといえる。

　これは，谷内［2005］が指摘した，若年層の職業観が「就社」ではなく「就職」に変化しているという指摘とも整合しており，「いくつかの組織に所属して，それぞれのところから必要なものを手に入れていく」（谷内，［2005］34頁）という職業観が，2000年前後を境目として強まっていったことが推測される。

　そして，このような自分の能力・個性，仕事内容を重視する職業観が強まることによって，それが満たされていないと感じた時に，若年者は以前ほど企業に留まらず，早期の離職を選択していったことが考えられる。換言すれば，職業観変化という「個人要因」が，2000年以降の早期離職率の高止まりを促していたことが推測される。

4.4　早期離職率の高止まりと「企業要因」

4.3項より，早期離職率の高止まりの背景として，若年者の職業観変化が存在していたことが推測される。しかしながら，もし若年者の職業観変化が2000年以降の早期離職率の高止まりに影響していたとすれば，なにが若年者の職業観変化を引き起こしたのか，という疑問が残る。そして，この2000年以降の職業観変化を引き起こした要因が，労働条件の低下に代表される「企業要因」であったと考えられる。具体的には，終身雇用や年功賃金に代表される「日本的雇用慣行」の衰退が，若年者の職業観変化に大きな影響を及ぼしたことが推測される。図表1-5は，濱秋ほか［2011］が報告した，各世代における大卒者の終身雇用者比率を企業規模別にまとめたものである。

濱秋ほか［2011］によれば，大卒の終身雇用者比率は1990年代半ばから減少を始めている。特に大企業（従業員1,000名以上）に勤める大卒者については，2000年代初頭から急激に終身雇用者比率が低下しており（図表1-5(a)のグラフ参照），バブル経済期と比較すると，25歳から34歳では15％以上低下していることがわかる。中小・中堅企業に勤める25歳から34歳の大卒者についても，

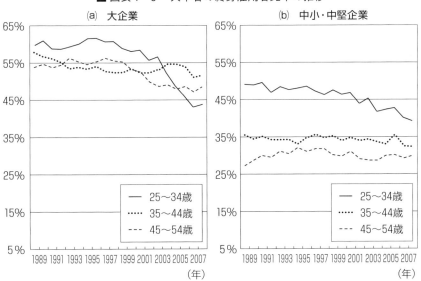

■図表1-5　大卒者の終身雇用者比率の推移

出所：濱秋ほか［2011］35頁より筆者作成。

大企業ほど急激ではないが，減少傾向にあることが確認できる（図表1-5(b)のグラフ参照）。バブル経済期には50％前後であった終身雇用者比率が，2007年には40％前後まで減少している。

一方，中高年層（35歳から44歳もしくは45歳から54歳の者）の終身雇用者比率は，大企業・中小企業に関わらず，若年者ほど減少していない。特に中小・中堅企業に勤める中高年層では，バブル経済期と比較しても終身雇用者比率がほとんど低下していない（45歳から54歳ではむしろ上昇している）。

若年者の終身雇用者比率が低下する一方，中高年層の比率が保たれている背景について，太田［2010］は，中高年層の雇用を維持するために，若年者の新規採用を抑制してきた結果であると指摘している。バブル崩壊後の長期不況の中で，日本企業（特に大企業）の多くは，中高年層を解雇するのではなく，新卒者の採用を抑制することによって問題に対処してきた。その事実は，厚生労働省「日本経済と就業構造の変化」でも明らかとなっており，特に500名以上の大企業において，新規学卒者の採用抑制が厳しく行われてきたことが報告されている（厚生労働省，［2013］）。

中高年層ではなく，新卒者が雇用調整の対象となった理由について，太田は，「解雇権濫用法理」によって既存社員の雇用が強く守られていたこと，解雇を行った場合の社内モラールの低下が危惧されていたことを指摘している。

これらの事実を鑑みると，バブル経済後の長期不況の下で，日本企業は中高年層の雇用確保を優先し，若年者の雇用機会や安定性を犠牲にしてきたとも考えられる。玄田［2001a, b］は，このような中高年層の雇用維持が若年者の就業機会を奪う現象を「置換効果」と呼び，本現象が若年者の雇用機会に与えた負の影響を指摘している。

また，終身雇用制度と対になる年功賃金制度も衰退している。図表1-6は，濱秋ほか［2011］によって作成された大卒者の賃金プロファイルである。大卒終身雇用者の賃金月額の中央値を年齢別にプロットして作成されたものであり，時代による変化を明らかにするために，1989年から1990年，1998年から1999年，2007年から2008年の3本の賃金プロファイルが示されている。

はじめに，1989年から1990年の賃金プロファイルを見ると，企業規模に関わらず，年齢と共に賃金が右肩上がりで上昇していることが確認できる。しかし，1998年から1999年になると，賃金は年齢と共にキャリアの終盤まで上昇を続け

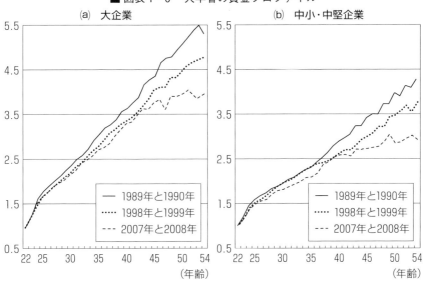

■図表1-6　大卒者の賃金プロファイル

出所：濱秋ほか［2011］32頁より筆者作成。

るものの，その上昇率は以前より緩やかになっている。そして，2007年から2008年では，賃金プロファイルの傾きが一層緩やかになり，特に40代以降はほとんど上昇していない。これらの結果から，濱秋らは，日本企業における年功賃金制度の衰退を指摘し，現代では40歳以降の中高年層において，年功的な賃金の上昇がほとんど望めなくなっていると述べている。換言すれば，もし若年者が終身雇用制度の下で勤め続けたとしても，40歳以降のキャリアの後半においては，年功による賃金上昇は期待できないということである。

以上のような終身雇用・年功賃金の衰退は，若年者の就業意識に大きな変化をもたらしたことが推測される。長期雇用や年功的な賃金の上昇が望めない中で，若年者の企業に対する忠誠心が低下し，「仕事」や「働くこと」に対する価値観に変化が生じたことは，想像に難くない。すなわち，1990年代中盤以降から顕著に現れ始めた労働条件の低下（終身雇用・年功賃金の衰退）という「企業要因」が，若年者の職業観変化という「個人要因」を引き起こした原因であったことが推測される。

4.5 早期離職率の高止まりと「構造要因」

最後に，早期離職率の高止まりを後押ししたもう1つの要因が，「構造要因」である。図表1-7は，文部科学省［2001］の「学校基本調査」による，大学卒業時の就職先状況である。

図表1-7で注目すべき点は，1995年（平成7年）に，製造業とサービス業の就職者数が逆転している点である。両者の差はその後さらに拡大していき，2001年（平成13年）には，製造業への就職者数が5万6,741名（18.2％），サービス業は2倍近くの10万5,123名（33.6％）となっている。つまり，1990年代中盤以降，「伝統的な日本型雇用システム」を採用する製造業への就職者数が減少し，「門戸開放・使い切り型」のサービス業への就職者数が増加したことが，早期離職率の高止まりに影響していたことが推測される。

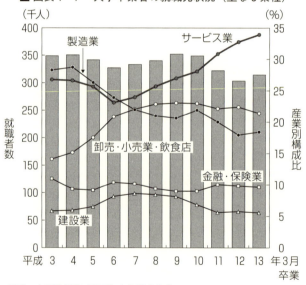

■図表1-7 大学卒業者の就職先状況（主な5業種）

出所：文部科学省［2001］より筆者作成。

4.6 要因間の仮説的因果関係

4.1項から4.5項より，1990年代中盤以降における早期離職率の高止まり現象と，その背景について，次のことが推測される。

はじめに，バブル経済崩壊後，中高年層の雇用を維持するために実施された「置換効果」によって，多くの若年者は就業機会を奪われてきた。また，求人の絶対数が減少するだけでなく，産業構造の変化によって，求人の中身も変化している。具体的には，長期安定的に働ける製造業が減少し，早期離職率の高いサービス業の割合が増えている。

このような状況に加え，たとえ就職できたとしても，不安定な雇用形態や賃金の安定的な上昇が望めないなど，若年者は企業の労働条件に起因する様々な不利益を見聞き，もしくは体験してきている。将来に対する期待・展望が持てない中で，若年者の職業観は，企業自体の将来性に期待するのではなく，自分のやりたいこと，仕事内容そのものを重視する価値観に移行していったと考えられる。

以上の点を鑑みると，早期離職率の高止まり現象は，1990年代中盤の「構造要因」や「企業要因」を端緒とし，2000年以降は，さらに「個人要因」が追加されることによって形成された現象であることが推測される。

5 ４つの時代区分による若年早期離職の時系列的考察

第４節では，早期離職の高止まり現象と要因間の仮説的因果関係について述べてきた。本節では，これまでのまとめとして，苅谷・本田［2010］の時代区分に依拠しながら，バブル経済期以降の早期離職要因とメカニズムについて，時系列に考察していく。

5.1　バブル期（1980年代末〜1992年）

バブル経済とは，一般に1986年12月から1991年２月までの４年３ヶ月間に，我が国で起きた好景気期間を指す。1989年12月には，日経平均株価が３万8,957円の史上最高値を記録するなど，株式や不動産を中心に資産価格の高騰が見られた時期である。

この高い経済成長に歩調を合わせるように，雇用も拡大している。1986年には0.62倍[9]であった有効求人倍率は，1990年のバブル経済ピーク時には２倍以上の1.40倍まで上昇している（厚生労働省，［2017］）。

総務省統計局［2017］の「労働力調査」においても，バブル経済期の完全失

業率は2.5％前後[10]で推移しており，これは，2000年以降，失業率が最も高かった5.4％（2002年）の半分以下である。また，新規学卒者の雇用に目を向けてみると，バブル期の求人状況は記録的な好況となっている。図表1-8は，バブル期の大卒求人状況と早期離職率をまとめたものである。

図表1-8より，バブル経済末期の1991年には，大卒求人倍率が2.86倍に達し，29万3,800名の就職希望者に対して，84万400件の求人があったことが記録されている（リクルートワークス研究所，［2017］）。つまり，就職を希望する大学生1人に対して，約3個の求人があった状態であり，このような空前の売り手市場の中で，就職希望者は，より自分の志向・能力に合った企業・仕事を自由に選択できたことが推測される。

Jovanovic［1979］の理論によれば，労働者と仕事のマッチングの質が高い場合，労働者は職場で高い生産性をあげることができるため，賃金は上昇し，転職（離職）をする必要がない。そのため，勤続年数が伸びることが指摘されている。換言すれば，労働者と仕事のマッチングの「質」が高い場合，早期離職率は低下するということである。そして，バブル期における就職は，「選択肢の豊富さ・入職の容易さ」によって，マッチングの質が担保されていたと考えられる。空前の売り手市場の中で，就職希望者は，それ以降の世代よりも容易に，幅広い選択肢の中から企業・仕事を選ぶことが可能であった。

その結果，バブル期の早期離職率は低く抑えられている。バブル期当初の1987年では，求人倍率2.34倍に対して早期離職率は28.4％であったが，求人倍率の上昇，すなわち，就職における選択肢の豊富さや入職の容易さが増すと共に，早期離職率は減少していく。1992年の早期離職率は23.7％まで低下しており，これは，1987年から2014年の28年間で，最も低い数値である。

■ 図表1-8　バブル期の新規大卒者求人状況と早期離職率

バブル期	1987 （昭和62年）	1988 （昭和63年）	1989 （平成元年）	1990 （平成2年）	1991 （平成3年）	1992 （平成4年）
求人数	60万8,000件	65万5,700件	70万4,100件	77万9,200件	84万400件	73万8,100件
就職希望者数	25万9,500名	26万4,600名	26万2,800名	28万1,000名	29万3,800名	30万6,200名
大卒求人倍率	2.34	2.48	2.68	2.77	2.86	2.41
早期離職率	28.4％	29.3％	27.6％	26.5％	25.0％	23.7％

出所：リクルートワークス研究所［2017］，厚生労働省［2017］より筆者作成。

5.2 ロストジェネレーション期（1993年～2004年）

1993年から2004年は，一般に「就職氷河期」と呼ばれる時代である。バブル経済の崩壊によって，新卒者の就職が社会的に困難になった時期であり，苅谷・本田［2010］の研究では，「ロストジェネレーション期（以下，ロスト期）」と命名されている。図表1-9は，ロスト期における大卒求人状況と早期離職率の推移である。

新規学卒者の就職が好調期から氷河期に転落した原因は，バブル経済の崩壊に端を発している。バブル経済の崩壊時期については諸説あるが，新規学卒者の雇用に明確な影響が出始めたのは，求人倍率が顕著に下落し始めた1993年以降である。バブル経済末期，1992年には2.41倍あった大卒求人倍率は，1993年に1.91倍，1994年に1.55倍，さらに，1995年には1.20倍まで急速に低下している（図表1-9参照）。

一方，求人倍率（経済環境）と逆相関の関係にある早期離職率は，大幅に上昇している。1993年の早期離職率は24.3％であったが，1994年は27.9％，1995年には32.0％まで急上昇した。また，大卒者向けの求人数についても，1991年には80万400件あった求人が，1995年には40万400件となっており，わずか4年

■ 図表1-9　ロスト期の新規大卒者求人状況と早期離職率

ロスト期	1993 (平成5年)	1994 (平成6年)	1995 (平成7年)	1996 (平成8年)	1997 (平成9年)	1998 (平成10年)
求人数	61万7,000件	50万7,200件	40万400件	39万700件	54万1,500件	67万5,200件
就職希望者数	32万3,200名	32万6,500名	33万2,800名	36万2,200名	37万3,800名	40万3,000名
大卒求人倍率	1.91	1.55	1.20	1.08	1.45	1.68
早期離職率	24.3%	27.9%	32.0%	33.6%	32.5%	32.0%

	1999 (平成11年)	2000 (平成12年)	2001 (平成13年)	2002 (平成14年)	2003 (平成15年)	2004 (平成16年)
求人数	50万2,400件	40万7,800件	46万1,600件	57万3,400件	56万100件	58万3,600件
就職希望者数	40万3,500名	41万2,300名	42万2,000名	43万200名	43万800名	43万3,700名
大卒求人倍率	1.25	0.99	1.09	1.33	1.30	1.35
早期離職率	34.3%	36.5%	35.4%	34.7%	35.8%	36.6%

出所：リクルートワークス研究所［2017］，厚生労働省［2017］より筆者作成。

で半数まで減少している。それにも関わらず，就職希望者数はバブル期以降，年々増え続けており，1995年には33万2,800名となっている。求人数が大幅に減少している一方，就職希望者数は増加している事実を鑑みると，マッチングの質を担保してきた「選択肢の豊富さ・入職の容易さ」が，バブル期と比較して大幅に低下していたことが考えられる。そして，このような環境の中で不本意な就職をせざるをえない者が大量に増加したことが，早期離職率上昇の最も大きな要因になっていたことが推測される。

　また，ロスト期の早期離職率上昇と，その後の高止まり現象に影響を与えた要因として，「産業構造の変化（構造要因）」と「労働条件の低下（企業要因）」が挙げられる。はじめに，図表1-10は，厚生労働省「日本経済と就業構造の変化」より，我が国の産業別就業者構成割合の推移を示したものである（厚生労働省，[2013]）。

　図表1-10から，我が国の産業構造が1990年から2000年の11年間に大きく変化していることが確認できる。特に製造業の減少とサービス業[11]の増加によって，雇用吸収力の最も大きな産業が，製造業からサービス業に移ったことが，最大の変化として挙げられる。

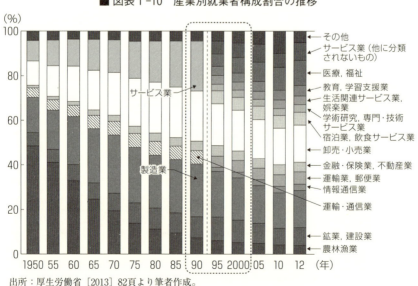

■図表1-10　産業別就業者構成割合の推移

出所：厚生労働省［2013］82頁より筆者作成。

■ 図表1-11　1990年から2000年の業種別就業者数の推移

業　種	1990年	2000年	増減数
建設業	589万人	653万人	＋64万人
製造業	1,505万人	1,321万人	－184万人
運輸・通信業	375万人	414万人	＋39万人
卸売・小売業，飲食店	1,416万人	1,474万人	＋58万人
サービス業	1,394万人	1,718万人	＋324万人

出所：総務省統計局［2017］より筆者作成。

　総務省統計局［2017］の「労働力調査」によれば，我が国の基幹産業であった製造業の就業者数は，1990年には1,505万人[12]であったが，2000年までに180万人以上減少し，1,321万人（－12.2％）となっている。一方，サービス業は1990年に1,394万人であったものが，2000年には1,718万人（＋23.2％）となっており，300万人以上増加している。図表1-11は，1990年から2000年における，主な産業の就業者数の変化である。

　図表1-11からも，「失われた10年」と呼ばれる平成不況の中で，基幹産業であった製造業の雇用吸収力が減少し，第三次産業であるサービス業の存在感が増していることが確認できる。そして，このような産業構造の変化は，新規学卒者の就職先にも影響を及ぼしている。

　吉村［2010］は，新規大学卒業者の就職先の業種と企業規模別の割合を算出し，1991年から2002年にかけて，製造業への就職者の割合が減少している一方，卸売・小売業，飲食店，サービス業の割合が増加していることを明らかにした（図表1-12参照）。

　図表1-12より，ロスト期の就職先について，製造業の割合が減少し，卸売・小売業，飲食店，サービス業が増加していることが確認できる。3.4項でも述べたように，就職者の割合が減った製造業は，伝統的に早期離職率の低い業種であり，就職者が増えたサービス業は，他の業種と比較して早期離職率が高い業種である。

　実際，厚生労働省［2017］の「新規大学卒業者の産業分類別卒業3年後の離職率の推移」によれば，2003年度（平成15年度）入社者の早期離職率は，宿泊業・飲食サービス業54.4％，教育・学習支援業44.4％，医療・福祉41.3％，サービス業（他に分類されないもの）38.3％となっており，サービス業に属す

■ 図表1-12　大卒入職者の構成比推移

就職先の業種割合

業　種	1991年	2002年	増　減
製造業	27.0%	18.9%	-8.1%
卸売・小売業，飲食店	17.2%	30.0%	+12.8%
サービス業	25.4%	33.6%	+8.2%

就職先の企業規模

規　模	1991年	2002年	増　減
1,000人以上	53.2%	33.3%	-19.9%
300〜999人	21.4%	23.5%	+2.1%
100〜299人	13.5%	14.9%	+1.4%
30〜99人	5.6%	12.2%	+6.6%
5〜29人	2.8%	11.8%	+9.0%

出所：吉村［2010］220頁より筆者作成。

る産業は，軒並み平均の35.8%を大きく上回っている（図表1-13参照）。

一方，就職者の割合が減った製造業の早期離職率は22.7%であり，平均を大きく下回っている。バブル経済崩壊後の産業構造変化によって，早期離職率の高い業種の就職者数が増加し，逆に，早期離職率が低い業種への就職者数が減少したことが，ロスト期の早期離職率の上昇と，その後の高止まりに影響を与えたことが推測される。

さらに，就職先の構造変化についてもう1つ重要な視点は，就職先の「企業規模」である。図表1-12からも確認できるように，ロスト期には1,000人以上の大企業への就職者数が約20%減少しており，全体として，中堅・中小企業への就職傾向が強くなっていたことが確認できる。

厚生労働省［2017］の「新規学卒者の離職状況」によれば，事業所の規模が小さくなるほど，早期離職率が高くなることが報告されている。図表1-14は，2003年の事業所規模別の早期離職率をまとめたものである。

図表1-14より，5人未満の事業所の早期離職率は60.9%，1,000人以上の大企業では26.5%となっており，事業所の規模と早期離職率は反比例の関係となっている。つまり，業種だけでなく，より小規模な企業に就職する者が増えたことが，ロスト期の早期離職率上昇に影響していたことが推測される。

■ 図表1-13 新規大学卒業者の産業別卒業3年後の離職率（2003）

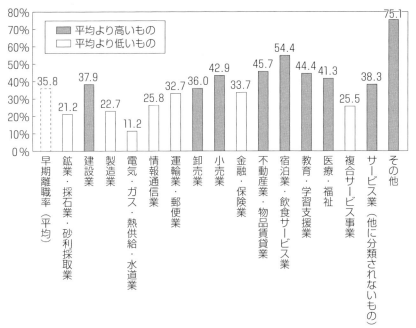

出所：厚生労働省［2017］より筆者作成。

■ 図表1-14 新規大卒者の事業所規模別卒業3年後の離職率（2003）

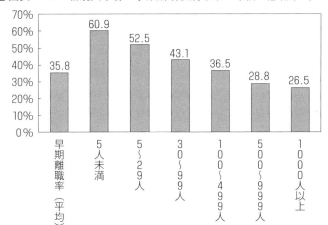

出所：厚生労働省［2017］より筆者作成。

次に，「産業構造の変化」と並び，ロスト期の早期離職率上昇と，その後の高止まり現象に影響を与えたもう1つの要因が，「労働条件の低下」である。濱秋ほか［2011］でも指摘されていたように，バブル経済崩壊以降の1990年代から2000年代初頭は，終身雇用や年功賃金など，日本的雇用慣行が衰退し始めた時期である。また，フリーター，派遣社員，契約社員に代表される非正規雇用職が増加するなど，我が国の働き方にも大きな変化が起きた時期である。

　吉村［2010］は，1992年から2004年における，業種別の月間現金給与の推移を調査し，入職先の業種によって給与に大きな差があることを明らかにした。また，製造業の給与が上昇傾向にあったのに対し，卸売・小売，飲食店，サービス業では，月間給与が低下傾向にあったことが指摘されている（図表1-15参照）。

　さらに，ロスト期において中堅・中小企業への就職者数が増加したことを述べたが，就職先の企業規模によっても労働条件に格差があったことが報告されている。

　吉村［2010］によれば，1,000名以上の企業においては，完全週休二日制の適用率は76％であるのに対し，30名から39名の企業では29.6％であった。また，卸売・小売，飲食店の有休消化率は33.7％と低水準であり，サービス業と共に完全週休二日制を実施しているのは2社に1社であったことが報告されている。すなわち，就職者数が増加した，卸売・小売，飲食店，サービス業においては，そこで働く若年者の労働条件も低下傾向にあったことが推測される。吉村はこのような現象を「雇用の劣化」と呼び，労働条件の低下と早期離職率の関係について分析を行った。

　具体的には，東洋経済新報社「就職四季報（2005）」の207社のデータを用いて，平均年収を独立変数，新入社員の3年後離職率を従属変数とした回帰分析

■図表1-15　業種別月間現金給与総額の変化

	製造業	卸売・小売，飲食店	サービス業
1992年	34万2,299円	29万4,325円	36万4,695円
1998年	37万1,563円	28万5,034円	37万5,210円
2004年	38万613円	23万5,200円	34万6,612円

出所：吉村［2010］220頁より筆者作成。

を行い，労働条件の低下と早期離職率の上昇が有意な関係にあることを明らかにした（$\beta = -.648$，調整済み R^2 値 $= .417$，$p < 0.01$）。この結果は，若年者の主な早期離職理由が労働条件（賃金・労働時間等）であると指摘した，中村・則定［2014］の研究結果とも整合しており，労働条件の低下が，早期離職率上昇の一因となっていたことが推測される。

　これまでの事実や研究成果から，ロスト期の早期離職率上昇について，次のことが推測される。1990年代初頭に起きたバブル経済の崩壊以降，我が国は10年以上に及ぶ経済停滞期に突入した。この間，基幹産業であった製造業では，継続的な円高や，国際競争の中で製造拠点を海外に移転するなど，「産業の空洞化」が起きている。未曾有の経済不況を乗り切るため，多くの企業は新規学卒者の採用を減らし，中高年層の雇用を守る方針を選択する。玄田［2001a, b］が指摘した，中高年層の雇用維持が若年者の就業機会を奪う「置換効果」である。その結果，新規大卒者の求人数は4年間で80万件から40万件に半減し，不本意就職をする者が増加している。

　また，長期にわたる経済環境の悪化は，我が国の産業構造にも変化を起こし，求人数の減少だけでなく，求人の「内訳」にも変化をもたらした。具体的には，長期安定的に働くことが可能であった製造業の求人割合が減少し，サービス業を中心とした，早期離職率の高い業種の求人割合が増加している。さらに，就職先の企業規模についても，大企業の割合が減少し，中堅・中小企業の割合が増加している。これにより，たとえ就職できたとしても，早期離職率の高い業種や小規模の企業に行かざるをえない者が増えたことが，更なる離職率の上昇と高止まりに繋がったと考えられる。

　さらに追い打ちをかけた要因が，労働条件の低下である。終身雇用や年功賃金の衰退など，労働条件の低下は，若年者の早期離職意向に拍車をかけたと考えられる。つまり，ロスト期においては，経済環境の悪化を起点とした「求人の絶対数の減少」，「早期離職率の高い業種・規模への就職者数増加」，「労働条件の低下」が連続的に引き起こされ，これらの要因が重なり合うことによって，早期離職率が上昇したことが推測される。

　そして，以上のような事実から見えてくる重要な視点は，経済環境に代表される「環境要因」が，産業構造の変化という「構造要因」と，労働条件の低下という「企業要因」を引き起こしていたという点である。つまり，早期離職を

引き起こす要因は，独立して存在するのではなく，要因間にも時系列的な因果関係が存在することが推測される。若年早期離職の研究においては，その原因とされるものが個別に研究されてきたが，時系列的な考察から見えてくる事実は，「環境要因」が「構造要因」と「企業要因」を引き起こしていたことを強く示唆している。

5.3 ポスト・ロストジェネレーション期（2005年〜2009年）

2005年から2009年は，いざなみ景気下での採用再活性期であり，苅谷・本田［2010］の研究では，「ポスト・ロストジェネレーション期（以下，ポスト期）」と命名されている。

「いざなみ景気」とは，一般に，2002年2月から2008年2月の73ヶ月間にわたる長期の景気拡大期であり，過去最長であった「いざなぎ景気」の57ヶ月間を超えたことから，「いざなぎ（超え）景気」や「（第二次）平成景気」とも呼ばれる。本期間には，新興国や北米の好調な需要，円安の影響などにより，輸出関連産業を中心に，多くの企業が過去最高の売上高・利益を記録した。そして，経済の回復に伴い，雇用も拡大している。

2005年の有効求人倍率は0.95倍，2006年は1.06倍，2007年は1.04倍となっており，バブル経済期以降，約15年ぶりに1倍を超える求人倍率が記録されている。また，新規大卒者の採用は更に好況となっている。図表1-16は，ポスト期における大卒求人状況と早期離職率を示したものである。

図表1-16から確認できるように，大卒の求人倍率は，2005年1.37倍，2006年1.60倍，2007年1.89倍，2008年2.14倍，2009年2.14倍と急上昇している。特に，2008年，2009年に記録した2.14倍は，バブル期と同水準の求人倍率であり，

■ 図表1-16　ポスト期の新規大卒者求人状況と早期離職率

ポスト期	2005 （平成17年）	2006 （平成18年）	2007 （平成19年）	2008 （平成20年）	2009 （平成21年）
求人数	59万6,900件	69万8,800件	82万5,000件	93万2,600件	94万8,000件
就職希望者数	43万5,100名	43万6,300名	43万6,900名	43万6,500名	44万3,100名
大卒求人倍率	1.37	1.60	1.89	2.14	2.14
早期離職率	35.9%	34.2%	31.1%	30.0%	28.8%

出所：リクルートワークス研究所［2017］，厚生労働省［2017］より筆者作成。

2009年は就職希望者数44万3,100名に対し、94万8,000件の求人があったことが報告されている（リクルートワークス研究所、［2017］）。就職自体が困難であったロスト期から、再度、我が国の経済が回復基調に入り、雇用も再活性した時期だといえる。

　しかしながら、ポスト期における早期離職の最大の疑問点は、経済環境が好転したにも関わらず、早期離職率が「高止まり」している点である。2005年の早期離職率は35.9%、それ以降も2006年34.2%、2007年31.1%、2008年30.0%、2009年28.8%となっており、早期離職率は低下傾向にあるものの、30%を切ったのは2009年のみである。バブル経済崩壊直後の1993年と1994年の求人倍率は1.91倍、1.55倍であり、2008年、2009年の2.14倍よりも低かったが、早期離職率は共に30%を切る24.3%、27.9%であった。つまり、ポスト期では、経済環境が好転し、求人倍率が上昇したにも関わらず、同程度の求人倍率であった時期ほど早期離職率が低下していない。この事実は、バブル期には存在していなかった要因が、早期離職率に影響を与えている可能性を示唆している。

　ポスト期が、バブル期やロスト期と比較して大きく異なる点は、これまでも述べてきたように、若年者の「職業観」が、「会社重視」から「仕事重視」に転換したことにある。図表1-4からも、2001年（平成13年）に「仕事が面白いから」と「会社の将来性を考えて」の項目が逆転していることが確認できる。その傾向は2017年（平成29年）の現在まで継続しており、ロスト期の末期からポスト期にかけて、若年者の職業観が質的に変化したことが理解される。

　若年者の職業観変化とその特徴については、苅谷・本田［2010］や谷内［2005］の研究においても直接言及されている。苅谷・本田は、ポスト期の大卒就職者について、「会社を無前提に信頼し依存するのではなく、仕事そのものが自分の興味に合致しスキルを伸ばしてくれるものであるかどうかを強く意識するようになっている」（苅谷・本田、［2010］37頁）と指摘している。また、ポスト期の大卒就職者の特徴を「職場である企業を自分の職業人生にとって益のある限りで活用しようとする戦略的な志向を持つ」（苅谷・本田、［2010］37頁）と表現している。谷内［2005］についても同様である。若年層の職業観を「いくつかの組織に所属し、それぞれのところから必要なものを手に入れていく」（谷内、［2005］34頁）と表現し、このような職業意識が早期離職の原因となっていることを指摘している。

以上の事実や指摘を鑑みると，2001年のロスト期末期から顕著に現れ始めた職業観変化が，ポスト期の早期離職率の高止まりに影響を与えていたことが推測される。つまり，経済環境が好転し，求人倍率は上昇しているが，若年者の職業観が仕事重視となり，1つの企業に定年まで勤め続けるという従来の職業観が弱まった結果，早期離職率が以前ほど低下しなかったと考えられる。換言すれば，経済環境の好転は早期離職率を下げる方向に向かっているが，職業観変化は早期離職率を上昇させる方向に向いており，両要因が重なり合うことによって，早期離職率の高止まりという現象が起きたことが推測される。

しかしながら，自分の能力・個性や仕事内容を重視する職業観と，早期離職の関係を示す明確なデータは，ほとんど確認されていない。そのため，本書では，日本生産性本部の「働くことの意識」調査の巻末データを使用し，若年者の職業観と早期離職率の関係について分析を行った。具体的には，当該調査の中で，会社を選ぶ基準として聞かれている「自分の能力・個性が生かせるから」，「仕事が面白いから」，「会社の将来性を考えて」の3項目と，「大卒早期離職率」の相関について分析を行った。図表1-17は，その結果である。

図表1-17より，興味深い結果が2点示されている。第1に，「仕事が面白いから」と「会社の将来性を考えて」という2つの企業選択の軸が，どちらも早期離職率と有意に相関している。また，「仕事が面白いから」が早期離職率と正の相関（$r = .59, p < .01$）を示しているのに対し，「会社の将来性を考えて」は，早期離職率と負の相関（$r = -.58, p < .01$）をしている。つまり，若年者が「仕事内容」を重視するほど早期離職率は上昇し，「会社の将来性」を重視するほど，早期離職率は下降する関係にあるといえる。

第2に，「仕事が面白いから」と「会社の将来性を考えて」の2つの項目が，

■ 図表1-17　若年者の職業観と早期離職率の相関関係

	1	2	3	4
1．自分の能力・個性が生かせるから				
2．仕事が面白いから	.70**			
3．会社の将来性を考えて	-.59	-.93**		
4．大卒早期離職率	.30	.59**	-.58**	

**$p < .01$
出所：日本生産性本部［2017］，厚生労働省［2017］より筆者作成。

有意な負の相関（$r = -.93$, $p < .01$）をしている点である。すなわち，仕事内容を重視するほど会社の将来性を重視せず，会社の将来性を重視するほど，仕事内容を重視しない関係となっており，「仕事内容」と「会社の将来性」の2軸が両立していない。若年者の職業観が，仕事内容も会社の将来性も重視するのではなく，仕事か会社かの二者択一となっていることが示唆される。

　以上の結果から，先行研究でも指摘されてきたように，若年者の職業観と早期離職には一定の関係があることが推測される。バブル期からロスト期前半まで，「会社の将来性」を重視する職業観は，「仕事内容」に対する関心を低下させ，早期離職の減少にも影響を及ぼしてきた。また，ロスト期後半からポスト期においては，「仕事内容」を重視する職業観が強まることによって「会社の将来性」に対する関心が低下し，早期離職率の上昇に影響を及ぼしてきたと考えられる。つまり，ポスト期における早期離職率の高止まりは，バブル期やロスト期には存在しなかった「職業観変化」という第4の要因が追加されることによって引き起こされたことが推測される。

　最後に，もう1つ注目すべき点は，要因間の因果関係である。若年者の職業観変化は，2000年代に唐突に出現したわけではない。バブル経済崩壊以降の経済環境の悪化，求人数の減少，産業構造の変化，労働条件の低下など，一連の時代背景の中で生み出されたものである。つまり，これまでも指摘してきたように，早期離職に影響を与える要因は，それぞれが独立して存在するのではなく，要因間にも因果関係が存在すると考えられる。そして，職業観変化という「個人要因」は，特に「企業要因」が原因となっていたことが推測される。

　以上の事実や考察から，ポスト期の早期離職について，次のことが考えられる。はじめに，2002年から始まった「いざなみ景気」は，我が国の経済を回復させ，雇用を再活性させる下地となった。実際，経済の回復に伴い，新規大卒者の求人倍率は急上昇している。特に2008年，2009年はバブル期並みの2.14倍を記録し，2009年には100万件近くの大卒求人があった。

　しかしながら，経済環境と逆相関にあるはずの早期離職率は以前ほど減少せず，30％前後で高止まりをしている。この背景には，2000年代初頭から顕著となった，若年者の職業観変化がある。1990年代中盤以降，終身雇用や年功賃金の衰退，もしくは企業の厳しいリストラクチャリングなど，思春期に不公平・理不尽ともいえる状況を見聞き（もしくは体験）してきたポスト期の若者に

とって，企業や社会は無前提に信頼すべき存在ではなくなってしまった。大学を卒業しても就職できない者や，就職しても不安定な雇用形態・雇用条件を甘受せざるをえない状況は，企業・社会に対する若年者の信頼感に，大きな負の影響を与えたことが推測される。その結果，若年者は企業の将来性に期待するのではなく，仕事自体が自分の職業人生にとって有益なものであるか否かを，重要な判断基準とする職業観を醸成していく。

このような職業観の下では，自分にとって無意味な仕事を続けさせられることは早期の離職につながる。また，入社から数年の経験をした者が，次に必要と考えるスキル・能力を身に付けるために，早期に転職をする可能性も高める。ポスト期の若年者にとって，企業は定年まで居続ける「我が家」ではなく，必要なスキル・能力を得るため，もしくは，次のステップに進むための「止まり木」的な存在に変化しつつあったことが推測される。ポスト期において，求人倍率が上昇しているにも関わらず，早期離職率が高止まりしている背景には，このような若年者の職業観変化が影響していたと考えられる。

また，このような時系列的な考察から見えてくる重要な点は，職業観変化という「個人要因」が，労働条件の低下に代表される「企業要因」によって引き起こされていた点である。また，「企業要因」自体も，もともと「環境要因」によって引き起こされていた点を鑑みると，要因間の仮説的な因果関係として，「環境要因」が「企業要因」を引き起こし，「企業要因」が「個人要因」を引き起こしていたことが推測される。

5.4 第2次ロストジェネレーション期（2010年〜2014年）

2010年から2014年の第2次ロストジェネレーション期を特徴付けるものは，2007年から2008年に発生した世界的な金融危機である。「百年に一度」ともいわれる世界的な金融危機は，2008年9月のリーマン・ブラザーズの破綻を契機に，世界の金融市場を機能不全に陥れた。一般に「リーマンショック」と呼ばれる世界的な金融恐慌は，我が国の経済にも直接的，間接的に大きな影響を及ぼしている。日経平均株価は，2008年10月に6,994円まで下落し，1982年以来，26年ぶりの安値を記録している。また，有効求人倍率は2009年に0.47，2010年には0.52倍となっており，完全失業率も両年を通して5％を上回っている（総務省統計局，[2017]）。そして，このような経済の落ち込みに伴い，新規大卒

■図表1-18　第2次ロストジェネレーション期の大卒求人状況と早期離職率

第2ロスト期	2010 (平成22年)	2011 (平成23年)	2012 (平成24年)	2013 (平成25年)	2014 (平成26年)
求人数	72万5,300件	58万1,900件	55万9,700件	55万3,800件	54万3,500件
就職希望者数	44万7,000名	45万5,700名	45万4,900名	43万4,500名	42万5,700名
大卒求人倍率	1.62	1.28	1.23	1.27	1.28
早期離職率	31.0%	32.4%	32.3%	31.9%	32.2%

出所：リクルートワークス研究所［2017］，厚生労働省［2017］より筆者作成。

者の求人倍率も低下している。図表1-18は，2010年から2014年の大卒求人状況と早期離職率をまとめたものである。

図表1-18からも明らかなように，2009年に2.14倍を記録した求人倍率は，2010年に1.62倍，2011年1.28倍，2012年1.23倍，2013年1.27倍，2014年1.28倍と急激に低下している。また，2009年に28.8％だった早期離職率は，2010年31.0％，2011年32.4％，2012年32.3％，2013年31.9％，2014年32.2％に上昇している。苅谷・本田［2010］は，世界的な金融危機後に大卒求人倍率が低下し，早期離職率が上昇した本時期を，「第2次ロストジェネレーション期（以下，第2ロスト期）」と命名し，他の時期と区別している。

第2ロスト期の早期離職率上昇は，経済環境の悪化に伴う求人数の減少が，若年者の不本意就職を増加させたことにある。例えば，第2ロスト期では，2010年を除き，毎年42万名から46万名の就職希望者に対して54万件から58万件の求人案件が出ている。しかし，バブル期に記録した84万件と比較すると，30万件近く減少している。

逆に，就職希望者数は，バブル期よりも20万人近く増加している。以上の事実を鑑みると，若年者と企業のマッチングの質を左右する「選択肢の豊富さ・入職の容易さ」は，バブル期やポスト期ほど担保されていない。第2ロスト期における早期離職率上昇の最も大きな要因として，経済環境の悪化に伴う求人数の減少があったことが推測される。

また，バブル経済崩壊後の産業構造変化によって，伝統的に早期離職率の低い業種の門戸が狭まり，早期離職率の高い業種の就業者数が増加していることを指摘してきた。その傾向は第2ロスト期においても継続している。図表1-19は，2000年から2015年における，主な業種の就業者数推移[13]である（総

■ 図表1-19　2000年から2015年の業種別就業者数の推移

業　種	2000年	2015年	増減数
建設業	653万人	500万人	－153万人
製造業	1,321万人	1,035万人	－286万人
運輸・通信業	414万人	543万人	＋129万人
卸売・小売業，飲食店	1,474万人	1,054万人	－420万人
サービス業	1,718万人	2,381万人	＋663万人

出所：総務省統計局［2017］より筆者作成。

務省統計局，［2017］）。

　図表1-19より，かつての基幹産業であった製造業の就業者数がさらに減少し，サービス業と運輸・通信業が増加している。特にサービス業は，医療・福祉業を中心に，2000年代初頭から650万人以上増加しており，2015年には，製造業の2倍以上の就業者数となっている。

　同様の傾向は新規大卒者の産業別就職者割合においても確認できる。文部科学省［2015］の「学校基本調査」によれば，2015年度（平成27年度）の大卒就職者数は，製造業が4万8,215名（11.8％），サービス業は14万7,557名（36.0％）となっており，製造業の3倍以上の学生が，サービス業に就職している。そして，このサービス業に含まれる，宿泊業・飲食サービス業，生活関連サービス業・娯楽業，教育・学習支援業，医療・福祉，サービス業（他に分類されないもの）は，2015年現在も軒並み平均を上回る早期離職率を記録しており，特定の業種では50％以上に達している（図表1-20参照）。

　以上の事実を鑑みると，全体として長期安定的に働ける製造業への就職者数が減少し，早期離職率の高い業種への就職者数が増加している傾向は，ポスト期から第2ロスト期においても継続しているといえる。そして，このような早期離職率の高い業種への就業者数増加が，求人数の減少と共に，早期離職率の上昇や高止まりを促す大きな要因となっていたことが推測される。

　最後に，若年者の職業観については，第2ロスト期においても仕事内容を重視する傾向が続いている。図表1-4からも，2011年（平成23年）をピークとして，「仕事が面白いから」と「会社の将来性を考えて」の差が最も大きくなっていることが確認できる。その後，「能力・個性を生かせるから」と「仕事が面白いから」は低下傾向にあるが，全体として，会社の将来性よりも自分

第1章 若年早期離職の時系列的考察 41

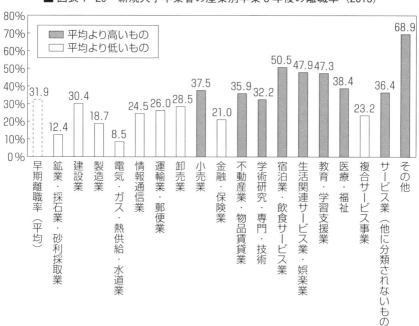

■図表1-20 新規大学卒業者の産業別卒業3年後の離職率 (2015)

出所：厚生労働省［2017］より筆者作成。

の能力・個性や仕事内容を重視する職業観は継続したままとなっている。

これまでの点から，第2ロスト期の早期離職率について，次のことが推測される。はじめに，「百年に一度」ともいわれる世界的な金融危機は，サブプライムローンの不良債権化や2008年のリーマン・ブラザーズの破綻を発端として，世界の金融市場を機能不全に陥れた。我が国の経済もその影響を受け，日経平均株価は6,000円台まで下落し，完全失業率は5％以上に上昇している。

また，新規大卒者の採用も，国内経済の低迷を受けて悪化している。大卒の求人倍率は，バブル期並みであった2009年の2.14倍から1.2倍前後まで急激に低下した。そして，求人倍率の低下は若年者と企業・仕事のマッチングの質を下げ，不本意就職が増加することによって，第2ロスト期の早期離職率は上昇している。2009年に28.8％であった早期離職率は，2010年以降，30％を超えて高止まり状態が続いている。

さらに，早期離職率が上昇・高止まりしている背景として，早期離職率の高

い業種への就職者数が増加し続けていることがある。かつての基幹産業であった製造業は1,000万人近くまで減少し，逆に，サービス業は2,400万人まで増加した。このサービス業に含まれる複数の業種は，平均以上の早期離職率を記録しており，その背景には，小林ほか［2014］が指摘した業界特有の雇用システム，賃金，労働時間など，複数の問題が存在している。そのような業種への就業者数が増加している（就職せざるをえない）状況が，早期離職率の上昇・高止まりの原因となっていることが推測される。

　最後は，若年者の職業観変化である。2000年代初頭から若年者の職業観が会社の将来性ではなく，仕事内容を重視する方向に変化してきたことを指摘した。その傾向は第2ロスト期でも継続しており，仕事内容が重視されている点に変わりはない。企業に対する若年者の認識は，定年まで居続ける「我が家」ではなく，必要な能力やスキルを身に付けるための「止まり木」的な存在に変わりつつあることが推測される。

　以上で指摘してきた「環境要因」，「構造要因」，「企業要因」，「個人要因」が，第2ロスト期における早期離職率の上昇と高止まり現象を引き起こした主な要因であることが推測される。金融危機に代表される「環境要因」が，産業構造変化という「構造要因」と，労働条件の低下という「企業要因」を引き起こし，「企業要因」が，職業観変化という「個人要因」を誘発する流れは，ポスト期以降も継続していると考えられる。

　第2ロスト期の早期離職については以上で述べてきた通りであるが，疑問点も残されている。それは，第2ロスト期の早期離職率が，同水準の求人倍率であった時期と比較して，若干「低い」傾向が見られる点である。

　例えば，1999年（平成11年）の求人倍率は1.25倍であり，早期離職率は34.3％である。また，2003年（平成15年）の求人倍率も1.30倍であり，早期離職率は35.9％となっている。第2ロスト期の求人倍率が1.25倍前後，早期離職率が32％前後で推移していることを考えると，同程度の求人倍率であった時期と比較して2〜3％の差が生じている。この差が誤差の範囲のものであるのか，それとも第2ロスト期を特徴付ける他の要因によるものであるかは，今後の経過を見守る必要がある。中でも，若年者の職業観については，慎重に考察する必要があるだろう。図表1-21は，「働くことの意識」調査の中から，転職に関する設問について，「今の会社に一生勤めようと思っている」を選ぶ回答者の

■図表1-21 「今の会社に一生勤めようと思っている」と回答した者の割合推移

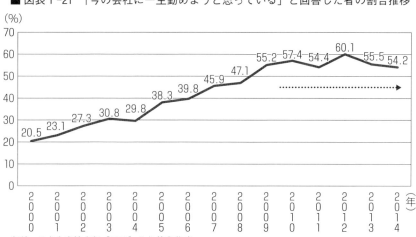

出所：日本生産性本部［2015］より筆者作成。

推移を示したものである。

図表1-21から確認できるように，2000年以降，就職した会社で一生働き続けたいと考える若年者が増えている。特徴的なのは，2010年から2014年の第2ロスト期においても，今の会社に一生勤め続けたいと希望する若年者の割合が「減っていない」点である。

通常，求人倍率が低く，若年者と企業のマッチングの質が低い場合，就職した会社に一生居続けたいと回答する者の割合は低くなるはずである。しかし，2010年から2014年の第2ロスト期では，求人倍率が低下したにも関わらず，就職した会社で一生働き続けたいと考える若年者の割合は50％以上を維持したままである。つまり，第2ロスト期においては，たとえマッチングの質が悪かったとしても（不本意就職をしてしまったとしても），入社時点では，就職した企業に長く勤めようと考える若年者が半数以上を占めており，そのような志向が，同水準の求人倍率でもロスト期ほど早期離職率が上昇しない原因になっていることが考えられる。

しかしながら，この点については慎重な検討が必要である。入社時点の希望と実際の離職行動には大きな隔たりがあることも考えられるため，今後，早期離職率の推移と若年者の意識調査を確認しながら丁寧な分析をしていく必要がある。

以上のように，第2ロスト期の早期離職については，「環境要因」，「構造要因」，「企業要因」，「個人要因」を基本としながらも，就業意識については変化の兆しも見られる。また，第2ロスト期以降の注目すべき動きとして，近年，大学生のインターンシップ参加率が上昇している。この事前の就業体験の活発化が，学生と企業・仕事のマッチングの質を向上させ，早期離職率の低下に寄与している可能性も考えられる。本時期の特徴を明らかにするためには，早期離職率の推移を観察すると共に，他の時代には存在しなかった要因について，改めて分析する必要がある。

5.5 若年早期離職の推移と要因間の仮説的因果関係

これまで，苅谷・本田［2010］の時代区分に依拠しながら，若年早期離職の要因・メカニズムを時代ごとに検討してきた。図表1-22は，本節のまとめとして，バブル期から第2ロスト期までの早期離職率推移と，要因間の仮説的な因果関係を示したものである。

図表1-22からも確認できるように，若年者の早期離職は主に4つの要因から影響を受けてきたことが推測される。

第1に，経済環境に代表される「環境要因」であり，全ての時代を通して，若年者の早期離職率を左右する最も重要な要因となってきた。本書で明らかにしたように，早期離職率は経済環境（大卒求人倍率）と逆相関しており，求人倍率が高く，若年者と企業・仕事のマッチングの質が高い時期には，早期離職率は低下する。逆に，求人倍率が低い（経済環境が悪い）時期には，若年者と企業・仕事のマッチングの質が落ちるため，不本意就職が増加し，早期離職率は上昇する。この「環境要因」が，各時代における早期離職率の基本的な方向性を決める要因であり，なおかつ，早期離職率の上昇・下降の変動に最も大きな影響を与えてきたことが推測される。換言すれば，「環境要因」は若年者の早期離職率を決定する「土台」となる要因であると考えられる。

第2の要因は，産業構造の変化に代表される「構造要因」である。バブル経済崩壊以降，我が国の産業構造は大きく変化した。基幹産業であった製造業の就業者数は，1,500万人（1990年）から1,000万人（2015年）近くまで減少し，サービス業は，1,400万人（1990年）から2,400万人（2015年）まで増加している。サービス業に含まれる複数の業種は，早期離職率が50％近くに達しており，

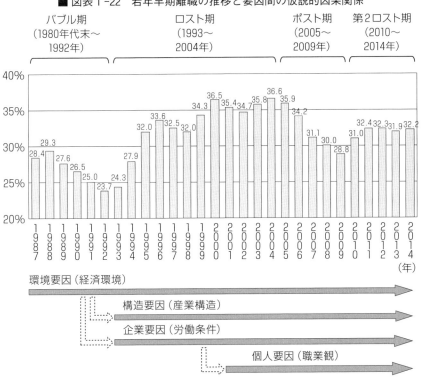

■ 図表1-22　若年早期離職の推移と要因間の仮説的因果関係

出所：厚生労働省［2017］，苅谷・本田［2010］より筆者作成。

このような業種に就職する大卒者が増えたことが，早期離職率の上昇・高止まりに影響を与えてきたことが推測される。

　第3の要因は，労働条件に代表される「企業要因」である。バブル経済の崩壊は，産業構造の変化だけでなく，あらゆる企業の雇用制度や労働条件に負の影響を与えた。バブル経済崩壊以降，若年者は働き続けたとしても，賃金の上昇は従来と比べて大きく低下しており，なおかつ，終身雇用も以前ほど望めない。そのような状況の中で，より良い就業機会や労働条件を求めて，早期に転職をするインセンティブが強まっていったことが推測される。

　第4の要因は，若年者の職業観に代表される「個人要因」である。若年者の職業観は，2000年代初頭に「会社重視」から「仕事重視」に大きく転換した。バブル経済崩壊後，大学を卒業しても就職できない者，就職しても不安定な雇

用形態・労働条件を甘受しなければならない状況を見聞きしてきた若者にとって，企業や社会は無前提に信頼すべき存在ではなくなってしまった。その結果，若年者は会社の将来性に期待するのではなく，仕事内容が自分の職業人生にとって益のあるものか否かを重視する職業観を醸成していったと考えられる（苅谷・本田，［2010］）。ポスト期以降の若年者にとって，企業は定年まで居続ける「我が家」ではなく，必要なスキル・能力を身に付けるための「止まり木」的な存在に変化したことが，早期離職のインセンティブを高めたと推測される。以上の4点が若年者の早期離職を引き起こす主要な要因であり，この4つの変数が変動することによって，バブル経済期以降の早期離職率が形成されてきたと考えられる。

　さらに，もう1つ重要な視点は，要因間の因果関係である。これまでの時系列による考察から，バブル経済の崩壊という「環境要因」が，産業構造変化という「構造要因」と，労働条件の低下という「企業要因」を引き起こし，さらに「企業要因」が，職業観変化という「個人要因」を引き起こしたことが推測される。つまり，図表1-22でも示されているように，「環境要因」は「構造要因」と「企業要因」の原因であり，「企業要因」は「個人要因」の原因という因果関係で結ばれている。そして，上記でも指摘したように，この4つの要因が影響し合うことによって，各時代における早期離職率が形成されてきたと考えられる。中でも，全ての出発点となっている「環境要因」は，若年者の早期離職を左右する最も重要な要因である。早期離職は，「環境要因」が起点となって，「構造要因」，「企業要因」，「個人要因」に変化を起こし，それらの要因が影響し合うことによって引き起こされる現象であると推測される。

　最後に，時系列による分析からもう1つ推測されることは，要因によって変化するスピードが異なるという点である。「環境要因」が日々，世界経済の動向から強い影響を受ける一方，「構造要因」，「企業要因」，「個人要因」は，短い期間で変化するものではない。産業構造や労働条件を変えることは容易ではなく，個人の職業観が変化するまでには更に時間がかかる。つまり，「環境要因」の変化するスピードが非常に速いのに対し，その影響を直接的，間接的に受ける「構造要因」，「企業要因」，「個人要因」は，変化するまでに一定の時間（少なくとも年単位の時間）を要するということである。

　ポスト期や第2ロスト期において早期離職率の高止まり現象が起きているの

第1章 若年早期離職の時系列的考察　47

も，要因間の変化のスピードが異なることが原因の1つとして考えられる。例えば，ポスト期は求人倍率が上昇しているにも関わらず，早期離職率がバブル期ほど低下していない。この背景には，「環境要因」が早期離職率を低下させる方向に向いている一方，「構造要因」，「企業要因」，「個人要因」は急速に変化しない（できない）ため，早期離職率を上げる方向に向いたままとなっていたことが考えられる。

　企業が雇用制度や労働条件を変更するまでには，景気の回復が本物であるか否かを判断する時間が必要であり，労働条件が向上したことを組織成員（若年者）が実感するまでには，更に時間がかかる。そのような意味において，「環境要因」は即時性が高い要因である一方，「構造要因」，「企業要因」，「個人要因」は変化に一定の時間を要する要因だといえる。今後，早期離職全体の推移やメカニズムを検討する際には，はじめに，上記4つの要因の動向を把握し，さらに要因間のタイムラグを念頭に入れた分析が必要になるだろう。

6 　若年早期離職と「職場要因」

　これまで，若年者の早期離職に関する主だった研究群を概観し，バブル期以降，早期離職がどのような時代背景の中で発生したのかについて考察してきた。時系列的な観点から，早期離職の要因・メカニズムを整理したことは，本問題の全体像を掴む上でも有益であったと考えられる。しかしながら，これらの研究成果のみで早期離職問題を解決することは困難である。若年早期離職が未だ社会的注目を浴びている事実は，本問題が根本的に解決されていないことの証左であり，新たなアプローチが必要であることを示唆している。

　本節では，はじめに既存研究の課題点を指摘し，新たに，職場の人間関係に代表される「職場要因」に注目すべき理由・背景を述べていく。また，若年早期離職の分析上の課題点にも触れ，本書の対策を示していく。

6.1　既存研究の限界・課題

　上記では，若年者の早期離職を引き起こす主要な要因とそのメカニズムについて検討を行ってきた。しかしながら，早期離職問題の実質的な改善を考えた場合，既存研究の課題は，解決策の実現性にあると考えられる。「環境要因」，

「構造要因」、「企業要因」、「個人要因」は、早期離職の主要な要因ではあるものの、特定の企業・個人の努力では解決できない問題を多分に含んでいる。換言すれば、既存研究は、若年早期離職の原因やメカニズムを広範な視点から分析・理解するためには有効であるが、実質的な問題解決においては、企業・個人のレベルでコントロールできる部分が少ない点に、課題があると考えられる。

例えば、経済環境に代表される「環境要因」は、早期離職率の上昇・下降と強く連動していることが明らかとなったが、早期離職率の改善のために、経済環境をコントロールするという解決策は現実的ではない。

また、「企業要因」についても、日本的雇用慣行がバブル経済崩壊後の経済停滞の中で衰退していったように、経済環境から大きな影響を受ける。他にも、企業は時代や社会のニーズに合わせた雇用制度、労働環境作りをしていかなければならない。例えば、ワークライフバランスやダイバーシティ、各種ハラスメント対策、企業コンプライアンスなど、様々な社会的ニーズに対応した職場環境づくりが必要となる。賃金や待遇についても、経営状態に合わせて変えていく必要があるだろう。つまり、労働条件に代表される「企業要因」についても、企業・個人が必ずしも自由に設計できるわけではなく、多数の社会的要望・制約の中で作り上げられていくものだと考えられる。

さらに、職業観変化に代表される「個人要因」については、そもそも特定の正解がない問題である。多様な価値観・働き方が推進される現代の日本社会において、個人が人生の中で職業をどのように位置付けていくかは、極めて個人的な問題である。少なくとも、早期離職問題の改善のために、社会や企業が特定の職業観を押し付けることは適切ではない。若年者がどのような職業観を持つかは、若年者自身が取り組んでいかなければならない内的問題だといえる。

以上の点から、「環境要因」、「構造要因」、「企業要因」、「個人要因」は、広範な視点から早期離職の原因やメカニズムを検討する上では有効であるが、「問題を解決する」という実務的な視点から見ると、企業・個人のレベルで行えることは限定されている。既存研究の課題点を克服し、早期離職を実質的に改善していくためには、異なるアプローチからの研究蓄積が必要だと考えられる。

6.2 若年者を対象とした分析上の課題

若年者を対象とした研究において，分析上の課題となるのが「概念の適用性」である。具体的には，「職務満足」や「組織コミットメント」など，従来，組織成員の離職行動を説明するために使用されてきた概念が，若年者にそのまま適用できない可能性がある。

例えば，「職務満足」は，仕事内容，職務権限，人間関係等に対する主観的な満足感を指すが，入社から日が浅い若年者に対して，上記のような意味での職務満足を測定することは困難である。同様のことは組織コミットメントについてもいえる。Meyer and Allen［1991］によれば，組織コミットメントは，「情緒的コミットメント」，「存続的コミットメント」，「規範的コミットメント」から構成されるが，入社間もない若年者は，上記のようなコミットメントを形成するだけの十分な時間を組織内で過ごしていない。つまり，入社3年以内の若年者と社会人経験が豊富な社員では，職務満足や組織コミットメントの捉え方，また，それらに有意な影響を及ぼす要因に違いがあることが考えられる。

寺畑［2009］は，早期離職者と就業継続者を分かつ要因について分析を行い，早期離職の可能性のある従業員と就業継続者では，仕事や人間関係に対する理解に差があることを主張している。寺畑はその差が生まれる背景として，若年者は入社から間もないため，社内の人間関係に広がりがないことや，職務満足を議論するまでの技能を習得していないことなど，若年者特有の背景を指摘している。社内の人間関係が非常に狭い場合，上司や先輩社員といった限られた人間との関係が，若年者の離職行動に強く影響を及ぼす可能性がある。また，若年者が職務満足を議論するまでの技能を習得していないとすれば，彼・彼女らの職務満足は，何によって構成され，どのような要因から影響を受けているのか，という疑問が残る。

以上のような仮説や疑問点を鑑みると，若年者を対象とした分析では，若年者特有の状況・背景を理解した上で，例えば，就業を継続している者との比較分析等が必要になると考えられる。また，従来の概念を使用する場合においても，それらの概念を若年者がどのように捉えているのか，どのような要因から影響を受けているのか，などを就業継続者と比較検討し，若年者特有の離職行動を明らかにしていく必要がある。

6.3 既存研究の課題に対する2つの対応策

6.1項，6.2項では，既存研究の限界と若年者を対象とした分析上の課題について述べてきた。本書では，以下の2つの対応策によって，上記課題点の克服に取り組んでいく。

第1に，早期離職問題の実質的な改善に貢献できるよう，本書では「職場内の離職要因」を分析対象としていく。「職場」という具体的かつ身近な場所で発生する諸問題を研究対象にすることで，企業・個人がより「直接的」に早期離職の改善に取り組むことが可能となる。

さらに，本書では「職場要因」の中でも，若年者の離職理由として挙げられることが多い，「職場の人間関係」について分析を行う。具体的には，「上司」，「先輩」，「同期」との「職場の人間関係」が，若年者の「残留意思」や「離職意思」にどのような影響を与えているのかを分析し，早期離職を改善していくための具体的な知見・示唆を獲得していく。

第2に，概念の適用性については，既存の概念と共に，「アイデンティフィケーション（identification）」という新たな概念を採用し，課題点を克服していく。本概念については第2章において詳しく述べていくが，アイデンティフィケーションの概念を使用し，若年者と就業継続者の比較分析を行うことによって，若年者特有の離職行動を明らかにしていく。

7 「職場の人間関係」に取り組む意義

本節では，最後に「職場の人間関係」を研究対象として取り上げる5つの意義と背景について述べていく。

本書の冒頭でも述べたように，本研究の目的は，若年早期離職に対する「職場の人間関係」の影響を明らかにすることである。この「職場の人間関係」に注目する意義・背景は，次の5点である。

第1に，職場における人間関係が，早期離職の主要な要因の1つとなっているためである。労働政策研究・研修機構が2007年に実施した「若年者の離職理由と職場定着に関する調査」によれば，前職の離職理由（該当するもの全てを選ぶ形式）として，「給与に不満（34.6％）」，「仕事上のストレスが大きい

(31.7％)」,「会社の将来性・安定性に期待が持てない（28.3％)」,「労働時間が長い（26.9％)」,「仕事がきつい（21.7％)」,「仕事が面白くない（21.0％)」,「職場の人間関係がつらい（20.4％)」」などが挙げられ，職場の人間関係が主要な離職理由の1つとして挙げられている。

　また，離職理由の第1位として挙げられたものだけを集計してみると,「給与に不満（9.9％)」,「キャリアアップするため（7.3％)」,「会社の将来性・安定性に期待が持てない（7.0％)」,「職場の人間関係がつらい（6.6％)」となっており,「職場の人間関係」は全ての離職理由の中で4番目に多い項目となっている。

　他にも，厚生労働省［2013］が実施した「若年者雇用実態調査」によれば，はじめて勤務した会社を辞めた理由として,「人間関係がよくなかった（19.6％)」が第2位に挙げられている。同様の調査が行われた2009年には第4位であったことを考えると，近年，その重要性が増していることも考えられる。職場の人間関係については，これまで，常に離職理由の1位であったわけではない。しかしながら，それゆえに，本問題の重要性が見過ごされてきた可能性もある。上記の結果からも，職場の人間関係が早期離職を促す要因の1つとなっていることは明らかであり，本書では，改めてその役割や影響に焦点を当てていく。

　「職場の人間関係」を取り上げる第2の理由は，問題解決の「実現可能性」である。換言すれば，職場の人間関係は，企業・個人が直接改善に取り組むことができる点に，大きな特徴がある。これまでも指摘してきたように，既存研究の課題は，問題解決の実現可能性が低い点にあった。しかし,「職場の人間関係」は，あらゆる企業に存在する現象であり，なおかつ，企業と個人，双方の努力によって常に改善が可能な問題である。

　この特徴は，他の「職場要因」と比較しても際立っている。先に挙げた厚生労働省［2013］の「若年者雇用実態調査」によれば，離職理由の第1位は「労働時間・休日・休暇の条件がよくなかった」，第3位は「仕事が自分にあわない」，第4位は「賃金の条件がよくなかった」となっているが，これらの離職理由の改善は，企業にとって容易ではない。企業の資源が有限である以上，労働条件の改善には限界がある。また，企業が多様な仕事によって成り立っていることを考えると，仕事内容についても，全ての個人の希望を叶えることはで

きない。つまり，労働条件や仕事内容は，それが若年者の離職理由だったとしても容易に変更することができない問題であり，そのような意味において，これらの問題解決の可能性は，相対的に低いといえる。

一方，「職場の人間関係」は企業と個人，双方の努力によって改善が可能な問題であり，時間的な制約も存在しない。極端にいえば，職場の人間関係は，企業と個人双方の心掛け次第で，いつでも改善が可能な問題である。また，賃金や労働時間と異なり，若年者自身が主体的に改善に参加できる点や，企業経営の視点から見た場合，経済的コストがかからないことも大きな特徴だといえる。

さらに，若年者が望む，賃金の上昇，労働時間の削減，職務内容の変更は，ある側面において企業経営の推進と矛盾する可能性がある一方，職場の人間関係が良好であることが企業・個人にとって不利益になることはない。むしろ，職場の人間関係が良好であることは，円滑な事業推進や従業員のストレス軽減，生産性向上などに寄与すると考えられる。

以上のような点を考えると，職場の人間関係は多様な「職場要因」の中でも相対的に解決の実現可能性が高い問題であり，なおかつ，企業・個人双方にとって有益なものであると考えられる。

「職場の人間関係」を取り挙げるべき第3の理由は，職場の人間関係が勤続年数の長さと深く関係している点にある。図表1-23は，先に挙げた労働政策研究・研修機構［2007］の「若年者の離職理由と職場定着に関する調査」において，転職経験がある者に，前職の勤続年数と職場の人間関係をどのように感

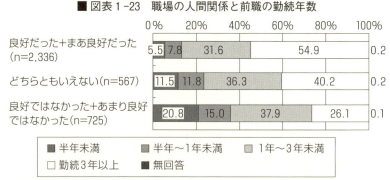

■ 図表1-23　職場の人間関係と前職の勤続年数

出所：労働政策研究・研修機構［2007］38頁より筆者作成。

じていたかを調査した結果である[14]。

図表1-23より,職場の人間関係が良好であったと感じている者ほど,前職の勤続年数が長い(勤続年数3年以上の割合が多い)ことがわかる。逆に,職場の人間関係が良好ではなかったと感じている者では,勤続年数3年未満の割合が増えていることが確認できる。

さらに,勤続年数「半年未満」で退職した者に注目すると,職場の人間関係が良好だったと感じていた者は5.5％であるのに対し,職場の人間関係が良好ではなかったと感じていた者は20.8％で4倍近い差となっている。つまり,職場の人間関係が良好ではなかったと感じていた者ほど,早期に離職する割合が高く,職場の人間関係と早期離職が強い相関関係にあることが推測される。

また,さらに重要な事実として,職場の人間関係が良好であることが,離職の直接的な「抑止力」となっていることが挙げられる。図表1-24は,同じく「若年者の離職理由と職場定着に関する調査」において,若年者に離職を思い

■図表1-24 離職を思いとどまった理由(複数回答)

出所:労働政策研究・研修機構[2007]67頁より筆者作成。

とどまった理由を尋ねた結果である（労働政策研究・研修機構，[2007]）。

　図表1-24の結果から，職場の人間関係が良好であることが，離職を直接防止する効果があることが確認できる。また，第1位と第2位の「辞めると生活ができないから」，「希望の転職先が見つからなかったから」が，不本意に在職せざるをえない状況であるのに対し，「職場の人間関係が良好だから」は，現職の魅力を再確認しての残留であることも注目すべき点である。

　一般に，不本意に在職している者の労働生産性が高くなることは考えにくいため，不本意在職は，企業・個人双方にとって望ましい状態とはいえない。不本意に在職する者が増加することによって，生産性だけでなく，社内モラールなどが低下することも考えられる。そのような中で，人間関係という職場の魅力を再認識する形での残留は，企業にとっても若年者にとっても有益なものとなり得る。

　以上の結果から，職場の人間関係の良好さは，勤続年数と深く関係しており，なおかつ，離職の直接的な「抑止力」となっていることが推測される。このような事実は，早期離職問題において職場の人間関係を研究する意義を，直接的に高めるものである。

　「職場の人間関係」に着目する第4の理由は，職場の人間関係が，他の離職理由の「原因」となっている可能性が存在するためである。例えば，「職務満足（job satisfaction）」が組織成員の離職行動に大きな影響を与えることは，既存研究でもたびたび指摘されてきた。

　Hom and Griffeth [1995]，Griffeth et al. [2000] は，離職要因について広範なメタ分析を行い，「職務満足」が離職を予期する主要な先行要因の1つとなっていることを報告している。彼らの分析によれば，一般的な離職行動は，「職務への不満足（job dissatisfaction）」から始まり，「予備的な職探し（preparatory job search）」，「より良い選択肢の発見（finding superior alternatives）」，「新たな仕事の受諾（accept job offer）」という流れで進むことが主張されている。つまり，「職務満足」は離職を予期する最も初期の要因であり，職務に満足しているか否かは，従業員の将来的な離職を予測する上で重要な指標だといえる。そして，この職務満足を決める要因として，「職場の人間関係」が重要な役割を果たしていることが推測される。

　櫻木 [2006] は，職務満足の構造的・機能的側面について分析を行い，職務

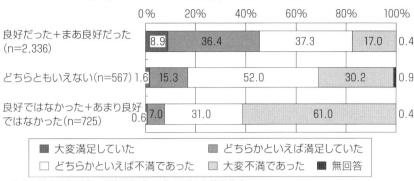

■ 図表1-25　職場の人間関係と前職の仕事満足度

出所：労働政策研究・研修機構［2007］38頁より筆者作成。

満足が「仕事環境因子」,「仕事キャリア因子」,「人間関係因子」の3つから構成されることを報告している[15]。また，図表1-25は，先に挙げた「若年者の離職理由と職場定着に関する調査」において，前職の仕事満足度と，当時，職場の人間関係をどのように感じていたかを，転職経験者に調査した結果である。

図表1-25より，職場の人間関係が良好だったと感じていた者ほど，仕事満足度が高かったことが確認できる。具体的には，職場の人間関係が良好だった者では，仕事に対して「大変満足していた」,「どちらかといえば満足していた」の割合が合計45.3%であるのに対し，職場の人間関係が良好ではなかった者では7.6%となっており，6倍近い差がある。これらの調査結果のみで判断することはできないが，職場の人間関係が，職務満足など離職を促す他の要因の原因となっていることが推測される。

また，厚生労働省が行った「労働者健康状況調査[16]」によると，現在の仕事や職業生活に強い不安，悩み，ストレスがあると答えた者は60.9%となっており，その内容の第1位として「職場の人間関係の問題（41.3%）」が挙げられている（厚生労働省，［2013］）。つまり，職場の人間関係は，基本的な職務満足や不安，悩み，ストレス量などを決める要因となっており，職業生活を安定して送るための「衛生要因」としての役割を担っていることが推測される。

例えば，先に述べた厚生労働省［2013］の「若年者雇用実態調査」において，転職をしたいと思っている若年者に理由を尋ねたところ，「人間関係のよい会社にかわりたい」は，23.3%で第7位であった。また，労働政策研究・研修機

構［2007］の「若年者の離職理由と職場定着に関する調査」においても，現在の会社に就職（転職）する際の重視条件として，職場の人間関係は8.7%で第9位となっている。離職の理由として職場の人間関係が挙げられた際，上記調査では，それぞれ第2位，第4位であったことを考えると，大きく順位が低下している。このような傾向は職場の人間関係に顕著であり，仕事内容や労働条件については，順位に大きな変動がない。賃金や労働条件の不満は常に上位3位以内に入っており，その傾向は「離職する時」も，「転職する時」も変わらないのである。

一方，職場の人間関係については，「離職する時」の順位は高いが，「転職する時」の順位は低い。換言すれば，職場の人間関係は，離職する際の大きな理由にはなるが，転職をする際の希望条件としては，それほど重視されていないといえる。その背景として，実際に転職をするまで職場の人間関係はわからないから重視しようがない，ということも考えられる。しかし，これらの事実は，職場の人間関係が職業生活を円滑に送るための「衛生要因」となっており，不満足の場合は離職に直接的に影響を及ぼすが，転職や職業生活の満足感に影響を及ぼす「動機付け要因」にはなっていない可能性を示唆している。Herzberg et al.［1959］の二要因理論においても，監督者や同僚との人間関係は衛生要因の1つとして報告されており，職場の人間関係が円滑な職業生活の「土台」となっていることが推測される。

以上のような調査結果や仮説を鑑みると，職場の人間関係は，直接的に離職を促す場合もあれば，職務満足や健康状態など，他の離職要因に影響を与え，「間接的」に早期離職を促していることも考えられる。それゆえ，本書では，職場の人間関係が若年者の残留・離職意思に直接的に影響を及ぼす「直接効果」に加え，職務満足など，他の要因を経由して間接的に影響を及ぼす「間接効果」についても視野に入れて分析を進めていく。

「職場の人間関係」に注目する最後の理由は，職場の人間関係全体を包括的かつ定量的に分析した研究が少ないためである。これまで，LMX（Leader-member exchange）やTMX（Team-member exchange）研究など，二者間の人間関係が離職に及ぼす影響については，多数の研究が行われてきた。先に挙げたHom and Griffeth［1995］やGriffeth et al.［2000］のメタ分析においても，LMXに代表される「上司－部下」関係が，離職に有意な影響を及ぼす

ことが報告されている。

しかしながら，上記研究群の問題点として，対象者個々人との関係に焦点が当てられており，多様な人間関係の相互作用などは検討されていない。また，多くの研究は，「上司」，「同僚」もしくは「部下」との関係に注目しており，これらをもって「職場全体」の人間関係を網羅しているとはいい難い。特に，日本における職場の人間関係を検討していくためには，例えば，新卒一括採用など，日本企業独特の雇用慣行による「同期社員[17]」との人間関係なども視野に入れていく必要があるだろう。

さらにいえば，本書は「若年者」の早期離職をテーマとしているため，若年者特有の離職行動を明らかにするためには，就業を継続している社員との比較分析なども必要になると考えられる。しかしながら，上記のような複数の職場の人間関係の相互作用や，若年者と就業継続者との違いを定量的かつ構造的に分析した研究は少ない。その背景には，そもそも「職場の人間関係」をどのように定義し（どこまでの範囲とし），いかに測定するのか，という分析上の大きな課題がある。

本書では，これらの課題に対して，職場における一部の人間関係のみに注目するのではなく，先輩社員や同期社員など，若年者にとって重要と思われる人間関係全体まで分析対象を広げていく。また，測定方法については，既存の尺度に加え，「アイデンティフィケーション（identification）」という新たな概念を導入することによって課題点を克服していく。

本書では，以上のような新たな概念の導入や分析対象を広げることによって，職場における主要な人間関係が，若年者の早期離職に与える影響を定量的かつ構造的に明らかにしていく。

8 若年早期離職の要因・メカニズムと職場要因

第1章では，若年者の早期離職問題について，時代背景を振り返りながら，その原因やメカニズムについて検討を行ってきた。本章の結論として，若年早期離職は，主に「環境要因」，「構造要因」，「企業要因」，「個人要因」の4つの要因によって引き起こされてきた現象であると考えられる。また，時系列的な考察から，バブル経済の崩壊という「環境要因」が，産業構造変化という「構

造要因」と，労働条件の低下という「企業要因」を引き起こし，さらに「企業要因」が，職業観変化という「個人要因」を引き起こしていたことが推測される。

また，本章では既存研究の課題点を指摘し，新たに「職場要因」に注目する必要性を述べてきた。中でも，「職場の人間関係」は，企業・個人がより直接的に問題解決に取り組むことが可能であり，本問題の解決は，若年早期離職の実質的な改善に寄与すると考えられる。それゆえ，本書では職場の人間関係の中でも，「上司」，「先輩」，「同期」との関係が，若年者の「残留意思」や「離職意思」に与える影響を明らかにしていく。さらに，その分析方法として，「アイデンティフィケーション」という新たな概念・尺度を導入していく。

第2章では，本書の主要概念となる「アイデンティフィケーション」について，理解を深めていく。また，理論と主要概念をレビューした後，本書で行う3つの分析と11の仮説を提示する。

■注
1） 本書では，若年者を「新規学卒者として就職した，入社1年目から3年目の者」と定義して使用していく。本件の理由・背景については，第1章2.3項にて後述する。
2） 労働政策研究・研修機構［2007］の調査における若年者の定義は「企業に在籍する35歳未満の若年者（正社員）」であり，本書のように入社1年目から3年目に限定したものではない。そのため，結果の解釈には留意が必要である。
3） 平成29年度の調査では，調査対象者の68.6%（1,291名／1,882名）が四年制大学もしくは大学院卒となっている。
4） 厚生労働省「新規学卒者の離職状況に関する資料一覧」（http://www.mhlw.go.jp/file/06-Seisakujouhou-11650000-Shokugyouanteikyokuhakenyukiroudoutaisakubu/0000177681.pdf）（最終閲覧日2017-11-16）の新規学卒者の事業所規模別・産業別離職状況を参照。
5） 学歴別の就職者数や離職者数については，厚生労働省「新規学校卒業就職者の在職期間別離職状況」（http://www.mhlw.go.jp/file/06-Seisakujouhou-11650000-Shokugyouanteikyokuhakenyukiroudoutaisakubu/0000177658.pdf）（最終閲覧日2017-11-16）をもとに算出した。
6） 苅谷・本田［2010］の研究では，第2ロスト期の終わり（2014年）は明示されていない。本書では，求人倍率が2014年から2015年にかけて1.28倍から1.61倍に急上昇した事実から，2015年以降を新たな段階に移行したと判断し，第2ロスト期の終わりを2014年とした。また，ポスト期についても，苅谷・本田の研究では2005年から2008年と記載されているが，2009年の求人倍率が2008年と同じ2.14倍，早期離職率が28.8%の低水準であったことから，本書では，2009年までをポスト期とした。
7） 黒澤・玄田［2001］の調査では，1997年に労働省が実施した「若年者就業実態調査」のデータが用いられており，30歳未満の若者2万1,000人が対象となっている。若年者の

定義に留意が必要である。
8) JGSS（Japanese General Social Survey）は，2年に一度行われる総合社会調査である。20~89歳の男女個人を対象としており，日本人の意識と日本社会の構造を把握するために，個票データを国内外の研究者や教育機関に公開している（参照：http://jgss.daishodai.ac.jp/）（最終閲覧日2017-11-16）。
9) 有効求人倍率については，政府統計の総合窓口「e-Stat（https://www.e-stat.go.jp/SG1/estat/eStatTopPortal.do）」内の労働市場関係指標（求人倍率・就職率・充足率・求人数・求職者数・就職件数）のデータを使用した。
10) 完全失業率については，総務省統計局内の長期時系列表1 a-1 主要項目（労働力人口・就業者・雇用者・完全失業者・非労働力人口・完全失業率）の完全失業率データを使用して算出した。
11) 1995年以降，産業分類がより詳細に明記されるようになった。運輸業は郵便業を含み，金融・保険業，不動産業には物品賃貸業が含まれている。また，飲食店，宿泊業は，宿泊業，飲食サービス業となっている。広義のサービス業に含まれる業種についても，1995年以降，より詳細な産業区分が明記されるようになっている。
12) 各業種の就業者数は，総務省統計局「労働力調査」をもとに算出した。具体的には，労働力調査内の「主な産業別就業者（c-1 第12・13回改定日本標準産業分類別就業者）」の1月から12月までの平均値をもとに算出した。
13) 各業種の就業者数は，総務省統計局「労働力調査」をもとに算出した。具体的には，労働力調査内の「主な産業別就業者（c-3 第12回改定日本標準産業分類別就業者）」の1月から12月までの平均値をもとに算出した。サービス業に含まれる業種は，第1章図表1-10に示されたものとなっている。
14) 当該調査は正社員（n=3,645名）を対象としたものである。
15) 当該調査は40歳以上の中高年ホワイトカラー層を対象とした調査であるため，結果の解釈には留意が必要である。
16) 当該調査は平成21年経済センサス基礎調査を母集団として，常用労働者を10名以上雇用する事業所が対象となっている。有効回答数は9,915名であり，若年者のみを対象とした調査ではないことに留意する必要がある。
17) 本書では，同期社員について「新卒として同時期に入社した者」と定義して使用していく。

ð2ç

アイデンティフィケーションの概念導入と仮説

1 本章の概要・目的——アイデンティフィケーションとは

　第2章の目的は，本書の主要概念である「アイデンティフィケーション（identification）」について先行研究レビューを行い，理解を深めていくことである。概念の定義，特徴，理論的基盤，類似概念との弁別性などを包括的にレビューしていくため，以下の構成に沿って議論を進めていく。

　はじめに，第2節では，主要概念の理論的基盤である「社会的アイデンティティ理論」と「自己カテゴリー化理論」についてレビューを行う。本書では，アイデンティフィケーションと，アイデンティフィケーションを「組織」，「対人関係」に応用した「組織アイデンティフィケーション」，「関係的アイデンティフィケーション」の3つが主要概念となる。これらは全て個人のアイデンティティ形成に関わる概念であるが，上記2つの理論を基盤とすることで発展してきた。それゆえ，はじめに「社会的アイデンティティ理論」と「自己カテゴリー化理論」についてレビューを行い，主要概念の理論的基盤について理解を深めていく。

　第3節では，アイデンティフィケーションについてレビューを行う。アイデンティフィケーションとは何か，という疑問を出発点として，概念の定義と3つの特性について述べていく。次に，アイデンティフィケーションを組織に応用した，「組織アイデンティフィケーション」，対人関係に応用した「関係的アイデンティフィケーション」について理解を深めていく。組織アイデンティフィケーションについては，先行研究の歴史的変遷を踏まえた上で，概念の定

義と課題，類似概念との弁別性を明らかにしていく。また，関係的アイデンティフィケーションについては，概念の定義と課題，課題に対する修正案を提示し，本書における活用法を示していく。

第4節では，上記レビューを踏まえた上で，本書で行う3つの分析と11の仮説を提示し，第5節では，アイデンティフィケーション導入の意義について小括する。

2 社会的アイデンティティ理論と自己カテゴリー化理論

本節では，本書の理論的基盤である「社会的アイデンティティ理論（social identity theory）」と「自己カテゴリー化理論（self-categorization theory）」についてレビューを行う。

本書の主要概念であるアイデンティフィケーションは，個人のアイデンティティ形成に関わる概念であるが，これまで，個人が社会集団の中において，どのように自己のアイデンティティを獲得しているかは，多くの疑問が残されてきた。しかし，1970年代から80年代，タジフェル（Tajfel,H.）とターナー（Turner,J.C.）による「社会的アイデンティティ理論」と「自己カテゴリー化理論」の提唱によって，集団における個人のアイデンティティ形成がどのように行われているかが明らかになってきた。

本節では，この2つの理論について先行研究レビューを行い，集団における個人のアイデンティティ形成のメカニズムについて理解を深めていく。また，両理論の課題点にも触れ，本書の貢献内容についても述べていく。このような理論部分をはじめに理解し，主要概念であるアイデンティフィケーションをより深く理解するための土台を形成することが，本節の目的である。

2.1 社会的アイデンティティ理論とは

社会的アイデンティティ理論とは，集団間におけるコンフリクトや集団間行動を定式化した理論であり，1970年代にタジフェルとターナーによって提唱された（Tajfel and Turner, [1979]）。この理論の主要な前提は，「人は肯定的な自尊感情を維持し高めることに動機付けられており，その獲得のために，独自でポジティブなアイデンティティを得られる集団に属することを望む」とい

うことである。その背景には，人はアイデンティティの大部分を自分が所属する社会集団から得ており，この集団から得られる「社会的アイデンティティ」が，個人の自尊感情の維持・向上に寄与していることがある。

社会的アイデンティティは，「感情的及び価値的な意味付けを伴う，自分がある社会集団に所属しているという知識から得られる自己概念の一部」と定義されており，人は，ポジティブな社会的アイデンティティを獲得するために，自分が所属する「内集団（ingroup）」と他の「外集団（outgroup）」の間で社会的比較を行い，内集団に独自でポジティブな地位を付与するとされる（Tajfel, [1978]）。

本項では，この社会的アイデンティティ理論が形成された歴史的背景や理論の内容について理解を深め，本理論の功績と課題について述べていく。

2.1.1　社会的アイデンティティ理論の歴史的背景

社会的アイデンティティ理論の特徴は，「集団の中における個人の心理」ではなく，「個人の心理の中における集団」に注目している点にある。この背景には，社会が異なった集団やカテゴリーから構成されており，所属する集団やカテゴリーにもとづいて，個人の見解や行動が変化するという見方がある。

社会的アイデンティティ理論の中核には，人々にとって集団への所属は，個人として単独でいることとは全く異なる状況であり，集団はその成員に対してどのような見解を持ち，行動をすべきかを指示する「社会的アイデンティティ」を授けるという考えがある（Hogg and Abrams, [1988]）。

例えば，国家，宗教，人種，民族のような集団においては，独自の規範や行動様式があり，人々は異なる価値観を持ち，異なる行動をとる。このような現象は職場のような小集団でも同様であり，重要な点は，集団やカテゴリーが，そこに所属する人々の価値観，行動，生活様式に決定的な影響を及ぼすという点である。

社会的アイデンティティ理論が「個人内」や「個人間」の心理ではなく，集団間行動や，集団が個人の心理に及ぼす影響を強調するのは歴史的な背景がある。タジフェルとターナーが社会的アイデンティティ理論を提唱した1970年代から1980年代において，社会心理学の主流派は米国にあった。

Hogg and Abrams [1988] によれば，当時の社会心理学は「還元主義（reductionism)」の立場をとり，集団行動を個人の属性で説明しようと試みていた。「還元主義」とは，下位のレベルの概念や用語をもって上位の現象を説明する考え方であり，心理学における心的現象を要素に分解し，そこからもとの現象を再構成するアプローチ法である。実験社会心理学の父とされるオールポート（Allport,F.H.）は，「社会心理学は個人心理学の一分野であり，個人の心理ではない集団の心理など存在しない」と主張し，集団心の考え方を否定している（Allport，[1924]）。

また，当時の主流派の社会心理学におけるもう1つの特徴は，人間は物事を合理的に判断する能力を持ち，協調して生きるとみなすモデルが前提とされていた点である。「人は自分を支持してくれる人を好む」，「他人を理解することが協同を生む」，「我々は，自らを助ける者を助ける」，「リーダーは自分の集団のメンバーの欲求を理解できる」など，後に「善人の社会心理学」といわれるように，米国を中心とした当時の主流派では，「合理的で協調的な人間像」が前提とされてきた（Moscovici，[1972]）。

しかしながら，「還元主義」や人間を合理的で協調的とみなす当時の主流派の考え方には，疑問も投げかけられている。1つは，還元主義的な説明やアプローチへの批判である。例えば，「走る」という動作は，日常の習慣，筋肉の動き，神経の伝達など，様々なレベルで説明することが可能であるが，一般的な説明として，「走る」という動作を細胞や分子のレベルで説明することは適切ではない。つまり，提起されている問題のレベルと説明のレベルが一致しない場合，当初の問題に対する適切な回答を提供することが困難となる。

また，還元主義における最も大きな問題は，「部分の総和が全体とイコールであるのか」という疑問である。デカルト以来の還元主義は，「全体は部分の総和である」ことを前提としている。しかしながら，宇宙・自然・社会・市場・企業などの世界においては，複雑化することによって新たな性質を獲得するもの，対象を分割することによって失われるものが存在することが指摘されている。

例えば，人間のような複雑な生物は，多様な要素が絡み合い，相互に作用しながら存在が成り立っている。それゆえ，還元主義による要素分解で人間の存在を説明し切ることは極めて困難である。人間の持つ臓器を全て説明しても，人間という存在の説明をしたとは必ずしもいい切れないということである。

最後に，主流派が前提としている合理的で協調的な人間像にも疑問が投げかけられている。Moscovici［1972］は，「合理的で協調的な善人の社会心理学は，私が実際に知っていることや経験したこととは，ほとんど重ならない。我々は自分とは違う人に巡り会いながらも，その人たちと自分を同一視することができる。自分を軽蔑する人を愛することもできる。敵対する相手こそ，私たちを最もよく知っているのではないだろうか」と述べ，合理的で協調的な人間像に疑問を投げかけている。

このようなモスコビッシの主張は，当時ヨーロッパが置かれていた社会情勢とも無縁ではない。1960年代末からの急進的な社会運動の広がりは，西欧社会に激しい衝突や対立を生み，善人を前提とした社会心理学のモデルでは，説明が困難であった。実際，フランスでは社会変革を求める5月革命も起きている。このような事実は，人間がある側面において，協調的でも平和的でも合理的でもない，という視点を社会心理学者にもたらしたのである。

2.1.2 社会的アイデンティティ理論の概要

以上のような米国を中心とした社会心理学の主流派に対するアンチテーゼとして発展したものが，ヨーロッパのブリストル学派による「社会的アイデンティティ理論」である。社会的アイデンティティ理論は，集団現象を説明する統合的理論であるが，その中心的な概念は4つに分けられる。

Taylor and Moghaddam［1994］によれば，社会的アイデンティティ理論は，(i)「社会的カテゴリー化」，(ii)「社会的アイデンティティ」，(iii)「社会的比較」，および(iv)「心理的集団独自性」に分けられ，この順序に従って理論化が進められてきた。本書においても，上記の順序に沿って内容を確認し，社会的アイデンティティ理論への理解を深めていく。

(i) 社会的カテゴリー化

「社会的カテゴリー化（social categorization）」は，環境に秩序を与え，自己に同一視の場所を与えてくれる世界の分類である（Taylor and Moghaddam, [1994]）。人の情報処理の中で「カテゴリー化」が重要な役割を果たしていることは一般的に異論のないことであり，通常，人は周囲の環境から得られる様々な刺激や情報について，類似点を強調し，相違点を無視することによって

情報処理の過程を単純化している。

　Tajfel and Wilkes [1963] は，人のカテゴリー化の過程や効果を明らかにするために，ある古典的な実験を行っている。彼らは，長さがそれぞれ異なる8本の直線を被験者に見せ，直線の長さについて推定を求めた。

　条件1では，短い4本の直線にAのラベルがつけられ，残りの4本の直線にはBのラベルがつけられた。条件2では，8本の直線にランダムにA，Bのラベルがつけられた。条件3では，ラベルなしに8本の直線をそのまま提示している。実験の結果，条件1の被験者は，ラベルと直線の長さの関係を理解し，他の条件よりもラベルAのカテゴリーとラベルBのカテゴリーの長さの違いを過大視（過剰推定）するようになった。また，条件1の被験者は，他の条件の被験者よりもカテゴリー内の直線の長さが似ていると判断する傾向も強かった。この結果から，タジフェルとウィルクスは，「カテゴリー内」では同一性が強調され，「カテゴリー間」では差異が強調される「強調化効果」を主張している。

　このような強調化効果は，直線の長さを分類するような非社会的刺激だけでなく，人間をカテゴリー化するような社会的刺激においても起こることが報告されている。しかし，重要な点は，人間をカテゴリー化するような社会的刺激を与えた場合，被験者は刺激とカテゴリーを結びつける際に，「社会的な規範や価値体系」に影響を受けるということである。例えば，複数の人間をいくつかのカテゴリーに分けることを求めた場合，被験者は対象者に抱く価値観に従って分類を行う。もし被験者が人種差別的な傾向が強い人間であれば，黒人，白人，黄色人などの人種別に分け，それぞれが同じグループにならないように注意を払うはずである。

　Pettigrew, Allport and Barnett [1958] は，複数の顔写真を被験者に見せ，それぞれの人種を判断させている。その結果，アフリカーナ（アフリカ南部に居住するヨーロッパ系白人グループ。自分たちを現地における優勢な人種と考えている）の被験者は，できるだけ自分たちの集団の地位が高く，他の集団は低いという明確な差異を確立しようとする傾向があったことが報告されている。

　彼らは，提示された顔写真をヨーロッパ系カテゴリーに入れる際に非常に気を使い，中立的な集団であるインド系や有色人種でさえも，アフリカ系カテゴリーに入れる傾向が強かった。つまり，アフリカーナは，自分たち白人集団の

純粋性と地位が保たれるよう，中立的なものも含めて，とにかく地位の低い（と彼らが考えている）アフリカ系グループに詰め込み，カテゴリー間の「差」を際立たせる戦略をとっていたのである。

　この実験から，2つの知見が得られている。第1に，人が他者をいくつかの集団に分類する時，その選択に社会的規範や価値体系が影響を及ぼすということである。第2に，他者の分類を行った人が，自分をどこかの集団のメンバーと見なすとき，その分類から自分自身も影響を受けるということである。

　このような偏見的な行動は，政治，宗教，国家，民族など，様々な社会的文脈の中で起こることが予想される。しかしながら，人が集団間の「差」を認識するのは，最低限どのような条件がそろった時なのか疑問が残されている。一般的には，重要な価値次元上で2つの集団が明確にカテゴリー化され，重要な資源をめぐって競争，対立した場合であるとされる。

　この疑問に明確な回答をもたらしたのが，タジフェルとターナーによる「最小条件集団実験（minimal group experience）」である。今では古典ともいえる最小条件集団実験は，社会的カテゴリー化や集団間の行動を明らかにするために，1960年代末から1970年代にかけて行われた。この実験の大きな特徴は，「社会的カテゴリー化」だけを独立変数として取り出し，それが集団間の行動にどのような影響を及ぼすのかを測定している点にある。「最小」とは，集団間に利益の葛藤や事前の敵意が存在せず，社会的相互作用も経済的な自己利益も存在しない，純粋に認知的な集団を指す（Tajfel and Turner, [1979]）。

　Tajfel [1970]，Tajfel et al. [1971]，Taylor and Moghaddam [1994] などによれば，最小条件集団実験は，大きく2つの段階から構成される。この実験では，被験者は，はじめに点描（ドット）数の推定を行う。次に，被験者は「中立条件グループ」と「価値付け条件グループ」という2つのグループに分けられる。中立条件グループの被験者には，「参加者にはドットの数を一貫して多く見積もる人と少なく見積もる人がいたが，これは正確さと関係ない」と伝え，価値付け条件グループの被験者には，「参加者には，あまり正確でないドット数の推定を行っていた人と，正確なドット数の推定を行っていた人がいた」と伝えられる。

　次の段階では，被験者に対し，異なる判断課題に関する調査を行いたい旨を説明し，そのために，最初に行ったドット推定の結果をもとに，2つのグルー

■ 図表 2-1　最小条件集団実験における報酬配分マトリックス例

配分マトリックス												
内集団の受取人	7	8	9	10	11	12	13	14	15	16	17	18	19
外集団の受取人	1	3	5	7	9	11	13	15	17	19	21	23	25

出所：Hogg and Abrams [1988] p.47 より筆者作成。

プに分けることが伝えられた。中立条件グループに対しては、「ドット数の推定が多かったか少なかったかによってグループ分けを行った」と伝え、価値付け条件グループに対しては、「ドットの推定がどれだけ正確であったのかをもとに、グループ分けをした」と告げている。しかし、実際にはドット推定の結果は関係なく、分けられた2つのグループはランダムなものであった。また、被験者は自分がどちらのグループになったのかということは知らされるが、他の人たちがどのグループになったのかは知らされていない。

そして、この後、被験者は報酬の配分を行うことを求められる。それまでの経緯から、この課題では全く面識のない（番号しか知らされていない）メンバーに対して報酬を配分することになる。被験者は、配分相手が自分と同じグループ（内集団）なのか、それとも自分とは異なるグループ（外集団）なのかを知らされ、図表2-1のような得点表（配分マトリックス）をもとに報酬配分を行った。

Taylor and Moghaddam [1994] によれば、この実験で被験者が行う報酬配分の重要な条件付けは、以下のものであった。

---

(1) 実験参加者は自分自身への報酬は決めず、他の人への報酬配分だけを決定する。

(2) 参加者は、自分が報酬を配分する相手の所属集団のみ知っており、それ以外に彼らの個人的な情報は全く知らない。

(3) それぞれの参加者が受け取るお金の総量は、他の人がどれだけ配分したかによって決定される。

(4) 全ての人が、実験参加に対する基本的な謝礼はもらうことができる。

(5) 報酬配分には以下の3パターンがある。

　(a) 参加者は自分以外の内集団メンバー2人に配分する。

　(b) 外集団メンバー2人に配分する。

(c) 自分以外の内集団メンバー 1 人と外集団メンバー 1 人に配分する。

出所：Taylor and Moghaddam [1994] p.69.

　実験の結果，内集団 2 人に配分するパターン(a)や，外集団 2 人に配分するパターン(b)においては，平等に配分が行われていた。しかし，内集団 1 人，外集団 1 人に報酬を配分するパターン(c)においては，被験者は外集団への報酬を減らし，内集団への報酬を増やす行動をとっていた。つまり，外集団と内集団を比較する時には，自分が所属する集団をひいきする「内集団ひいき（in-group favoritism）」が起きていたのである。

　また，さらに重要な点は，このような差別的な行動について，中立条件グループと価値付け条件グループの間に「差がなかった」ことである。つまり，どのような条件付けであっても，集団間差別が起きたのである。これらの結果から，タジフェルらは，「集団間に差別的な行動が発生する上では，集団間バイアスに関連するどのような条件も必要ではなく，単に社会的カテゴリー化のみで十分である」と結論付けている。同様の結果は，Allen and Wilder [1975]，Billing [1973]，Billing and Tajfel [1973]，Tajfel [1974]，Turner [1975] など，多数の実験結果からも報告されており，集団の分割（内集団と外集団への分割）のみによって集団間差別が起きるという仮説が支持されている。

　さらに，Tajfel et al. [1971]，Turner [1975]，Turner [1978]，Turner, Brown and Tajfel [1979] では，最小条件集団パラダイムにおいて，被験者が集団の利害よりも個人の利害をどれくらい優先するのか，という点についても調査が行われている。初期の最小条件集団実験では，被験者は内集団か外集団のメンバーに報酬を配分するのみで，自分自身に直接報酬を与える機会はなかった。

　この実験では，はじめに絵画の好み（例えば，「クレーの絵」と「カディンスキーの絵」のどちらが好きか？　など）をもとに，被験者の類似性が決められる。その後，被験者は他のメンバーに報酬配分を行うが，3 つの条件に分けて行われた。

　条件 1 は，被験者に集団に関する情報は何も与えず，報酬の配分を行った。つまり，カテゴリー化は行わずに，自分に配分されたお金を受け取る形式であった。条件 2 では，被験者は，絵画の好みによって分けられたと伝えられ，

内集団と外集団のメンバーに報酬を配分する。つまり、条件2ではカテゴリー化が行われるが、報酬は直接個人に与えられる形式である。最後に、条件3では、同じく絵画の好みによって2つのグループに分けられたことが伝えられ、報酬の配分を行っている。ただし、条件3では、自分が所属する集団に配分されたお金をメンバーが平等に分け合うことになっており、報酬の対象が個人ではなく集団となっている。実験の結果、内集団ひいきが生じたのは、個人の利害と集団の利害が直接的につながっている条件3のみであった。

内集団よりも個人の利益を優先する傾向は、Turner［1975］やTurner［1978］などからも報告されており、上記の実験結果は、内集団と個人の利害が一致する時に、個人のバイアスが変化することを示唆している。具体的には、集団と個人の利害が一致する際には、個人は集団に対する忠誠を高め、自己のバイアスを一部修正し、集団全体の利益のために自己犠牲をいとわない傾向が出てくるということである。

このような例は、現実社会においても散見される。例えば、労働組合による団体交渉では、労働者は、個人の利益よりも労働組合全体の利益を優先させて行動する。それは労働組合による団体交渉の成功が、最終的に個人の賃金や労働環境の改善につながるためである。つまり、集団と個人の利害が一致することにより、労働者は個人的な利益を目指しつつも、同時に、集団への忠誠心を高め、個人的欲求を集団的欲求よりも後回しにすることを受け入れるのである（Taylor and Moghaddam,［1994］）。

(ii) 社会的アイデンティティ

最小条件集団実験（最小条件集団パラダイム）より、集団間差別が社会的カテゴリー化のみで発生することが明らかとなった。また、内集団ひいきが発生する要因として、集団と個人の利害が直接的に結び付いていることが指摘されている。個人が優先するのは、まず自己の利益であるが、集団と個人の利害が一致する場合、個人は集団への忠誠を高め、自己犠牲をいとわない行動を示す。

しかしながら、個人が集団のために自己犠牲的な行動を示すのは、金銭の利害が一致する場合に限らない。集団には何らかの社会的価値が付随しており、人が集団のメンバーシップを通してある種の「価値」を獲得しているという考えは、初期の社会心理学から指摘されてきた。

例えば，Turner et al. [1979] は，被験者が集団と個人の金銭的な利益をある程度犠牲にするのは，ポジティブな集団の独自性を獲得するため，という仮説を立て，検証を行っている。実験の結果，自己の利益を優先するバイアスを残しつつも，予測通り，利益をある程度犠牲にする傾向が確認された。

社会的アイデンティティ理論では，人は集団へのメンバーシップを通して「社会的アイデンティティ（social identity）」を獲得しており，この社会的アイデンティティが自己概念の重要な部分を形成していると仮定している。社会的アイデンティティとは，社会集団の成員であるという知識，価値観の共有，もしくはメンバーに対する一定の情緒的な繋がりをもとに獲得される自己概念の一部と定義される（Taylor and Moghaddam, [1994]）。

これまでも述べてきたように，個人がポジティブなアイデンティティを獲得することに動機付けられていることは，多くの研究によって支持されている。社会的アイデンティティ理論の特徴は，このアイディアを「集団間」のレベルまで拡張し，ポジティブな評価を受ける「集団」に個人は所属しようとする傾向があることを指摘した点にある。そして，このような理論的拡張は，自分の社会的アイデンティティがポジティブなものであるのか，それをどのように評価するのか，という疑問の探索につながっていったのである。

(iii) 社会的比較

「社会的比較（social comparison）」とは，個人が所属集団の社会的立場や地位がどの程度のものであるのかを知るために，内集団と外集団の特徴を比較する過程である。タジフェルらは，個人は社会的比較を通して所属集団の地位や価値を相対的に理解し，集団のメンバーシップを通して，その地位や価値を手に入れていると主張している。社会的アイデンティティ理論が考える「地位」や「価値」とは，主観的に知覚された集団間の比較の結果得られるものであるため，言い換えれば，社会的アイデンティティは，社会的比較がなされた場合のみ，その結果として価値あるものとなる。

ここで重要となるのは，人はポジティブなアイデンティティを得られる集団に所属することを望む，という点である。それゆえ，個人は集団間の比較に際して，ポジティブな評価を受けられるよう，内集団をより好ましいものとして想定しようとする。もし社会的比較の結果，所属集団から得られる社会的アイ

デンティティが不満足なものである場合は，①より上位の集団への吸収合併，②所属集団の特徴の見直し，③新たな比較次元の創出，④上位集団との直接的な対決など，様々な戦略によって，ポジティブな社会的アイデンティティを獲得しようと試みる。詳細については後述するが，どのような場面でどのような戦略が採用されるかは，自己の所属集団への評価がどの程度，公平・公正なものであると認知しているか（正当―非正当），集団間の関係を変えることが可能であるとどれくらい信じているか（安定―不安定），などに依存する。

　ここでのポイントは，集団間レベルにおける社会的比較が，内集団に有利な形で行われるということであり，その結果は，集団や個人の行動を方向付ける上で，極めて重要な役割を果たしているという点である。

(iv)　心理的集団独自性

　「心理的集団独自性（psychological group distinctiveness）」とは，外集団と比較して内集団成員がポジティブであると認知したアイデンティティであり，個人が希求する状態であるとされる。換言すれば，ある集団のメンバーは，他の集団と異なるポジティブなアイデンティティを獲得するために，「類似性」ではなく「独自性」を求めるという考え方である。

　Taylor and Moghaddam [1994] によれば，独自性欲求というアイディア自体は，生態学や社会経済学においてすでに詳しく検討されてきた。しかし，生態学者や経済学者が焦点を当ててきたのは「物質的資源」であり，食物や縄張りが対象であった。それに対して，社会的アイデンティティ理論の特徴は，「心理的」な独自性欲求という考え方を導入した点にある。この心理的独自性欲求が提唱された背景には，ヨーロッパにおける社会心理学派が，主流派の善人モデルを否定し，自己中心的・非理性的な人間像を想定してきたことに由来する。こうした非善人的なモデルが想定する人間像とは，協力的な視点よりも競争的な視点で物事を知覚し，類似性よりも独自性を望むとされる。

　こうした背景も含め，Brown [1984] は，社会的アイデンティティ理論においては，類似性は魅力ではなく，むしろ差別を生み出すという仮説が成り立つことを主張している。つまり，個人はポジティブな社会的アイデンティティを獲得するため，集団の中に「独自性」を見出そうとするが，その行為自体が，集団間差別を生み出す原因になるということである。

2.1.3 社会的アイデンティティ理論の行動モデル

これまで,社会的アイデンティティ理論の中核となる,(i)社会的カテゴリー化,(ii)社会的アイデンティティ,(iii)社会的比較,(iv)心理的集団独自性について理解を深めてきた。

ここでは,まとめとして,Taylor and Moghaddam [1994] の図を引用し,社会的アイデンティティ理論をもとに予測される主要な行動指針をフローチャートで示していく。また,適切な社会的アイデンティティが得られない場合に,個人がどのような反応や戦略を用いるのかについて説明を行う。はじめに,図表2-2は,社会的アイデンティティ理論をもとにした,行動指針の略図(フローチャート)である。

図表2-2で示されているように,最上段は社会的アイデンティティ理論の前提となる「人は独自でポジティブなアイデンティティを持つ集団に所属しよ

■ 図表2-2 社会的アイデンティティ理論における行動指針(フローチャート)

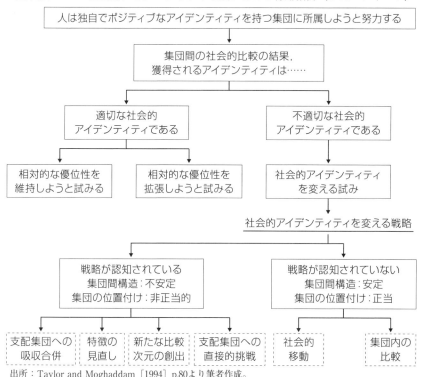

出所:Taylor and Moghaddam [1994] p.80より筆者作成。

うと努力する」である．次に，独自でポジティブなアイデンティティが得られるかは，内集団と外集団の社会的比較によって行われ，その結果は2つに分かれる．1つは，適切な社会的アイデンティティを得られているという知覚と，もう1つは，適切な社会的アイデンティティを得られていないという知覚である．もし集団から適切な社会的アイデンティティを「得られている」と知覚した場合，その後に引き起こされる反応は，所属集団の優位性の維持・拡大である．

一方，適切な社会的アイデンティティを「得られていない」と知覚した場合は，多様な選択肢に分かれる．その前提となるものが，集団間状況を変革するための「認知的選択肢」をどれくらい認識しているか，という点である．不適切な社会的アイデンティティの存在だけでは，集団がその立場を変えようと動き出すことはない．集団間状況を変える選択肢がいくつかあることに気づくことによって，はじめて集団は動き出すのである．

例えば，1960年代から1970年代のはじめにかけて，多くの第三国が石油という経済的武器によって，西洋諸国との勢力関係を変える可能性を見出したといわれている．そしてこの可能性が他の国々にも認識されるや否や，彼らは団結して西洋勢力に挑んだのである．こうした行動は，石油という選択肢を各国が認知したからこそ，起こり得たことである（Taylor and Moghaddam, [1994]）．

このような認知的選択肢を知覚させる要因は，次の2点であることが指摘されている．1つは，現在の集団間状況や階層構造の中で，自分の立場を変革できる可能性をどれくらい信じているか（安定―不安定）という点であり，もう1つは，現在の集団間状況や階層構造をどれくらい公平・公正なものと見なしているか（正当―非正当）である．この2つの要因の組み合わせによって，集団・個人は不適切な社会的アイデンティティを変えるための具体的な戦略を選択していく．

具体的には，もし適切な社会的アイデンティティを得られていないと考える集団のメンバーが，認知的選択肢を知覚した場合，集団間状況を変える戦略として次の4つから1つ（もしくは複数の組み合わせ）が採用される．

第1に，支配集団への吸収合併である．これは自分たちよりも強い勢力の集団に入ることによって，より独自でポジティブな社会的アイデンティティを手に入れるという戦略である．第2に，所属集団の特徴の見直しである．この戦

略は集団成員が自らの集団に対する価値を再定義することを意味する。例えば，1950年代から60年代の米国における公民権運動では，"black is beautiful" というスローガンが叫ばれるなど，ネガティブと見られていた集団の特徴をポジティブに再評価する行動などが挙げられる。第3の戦略は，新たな比較次元の創出である。自分たちの集団をよりポジティブに評価するために，これまでは注目されていなかった集団の特徴に注目し，強調していくことが挙げられる。第4は，支配集団との直接対決である。より独自でポジティブだと考えられている集団と直接的に対決することによって，その地位に挑戦していく。

一方，適切な社会的アイデンティティが得られていないと考える集団のメンバーが，認知的選択肢を知覚していない場合，選択肢がないため，集団状況を変えるための集団的行動は起こらない。そのような場合，集団メンバーは「個人的な」戦略を用いて，地位向上と適切な社会的アイデンティティを獲得しようと努める。具体的には2つの戦略が存在する。1つは，「社会的移動」であり，もう1つは，「集団内比較」である。

「社会的移動」とは，個人が劣位集団から，優位集団に移動することであり，個人的脱出によって，より肯定的な社会的アイデンティティを手に入れようとする戦略である。しかし，この戦略は所属集団からの脱出が可能であり，なおかつ移動先の集団が受け入れてくれることが前提となる。それゆえ，性別や人種など，抜け出すことが困難な社会集団の場合は，もう1つの「集団内比較」が採用される。これは，比較の対象を外集団ではなく，内集団の他者にすることによって，自分自身への好ましくない評価を避けようとする戦略である。つまり，集団間ではなく，集団内の個人比較を通して，自己の肯定的なアイデンティティを保とうと努めるのである。

2.1.4 社会的アイデンティティ理論の功績と批判

1970年代にタジフェルとターナーによって提唱された社会的アイデンティティ理論は，集団間行動を説明する理論として，今日まで多くの研究に影響を与えてきた。この理論の長所として特筆すべき点は，集団間の行動に関して，劣位集団のメンバーが優位集団に対抗する際の，個人的ないし集団の反応（社会的移動から直接的な挑戦までの連続的な推移）を広範囲に扱うことができる点である（Taylor and Moghaddam, [1994]）。

さらに，もう1つ重要な点は，個人や集団間の行動について，「アイデンティティ」という概念を再度中心的な問題に据えた点である。「我々（自分）は何者であるのか」という根源的な問いへの肯定的な回答を得るために，集団・個人が多種多様な行動を起こす可能性があることを，社会的アイデンティティ理論は示している。

一方で，社会的アイデンティティ理論には批判も存在する。第1に，当該理論において，「感情」がほとんど無視されている点である。本理論を提唱したタジフェルは，社会的アイデンティティを「感情的及び価値的な意味付けを伴う，自分がある社会集団に所属しているという知識から得られる自己概念の一部」と定義し，感情面の繋がりについても言及している（Tajfel, [1978]）。しかし，Abrams [1989] でも指摘されているように，社会的アイデンティティ理論は，人間を「認知的自動装置（cognitive automation）」として扱う傾向があり，認知的側面が強調され過ぎているという批判が存在する。

第2の批判として，社会的アイデンティティ理論では，社会的カテゴリー化を「全か無か（all or nothing）」として扱い，静的（不変的）な現象として扱う傾向があることが指摘されている。確かに，人種や性別など，変更することが困難な社会的カテゴリーは存在する。しかし，社会的カテゴリー化は，基本的に個人の「知覚・認知」であるため，他者との交流，時間の経過，価値観の変化等によって影響を受けることが推測される。それゆえ，社会的カテゴリー化は，静的な現象というよりも動的（可変的）な現象として検討する必要があると考えられる。

第3の批判は，肯定的な社会的アイデンティティを獲得するために，集団・個人がどのような戦略を採用するかの優先順位が明らかになっていない点である。先にも述べてきたように，適切なアイデンティティを得られていないと知覚した場合，集団・個人は特徴の見直しから社会的移動まで，幅広い戦略を採用する。しかし，実際にどの戦略を実施するのかについては，その優先順位や基準は必ずしも明らかになっていない。複数の戦略を同時に採用する場合もあるため，集団・個人がどのような基準によって行動するかを，より精緻に検討していく必要がある。

2.1.5　社会的アイデンティティ理論のまとめ

　本節では，社会的アイデンティティ理論について，歴史的背景や特徴，フローチャートによる行動モデルなどを示し，本理論に対する理解を深めてきた。その前提は，「人は肯定的な自尊感情を維持し高めることに動機付けられており，その獲得のために，独自でポジティブなアイデンティティを得られる集団に属することを望む」ということである。柿本［2001］は，この前提から社会的アイデンティティ理論の原理を以下の3点にまとめている。

---

(1)　人は肯定的な社会的アイデンティティを達成し，維持しようと努める。
(2)　肯定的な社会的アイデンティティの大部分は，内集団と外集団との間で行われる有利な比較に基づく。
(3)　社会的アイデンティティが不満足なものである場合には，人は現在所属する集団を去り，より肯定的な別の集団に入ろうとするか，あるいは現在属する集団をより肯定的なものに変えようと努める。

出所：柿本［2001］121頁。

　以上の3点は，社会的アイデンティティ理論の中核となる考え方・行動指針を端的に示したものである。社会的アイデンティティ理論は，集団間におけるコンフリクトや集団間行動を定式化した理論であるが，同時に，集団における個人のアイデンティティ形成がどのようなメカニズムによって行われているのかを明らかにするものである。また，次に挙げる「自己カテゴリー化理論」の創出に繋がるなど，本理論は，社会心理学の発展に大きな貢献をもたらした理論となっている。

2.2　自己カテゴリー化理論とは

　「自己カテゴリー化理論（self-categorization theory）」は，タジフェルと共に社会的アイデンティティ理論を築いた，ターナーによって提唱された理論である。

　自己カテゴリー化理論は，その経緯から社会的アイデンティティ理論と関係があるものの，同一のものではない。社会的アイデンティティ理論では，主に集団間行動や集団間差別の説明に焦点が当てられてきた。それに対し，自己カ

テゴリー化理論は，特定の種類の集団行動ではなく，「いかにして個人が集団として行動できるか」を説明することに焦点を当てている。換言すれば，自己カテゴリー化理論は，集団間関係のみならず，「集団内現象」も視野に入れている点に，大きな特徴がある。

自己カテゴリー化理論では，様々な文脈で喚起される多様な「自己カテゴリー化」を通して，個人のアイデンティティに生じる変化を扱う。柿本［2001］によれば，自己カテゴリー化とは，人が自分自身を何らかの社会集団ないし社会的カテゴリーの一員として範疇化する作用をさす。この作用によって独自の特徴を持った個人としての自己意識（自己概念）が弱まると同時に，当該カテゴリーの一員としての意識が強まり，その結果，自己イメージや他者に対する認知・判断・行動など，様々な面で集団成員としての変化が生じることが指摘されている。本項では，この自己カテゴリー化理論について，理論の前提と仮説，その結果として生じる作用について理解を深めていく。

2.2.1 自己カテゴリー化理論の前提と仮説

自己カテゴリー化理論では，集団において個人の自己概念がどのように変化するのかについて焦点が当てられている。Turner et al.［1987］によれば，その前提となる「自己概念」について，社会心理学の領域においては次の点が広く認識・共有されている。

---

(1) 自己概念（self-concept）は，自己に関連した心理的システムないし過程の認知的構成要素である。自己は，ある意味で認知構造であり，個人にとって利用可能な自己についての認知的表象（cognitive representations）である。

(2) 自己概念は，多くの異なる構成要素から成り立っている。

(3) 社会的自己概念の機能は，状況特殊的（situation-specific）である。すなわち，ある状況においては特定の自己概念が活性化され，それに対応した自己イメージがつくりだされる。

出所：Turner et al.［1987］p.57.

以上の内容から，自己概念は自己に対する認知によって構成されており，複

数の異なる要素（自己）から成り立っていること，また，どの自己が表出するかは状況特殊的であり，その場の状況に応じた自己イメージが採用されることが理解できる。

自己カテゴリー化理論独自の仮説は，複数の人間の中にいるような社会的状況に置かれた場合，自己概念は「自己カテゴリー化」という形によって現われるという点である。この現象は，集団内において，自己と，ある刺激まとまり（特定の他者集団）は，他の刺激まとまりと比較して，類似的・互換的なものとして認知的に分類されることによって引き起こされる。つまり，個人は，自己と類似性や互換性が認められる他者集団を1つのまとまりとして認識し，独自の自己カテゴリーを形成するということである。

さらに，自己カテゴリー化理論のもう1つの仮説は，自己概念に「階層構造」を仮定している点にある。ターナーはロッシュのプロトタイプ理論を参照し，社会的自己概念における自己カテゴリー化には，少なくとも3つのレベルが存在すると指摘している。

第1に，人間としての自己という上位レベルであり，他の生物と比較して，人類が共有する特徴にもとづいた自己カテゴリー化である。第2に，社会的類似性や差異にもとづいてカテゴリー化される中位レベルのものであり，自己をある社会集団のメンバーとしてカテゴリー化するものである。第3は，内集団のメンバーとの間に存在する差異によって，自己を特定の個人としてカテゴリー化する下位のレベルである。これらは，それぞれ，「人間としてのアイデンティティ[1]」，「社会的アイデンティティ」，「個人的アイデンティティ」ともいえ，カテゴリーが包括的になるほど抽象度の水準は高くなる。しかし，包括性の大きさには，上位だから価値が高いというような意味は含まれていない。

また，それぞれのカテゴリーは他のカテゴリー内の一部として存在する。抽象度の各レベルにおいては，細かなカテゴリー（例えば，社会的レベルでは，国家，人種，民族，宗教など）が無数にあり，その内容は文化によっても個人によっても異なる。また，同じ文化，宗教，民族であっても，時として異なる場合がある。そして，どのレベルの自己カテゴリーが顕著となるかは，人や状況の文脈によって決定されることが主張されている。

2.2.2 メタ・コントラストによるカテゴリー形成

2.2.1では,自己カテゴリー化理論の前提となる自己概念のカテゴリー化や,3つのレベルのカテゴリーについて言及してきた。次は,具体的に,自己カテゴリー化がどのような原則に従って行われるのか,という点について理解を深めていく。

Turner et al. [1987] によれば,カテゴリー形成(カテゴリー化)は,刺激同士の比較に依存しており,「メタ・コントラストの原理(principle of meta-contrast)」に従うことが主張されている。メタ・コントラストの原理とは,ある準拠枠内において,ある刺激間の差異(まとまり内差異:intra-class differences)の方が,その刺激集団と他の刺激集団の差異(まとまり間差異:inter-class differences)に比べて小さいと認知される時,刺激の集合体が実体のあるものとしてカテゴリー化されるというものである。図表2-3は,メタ・コントラストの原理によるカテゴリー化の形成を示したものである。

図表2-3からもわかるように,カテゴリー化は,ある準拠枠内において,自分と特定の他者との差異の方が,その他の集団との差異よりも小さいと認知された時に実体化する。

また,その差を比率で示したものが「メタ・コントラスト比(meta-contrast ratio)」である。メタ・コントラスト比は,「まとまり内差異の平均」と「まとまり間差異の平均」によって表される指標であり,刺激まとまり間の差を示す量的測度である。さらに,このメタ・コントラスト比を使用して示されるものが,「プロトタイプ性(prototypicality)」である。プロトタイプ性とは,ある刺激がそのカテゴリー全体をどの程度よく表しているのか,あるいはその例

■ 図表2-3　メタ・コントラストによるカテゴリー形成

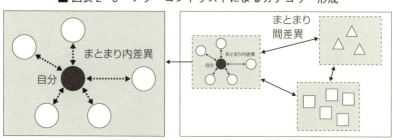

出所:小玉・戸梶 [2010] 55頁,池上・遠藤 [2008] 119頁より筆者作成。

証となり得るのかを示すものである（Rosch, [1978]）。

2.2.3 自己カテゴリー化による脱個人化

2.2.2ではカテゴリー化の原則について言及してきたが，その結果として，どのような現象が生じるのか。自己カテゴリー化理論によれば，社会的レベルでのカテゴリー化が顕著になった場合，「脱個人化（depersonalization）」の現象が生起される。

Turner et al. [1987] によれば，脱個人化とは，人が自分自身を個人差によって定義付けられた独自の人格と知覚せず，他の社会的カテゴリーに置換可能なものとして知覚するようになる「自己ステレオタイプ化（self-stereotyping）」の過程であるとされる。つまり，国家，民族，人種，宗教など，社会的レベルでの自己カテゴリーが強く顕現化（salient）した場合，個人の意思や欲求，独自性は抑圧されやすくなる一方，自分と集団を一体化させるような心理的プロセスが促進されやすくなるということである。その結果，内集団（所属する国家，民族，人種，宗教など）の構成員が持つ典型例（ステレオタイプ）のイメージを自分自身にあてはめ，内集団の価値，規範に沿った行動をする傾向が現れる。

例えば，自分がAという企業に所属し，その社会的カテゴリー化が顕現化した場合，自分自身の個人的欲求は一時的に抑圧・保留され，企業Aと自分を一体化させるような心理的プロセスが促進される。その結果，企業Aの成員が持つ典型的（ステレオタイプ的）な価値観，行動様式を受容し，企業Aの規範・価値観に沿った行動をする傾向が表出する。

ターナーはその特徴について，脱個人化は，個人的レベルのアイデンティティの喪失ではなく，社会的レベルのアイデンティティへの「変化」だと指摘している。ターナーによれば，個人的レベルのアイデンティティと社会的レベルのアイデンティティは連続的なものであり，相互に排他的なものではない。むしろ，多くの場合，両者は同時に成立する傾向がある。

個人的レベルと社会的レベルは，「独自の存在としての個人」と「内集団成員としての自己知覚」を両端として，連続体上で変化するものであり，自己カテゴリー化における個人レベルの顕著さと社会的レベルの顕著さは，「逆の関係」にある。つまり，社会的レベルのアイデンティティが顕著な時には個人的

レベルのアイデンティティは抑制され，またその逆も成立するということである。そして，どちらのレベルのアイデンティティが顕著となるかは，人や状況など，社会的な文脈（コンテクスト）によって常時変化することが指摘されている（Turner, [1984]）。

2.2.4 脱個人化の作用

上記で示した脱個人化の結果，個人の集団行動に関する様々な現象が生じる。中でも重要なものは，「社会的協同」と「対人魅力のプロトタイプ性」である。

第1に，社会的協同とは，脱個人化によって自分が内集団の成員であると知覚した場合，内集団に関連する目標，欲求，興味，関心を自己のものと同一であると知覚する現象である。それにより，①内集団に属する他の成員の目標を自分自身のものとして知覚するような共感的利他主義や，②他の成員が自分自身の目標を共有してくれるだろうと仮定する共感的信頼が引き起こされる。そして，内集団成員が自分たちの興味・関心を交換し合うことができると相互に知覚することの結果として，内集団の協同が生じることが主張されている（Turner, [1984]）。この仮説について，Kramer and Brewer [1984] は，集団の構成員が相互に同じだと認める程度が高くなるほど，社会的協同のレベルが上昇することを報告している。

脱個人化による第2の作用は，「対人魅力のプロトタイプ性」である。対人魅力のプロトタイプ性とは，内集団に所属する自己と他者の魅力は，内集団においてプロトタイプ的であると見なされるか否かを基準として，評価を受けるということである。換言すれば，個人は，内集団の理想的成員にどれほど似ているかによって評価される。それゆえ，特定の個人に対する魅力は，内集団に属する他の成員に比べて，その人がどれほどプロトタイプ的だと認知されるかという「相対的プロトタイプ性」に依存する。

また，ある個人の個人的魅力は一定ではなく，準拠枠となる内集団成員性の定義や，比較対象者などの要因によって変化する。例えば，A社の典型的な社員像を体現しているB氏を仮定した場合，B氏は，A社という内集団の価値観，行動，規範を体現する社員（プロトタイプ性が高い社員）であるため，社内において肯定的な評価を受ける。しかし，B氏がA社という準拠枠を離れ，地域のボランティアサークルで活動する場合は，評価は異なる。

自己カテゴリー化理論から見た場合，これは準拠枠自体が変わり，A社とは異なるプロトタイプ性がボランティアサークルで求められるためである。つまり，ある個人の個人的魅力は一定ではなく，準拠枠そのものや，内集団成員に求められるプロトタイプ性によって常に変化するのである。

2.2.5 自己カテゴリー化理論の功績と批判

これまで，自己カテゴリー化理論の内容やプロセスについて，理解を深めてきた。本理論の特徴は，特定の集団現象ではなく，「いかにして個人が集団として行動できるか」に焦点を当てた点にある。換言すれば，自己カテゴリー化理論の功績は，個人がどのような心理的プロセスを経て集団の成員性を獲得し，集団の目標，価値，規範に沿った行動を起こすのかについて，理論的な枠組みを提供した点にある。これにより，自己カテゴリー化理論は集団関係のみならず，集団内現象をも説明する理論に発展している。

しかしながら，自己カテゴリー化理論には批判も存在する。最も大きな批判は，「社会的アイデンティティ理論」と同様に，「感情」への視点が欠落している点である。Taylor and Moghaddam [1994] によれば，自己カテゴリー化理論は，人間を「思考する機械」として扱っており，現実のコンフリクトで生じる感情について注意が払われていない。また，人の行動を動機付ける社会構造的な要因も無視しているなど，集団・個人以外の動機付け要因に対する視点が不足していることが指摘されている。

2.2.6 自己カテゴリー化理論のまとめ

1980年代にターナーによって提唱された自己カテゴリー化理論は，集団内の個人行動を説明する重要な認知理論として，社会心理学に大きな影響を与えてきた。自己カテゴリー化理論は，様々な文脈で喚起される自己カテゴリー化を通して，個人レベルから社会レベルまでのアイデンティティに生じる変化と作用に焦点を当てている。その概要・ポイントは，以下の通りである。

(1) 自己カテゴリー化とは，人が自分自身を何らかの集団，ないし集団的なカテゴリーの一員として範疇化する作用をさす。
(2) カテゴリー化には，「人間としてのアイデンティティ」,「社会的アイデ

ンティティ」,「個人的アイデンティティ」などの「階層」が存在する。
(3) どのレベルの自己カテゴリー(アイデンティティ)が顕著となるかは,人や状況などの文脈(コンテクスト)に依存する。
(4) 自己カテゴリー化は,「メタ・コントラストの原理」によって引き起こされる。これは,特定の準拠枠内において,刺激間の「まとまり内差異」の方が,「まとまり間差異」に比べて小さいと認知される時に,刺激の集合体が実体のあるものとしてカテゴリー化される現象である。
(5) 社会的レベルのカテゴリー化が顕著となると「脱個人化」が生じる。脱個人化は個人と集団を一体化させる心理的プロセスを促進し,内集団の目標,価値,規範に沿った行動を,内集団成員に促す。
(6) 脱個人化はその結果として,集団内の社会的協同や,プロトタイプ性による個人の魅力評価などを引き起こす。

以上が自己カテゴリー化理論の主要なポイントと中核となる考え方である。本理論は「集団内」における個人のアイデンティティの変化と作用,その背景にある原理・プロセスを定式化した理論である。また,自己カテゴリー化理論では,メタ・コントラスト比のような計量可能な概念を発展させようと試みてきた。その結果,本理論は集団関係のみならず,集団内現象をも説明する有力な理論に発展している。

2.3 理論面の小括

これまで,本書の理論的基盤である「社会的アイデンティティ理論」と「自己カテゴリー化理論」について理解を深めてきた。集団間行動から集団内における個人の行動まで,両理論が取り扱う領域の広さは,本理論の有効性と影響力の大きさを示すものである。

また,両理論が人の「知覚・認知」に焦点を当てている点や,個人や集団間の行動において,「アイデンティティ」という概念を再度中心的な問題に据えた点は,大きな功績であるといえる。両理論では,「知覚・認知」によって自己カテゴリー化,集団のメンバーシップ,社会的アイデンティティの獲得が成立することを指摘しており,人の心理プロセスにおいて知覚・認知が極めて重要な役割を果たしていることを明らかにした。

また，個人が独自でポジティブな社会的アイデンティティの獲得に動機付けられるという社会的アイデンティティ理論の前提や，自己カテゴリー化理論の内容は，個人がなぜ集団に所属するのか，なぜ集団全体の利益のために自己犠牲をいとわない行動を示すのか，個人はどのように集団と一体化していくのか，などの疑問に回答を提供するものである。

しかしながら，これらの優れた理論にもいくつかの課題が残されている。代表的な課題点として，次の3つが挙げられる。第1に，両理論において「感情」への視点が不足している点である。Abrams［1989］やTaylor and Moghaddam［1994］でも指摘されているように，両理論は人間を「認知的自動装置」，「思考する機械」として扱う傾向があり，現実のコンフリクトで生じる感情について，十分な注意が払われていない。

第2の課題点は，社会的アイデンティティ理論において，社会的カテゴリー化が「全か無か」という静的（不変的）な現象として扱われている点である。個人は複数の社会的カテゴリーに同時に所属しており，どのカテゴリーが顕現化するかは，人や状況のコンテクストに依存する。また，カテゴリーは基本的に個人の「知覚・認知」によって成立するため，他者との交流，時間の経過，価値観の変化等によって変わることが推測される。それゆえ，社会的カテゴリー化は，静的（不変的）な現象というよりも，動的（可変的）な現象として，分析・検討をしていく必要があると考えられる。

第3の課題点は，社会集団の特性による脱個人化の違いが明確にされていない点である。具体的には，個人が集団に同一化していく「脱個人化」が生じた場合，個人は何を「準拠点（reference point）」として，集団の目標，価値，行動規範を学んでいるのか，という疑問である。例えば，キリスト教のような宗教であれば，聖書からキリスト教の信念，価値観，行動規範などを学ぶことが可能である。また，神父や牧師による説教から，キリスト教が重視している価値体系や行動規範を直接学ぶことも考えられる。つまり，宗教のような社会集団の場合，その宗教における聖典や聖職者が主要な準拠点となって，脱個人化のプロセスが推進されることが予想される。

しかしながら，本書で扱う企業のような「階層構造」が存在する社会集団では，どのような人・モノ・機会などが準拠点となって，集団の目標，価値観，行動規範を学んでいるのだろうか。また，企業のような明確な階層・序列・役

割が存在する社会集団では，選ばれやすい準拠点などが存在するのだろうか。もしそのような準拠点が存在するのであれば，どのような基準によって選ばれるのか，などの疑問が生じる。以上のような疑問点を鑑みると，個人と集団が同一化する脱個人化が生じたとしても，社会集団が持つ特性によって，その準拠点の選ばれ方やプロセスは異なることが推測される。

しかしながら，上記のような疑問に対する明確な回答は未だ明らかにされていない。両理論の問題は，このような理論の細部が明確になっていない点にあると考えられる。理論の枠組みや，そこから導出される仮説は極めて有益なものであるが，理論の扱う領域が広範囲にわたるため，理論の細部の考え方，基準が必ずしも明確になっていない。さらに，それを証明する実証研究の蓄積も十分とはいえない。そのような意味において，社会集団の特性による脱個人化の違いなどを検証し，理論の細部を補完していくことは，両理論の精緻化にも寄与すると考えられる。本書では，上記のような課題の解決に取り組むことによって，両理論の発展に貢献していく。

3 │ 組織アイデンティフィケーションと関係的アイデンティフィケーション

前節では，本書の理論的基盤である，「社会的アイデンティティ理論」と「自己カテゴリー化理論」について理解を深めてきた。本節では，これまで述べてきた2つの理論を土台として，本書の主要概念である「アイデンティフィケーション」について理解を深めていく。

はじめに，アイデンティフィケーションとは何か，という疑問を出発点として，アイデンティフィケーションの3つの特性について言及していく。次に，アイデンティフィケーションを「組織」に応用した「組織アイデンティフィケーション」のレビューを行い，最後に，アイデンティフィケーションを対人関係に応用した「関係的アイデンティフィケーション」について検討していく。本書では，この「関係的アイデンティフィケーション」の概念を使用することによって，職場の人間関係を可視化していく。

以上の内容から，本書の主要概念であるアイデンティフィケーションについて理解を深め，組織と対人関係に対する新たな視点・アプローチを得ることが，

本節の目的である。

3.1 アイデンティフィケーションとは

　小玉・戸梶［2010］によれば，「アイデンティフィケーション（identification）」とは，そもそも自分にとって重要な他者の属性を自分の中に取り入れる過程一般をさして用いられる心理学用語であり，「同一視」と訳される。そして，人は重要な他者との「同一視」を通して，「アイデンティティ」確立の基礎を築くとされる。「アイデンティティ（identity）」とは，Erikson［1959］が青年期の発達課題において提唱した概念であり，「自分は何者であるのか」という根源的な問いに対する自己定義である。この問いに対し，「自分は〇〇である」，「自分の存在意義は〇〇である」という明確な意識・回答を持った状態が「自己アイデンティティの確立」とされる。

　アイデンティティは一般に「同一化」，「自我同一性」もしくは「自己同一性」と訳されるが，重要な点は，アイデンティフィケーション（同一視）が，アイデンティティ（同一化）確立の前提となっている点である。つまり，人は，重要な他者を「同一視」し，当該人物の属性を取り込むことによって，アイデンティティの確立，すなわち「自己同一性」を果たすということである。

　同様のことは，アイデンティフィケーションの対象を「他者」から「集団」に変更した場合にもいえる。人は，自分にとって重要な集団を「同一視」し，当該集団の属性を取り込むことによって，「自己同一性」を果たしていく。この場合，確立されるアイデンティティは，個人が社会集団の中で自己の在りようを定義する「社会的アイデンティティ」と考えることができる。つまり，人は，自分にとって重要な集団にアイデンティフィケーションすることによって，自己の社会的アイデンティティを確立していくのである。

　以上の点を鑑みると，アイデンティフィケーションとは，対象となる人物や集団の属性を自己概念に取り込むための心理的プロセスであり，その結果確立されるものが，個人的もしくは社会的レベルのアイデンティティだと解釈することができる。

3.2 アイデンティフィケーションの3つの特性

　本書が主要概念としてアイデンティフィケーションを採用する理由は，本概

念が持つ複数の特性と応用範囲の広さにある．以下では，アイデンティフィケーションの3つの特性について言及し，本概念への理解を深めていく．

3.2.1 対象の多重性

アイデンティフィケーションの第1の特性は，「対象の多重性」である．人は，「自分が何者であるか」という根源的な問いに答えるために，自分にとって重要な他者や集団を同一視し，その属性を取り込むことによって，自己のアイデンティティ確立を目指していく．

この心理的プロセスにおいて注目すべき点は，個人がアイデンティティ確立の手掛かりとする対象が極めて多様であり，アイデンティフィケーションの対象が「限定されない」という点である．例えば，ある人物は自分の「両親」を「準拠点（reference point）」として，自己のアイデンティティを確立するかもしれない．また，ある人物は，「人種」を準拠点として，自己のアイデンティティを模索していくかもしれない．さらにある人物は，自分の信仰する「宗教」を準拠点として，自分がどのような人間であるかを定義するかもしれない．国家，民族，人種，宗教，両親，友人など，アイデンティフィケーションの対象は多種多様であり，個人によって異なる．言い換えれば，アイデンティフィケーションの特性は，対象選択の「自由度」にあると考えられる．

アイデンティフィケーションの対象の多重性については，本概念に関する優れたレビューを行った高尾も言及している．高尾［2013b］は，「職業（profession／occupation）」に対するアイデンティフィケーションについて触れ，その重要さに比して十分な研究蓄積がされていないと指摘している．例えば，医師，弁護士，会計士，教師などのプロフェッショナル職は，それぞれの「職業」に対してアイデンティフィケーションする傾向があるが，その実態は十分に明らかにされていない．

そのような中，Pratt, Rockmann and Kaufmann［2006］は，研修医の職業に対するアイデンティティがどのように形成されるのかを，6年間のインタビューデータをもとに明らかにした．プラットらの研究によれば，医師のようなプロフェッショナル職の場合，「何をやっているか」が，「自分が何者であるか」という自己のアイデンティティ確立に強く影響を及ぼしていることが報告されている．換言すれば，職業（仕事内容自体）が，自己のアイデンティティ

を確立する上で極めて重要な準拠点になっているということである。

実際，医師のような高度専門職では，自分がどの組織で働いているかではなく，自分が何をやっているのか（what they do），によって自らを定義付ける傾向が指摘されている。このような現象が高度専門職以外の一般的な職業においても成り立つのかについては更なる検証が必要であるが，「職業」が個人のアイデンティティ形成において，重要な準拠点となっていることが推測される。

また，Ashforth and Johnson［2001］は，アイデンティフィケーションの多重性について，企業組織内の多様なアイデンティフィケーションの対象・在り方を，図表2-4のような入れ子構造の図によって示している。

Ashforth and Johnson［2001］は，企業組織におけるアイデンティティについて，「入れ子構造のアイデンティティ（nested identity）」と「横断的アイデンティティ（cross-cutting identity）」の2種類を示した。

入れ子構造のアイデンティティとは，組織全体，事業部，部門，ワークグループなど，より大きな集団が下位の集団を含んだ状態であり，集団同士は目的と手段の連鎖によってつながっている。一方，横断的アイデンティティとは，部門横断のタスクフォースや人種，性別など，公式・非公式の集団が含まれて

■図表2-4　入れ子構造のアイデンティティと横断的アイデンティティ

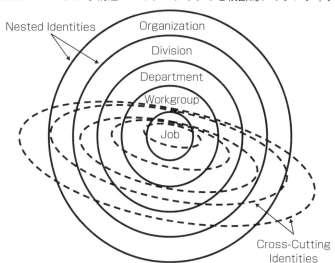

出所：Ashforth and Johnson［2001］p.33より筆者作成。

いる（高尾，[2013b]）。注目すべき点は，1つの企業組織内においても，性別，人種，組織，事業部，部門，職種など，様々なアイデンティフィケーションの準拠点が存在し，あらゆるものが対象となり得る点である。

このような対象選択の自由度は，アイデンティフィケーションの概念を特徴付ける大きな特性の1つである。例えば，「職務満足」や「組織コミットメント」など，これまで従業員の職務態度を測定するために使用されてきた概念は，その名の通り，「職務」に対する満足度や，「組織」に対するコミットメントを測定することを目的としていた。言い換えれば，これらの概念の対象は，「職務」や「組織」に限定されていたともいえる。近年，その有効性が注目されている「職務定着（job embeddedness）」についても，「組織」と「コミュニティ」に対する心理的つながりに焦点を当てており，対象は限定的である。

また，本書のテーマである「職場の人間関係」を測定するための概念としては，主に LMX（leader-member exchange）が使用されてきたが，LMX は「上司―部下」の垂直関係を対象とした概念であり，「先輩」や「同期」など，職場の水平関係にそのまま適用することはできない。同様に，チームメンバー間の関係を対象とした TMX（team-member exchange）を，「上司―部下」の垂直関係に適用することも困難である。

以上のように，従来の概念は，概念の対象が明確に「指定」されているため，応用範囲は限定的であった。しかし，アイデンティフィケーションは多種多様なモノを対象とすることが可能であり，その応用範囲は極めて広い。本書のような職場の複数の人間関係を調査対象とする場合，「対象の多重性」を持つアイデンティフィケーションを活用していくことが，より適切であると考えられる。

3.2.2 同時多発性

アイデンティフィケーションの第2の特性は，「同時多発性」である。上記では，人が自己のアイデンティティを確立するために，多種多様なものを対象（準拠点）とすることを述べたが，「同時多発性」とは，アイデンティフィケーションが「複数の対象」に対して「同時」に発生することを意味する。換言すれば，アイデンティフィケーションの対象は必ずしも1つに限定されず，なおかつ，複数のアイデンティフィケーションが同時に発生するということである。

例えば，個人がアイデンティティ確立の手掛かりとして自分の「職業」を準

拠点としたとしても，職業以外の準拠点が意味を失うわけではない。「職業」を主軸にしつつも，所属する組織や友人・家族などは，引き続きアイデンティティ確立の準拠点であり続ける。重要な点は，アイデンティフィケーションの対象は常に複数かつ同時に存在しており，個人によって，重視される準拠点の数や対象，その強さが異なるという点である。

そして，このような「同時多発性」は，複数のアイデンティフィケーションの「併存」と「比較」を可能にする点において，優れた特性であると考えられる。上記でも指摘したように，「職務満足」や「組織コミットメント」などの既存概念は，「職務」や「組織」など対象が限定されており，他の対象にそのまま転用することはできない。また，概念の定義や質問項目も異なるため，各概念の結果を比較することも困難であった。

一方，アイデンティフィケーションの特性は，対象が多重であり，なおかつ同時多発的な点にある。それゆえ，例えば，両親に対するアイデンティフィケーションと職業に対するアイデンティフィケーションは，個人がアイデンティティを確立するための準拠点という意味において，同時に存在することが可能であり，なおかつ，両者を比較することも可能である。

本書においても，職場の人間関係として「上司」，「先輩」，「同期」に対するアイデンティフィケーションを測定していくが，「同時多発的」という概念の特性によって，三者に対するアイデンティフィケーションは併存が可能である。また，それぞれの対象に対するアイデンティフィケーションの強さを比較することによって，「誰」がアイデンティティ確立の準拠点としてより重要であるかを分析することも可能となる。

このような特性は，職場における複数の人間関係を調査対象とし，対象間の比較分析が必要な本書にとって，目的に即した概念であるといえる。

3.2.3 移行性

アイデンティフィケーションの第3の特性は，「移行性」である。Sluss et al. [2012] は，テレマーケティング会社の186名の新入社員，アメリカ陸軍の1,101名の新入隊員を対象とした実証研究から，上司に対するアイデンティフィケーションが，組織に対するアイデンティフィケーションに「移行（転嫁）」することを明らかにした。

スラスらの研究によれば，上司への対人的なアイデンティフィケーションは，「認知的（cognitive）」，「感情的（affective）」，「行動的（behavioral）」なプロセスを媒介して，組織に対するアイデンティフィケーションに影響を与えることが報告されている。図表2-5は，Sluss et al.［2012］によって示された，アイデンティフィケーション移行の媒介メカニズムである。

スラスらは，各媒介変数とメカニズムについて次のような仮説を立て，検証を行っている。第1に，「感情移行（affect transfer）」では，上司に対するアイデンティフィケーションから生まれる肯定的な感情が，直接的，無意識的に組織に移行（transfer）することが主張されている。これは，新入社員の上司に対するアイデンティフィケーションが，上司への肯定的な感情を自然に増加させ，さらに，上司が組織を代表する存在であると仮定した場合，この肯定的な感情は，組織に対する肯定的な感情をも同時に増加させるということである。

第2に，「行動一貫性（behavioral sensemaking）」では，個人はアイデンティフィケーションの対象の利益となる行動をする，という社会的アイデンティティ理論が前提に置かれている。また，上司からの要望は，組織からの要望と多くの点で重複する（例：顧客の満足度を高めるという上司からの期待は，最終的に組織からの期待にも通じる）ため，上司へのアイデンティフィケーションにもとづいて引き起こされた行動は，結果として上司と組織の両者の期待を満たすものとなる。

■ 図表2-5　アイデンティフィケーション移行の媒介メカニズム

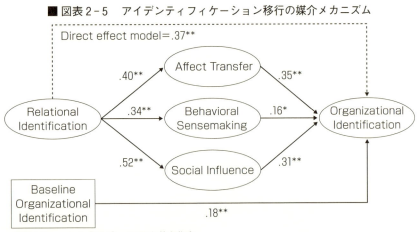

出所：Sluss et al.［2012］p.959より筆者作成。

スラスらの研究では，このような複数の対象の要望と整合した行動は，自己一貫性（self-consistency）の欲求を引き起こすことが指摘されている（Pratt and Rafaeli, [2001]; Weick, [1995]）。つまり，上司にアイデンティフィケーションしている新入社員は，結果として上司と組織の両者の期待に応えるような行動を起こし，それらの行動は自己一貫性の欲求から，最終的に新入社員の組織に対するアイデンティフィケーションをも増加させるということである。

　第3に，「社会的影響（social influence）」については，新入社員が上司にアイデンティフィケーションすることによって，上司の組織に対する意見や態度が，新入社員の意見や態度に社会的影響を及ぼすということである。この背景には，アイデンティフィケーションの対象はアイデンティティ確立のための準拠点であり，対象の属性を取り込むことによって自己のアイデンティティを確立するという前提がある。

　以上のような仮説をもとに，スラスらは，上司への対人的なアイデンティフィケーションが，組織に対するアイデンティフィケーションに移行することを実証研究によって明らかにした。この研究の重要な示唆は，ある対象に対するアイデンティフィケーションが，他の対象に対するアイデンティフィケーションに「移行」するという点であり，アイデンティフィケーションが従来考えられていたよりも，全体的，相互補完的な現象であることを示している。そして，このようなアイデンティフィケーションの「移行性」は，アイデンティフィケーションがどのような対象に移行するのか，もしくは相互作用を引き起こすのか，という新たな疑問を生み出すものでもある。

　本書に置き換えた場合，「上司」だけでなく，「先輩」や「同期」に対するアイデンティフィケーションも「組織」に対するアイデンティフィケーションに移行するのか，また，各人に対するアイデンティフィケーションは，相互にどのように影響し合うのか，など多様な問題設定が可能となる。本書においても，「上司」，「先輩」，「同期」に対するアイデンティフィケーションの移行性や相互作用について，実証研究を通して明らかにしていく。

　以上で述べてきたように，アイデンティフィケーションには，「対象の多重性」，「同時多発性」，「移行性」という3つの特性がある。これらの特性は，アイデンティフィケーションの「対象選択の自由度」，「併存と比較」，「移行と相互作用」の検証を可能にするものであり，本概念の優れた特性であると考えら

れる。

　特に，本書のような複数の人間関係を調査対象とする場合，対象間の比較や相互作用を，同一概念上で検証することが必要となる。そのような意味において，アイデンティフィケーションは既存概念よりも本書の目的に即した概念であり，本書では，このアイデンティフィケーションを中核概念として採用していく。次項では，アイデンティフィケーションを「組織」と「対人関係」に応用した，「組織アイデンティフィケーション」，「関係的アイデンティフィケーション」について理解を深めていく。

3.3　組織アイデンティフィケーション

　「組織アイデンティフィケーション（organizational identification）」とは，個人の組織に対する帰属意識を説明する概念であり，「個人が情緒的および価値的な意味づけを伴って組織成員であるという認知を自己概念に統合するプロセス」（小玉・戸梶，[2010] 59頁）と定義される。

　近年，この組織アイデンティフィケーション研究が欧米を中心に盛んに行われている。その背景には，組織アイデンティフィケーションが高まることによって，組織に留まりたいという気持ちが高まり，組織内の他者との協力を惜しまず，選択が必要な場面においては組織の目標に沿った意思決定を下すなど，組織にとって望ましい行動に結び付くことが明らかになってきたためである（小玉，[2011a]）。

　しかしながら，組織アイデンティフィケーション研究は，これまで，概念の定義が曖昧である，理論的基盤が十分でない，類似概念との弁別性が不明確であるなど，いくつかの批判や課題点が指摘されてきた。本項では，はじめに組織アイデンティフィケーション研究の歴史的変遷を概観しながら，概念の定義や構成要素について述べていく。また，次項では，類似概念として指摘される「組織コミットメント」との弁別性について明らかにしていく。

3.3.1　社会的アイデンティティ・アプローチ以前の研究

　本章では，冒頭で本書の理論的基盤である「社会的アイデンティティ理論」と「自己カテゴリー化理論」について理解を深めてきた。組織アイデンティフィケーション研究は，上記2つの理論を合わせた「社会的アイデンティ

ティ・アプローチ[2]」が導入される以前と以後で大きく変化している。それゆえ，以下では，はじめに社会的アイデンティティ・アプローチ導入以前の先行研究をレビューし，次に，導入以後の研究について述べていく。組織アイデンティフィケーション研究の歴史的変遷を振り返ることによって，初期の研究に対する批判や課題点を整理し，社会的アイデンティティ・アプローチの導入以降，概念定義がどのように見直されてきたのかについて理解を深めていく。また，以上のレビューを踏まえた上で，本書における組織アイデンティフィケーションの定義を示していく。

はじめに，組織成員による組織へのアイデンティフィケーションの概念は，Foote［1951］やMarch and Simon［1958］など，近代組織論の誕生の頃まで遡ることができる。Foote［1951］は，個人は自分自身をある特定の組織のメンバーとして分類し，この自己カテゴリー化が組織の利益にもとづいて行動することを個人に促す，と指摘している。また，March and Simon［1958］においても，個人の集団に対するアイデンティフィケーションが強いほど，個人と集団の目標が合致する傾向が強くなることを指摘している。

Brown［1969］は，Kelman［1958］の研究を参照しながら，組織アイデンティフィケーションの4つの基本的要素として，①「組織の魅力（attraction to organization）」，②「目標の一致（congruence of goals）」，③「忠誠心（royalty）」，④「組織成員性への自己参照（reference of self to organizational membership）」を挙げている。これらの4要素は，組織アイデンティフィケーションを構成する4つの次元であるとされ，初期の研究において，組織アイデンティフィケーションの基本的な概念枠組みを提供するものであった。

一方，Patchen［1970］は，組織アイデンティフィケーションは3つの次元から構成されると考え，①「共有された特徴（perception of shared characteristics）」，②「連帯感（feeling a sense of solidarity）」，③「組織支持（support of the organization）」を挙げている。1つ目の「共有された特徴」とは，個人と他の組織成員との類似性を意味しており，組織の目標や利益を他者と共有しているという知覚である。2つ目の「連帯感」は，集団や他の集団成員と自己が一致しているという感覚である。また，最後の「組織支持」は，組織への忠誠心や正当性への賛同を示すことであるとされる。

さらに，Lee［1969, 1971］は，科学者の組織アイデンティフィケーション

研究を通して、この概念が、①「帰属意識 (belonging)」、②「忠誠心 (loyalty)」、③「共有された特徴 (shared characteristics)」の3つの要素を含むと主張した。Lee [1971] によれば、「帰属意識」は自己の欲求を達成するために、組織内での自分の役割の重要性を認識し、他の組織成員と目標を共有した結果生じるとされる。また、「忠誠心」は組織目標の支持を意味し、この忠誠心から組織アイデンティフィケーションが生まれると指摘している。さらに、「共有された特徴」は、Patchen [1970] でも指摘されていたように、自己と他の組織成員の類似性を示すものである。

最後に、Hall, Schneider, and Nygren [1970] と Schneider and Nygren [1971] は、米国森林局への調査を通じて、組織アイデンティフィケーションを「個人が組織の価値や目標を受容し、組織目標と個人の目標を徐々に統合していくプロセス」と定義している。また、組織アイデンティフィケーションが、公共サービスなど、サービス志向の強い人物に形成されやすいことや、職位よりも勤続年数に影響を受けやすいことなどが報告されている。

以上のような初期の研究では、組織アイデンティフィケーションが複数の下位次元から構成される概念であること、個人と組織の目標・価値が一致することによって生じるという点では一致している。しかし、概念の定義や構成要素は統一されていない。組織アイデンティフィケーション研究の広範なレビューを行った Edwards [2005] は、初期の研究は定義に一貫性がなく、組織コミットメントやジョブ・インボルブメントなど、類似概念と弁別することが困難であると述べている。また、その原因として、理論的な基盤がしっかりしないまま、関連する心理学的概念を広範に取り込んでしまったことが指摘されている。

3.3.2 社会的アイデンティティ・アプローチ導入による再定義

上記のような理由によって組織アイデンティフィケーション研究が一時停滞する中、大きな転換点となったのが、Ashforth and Mael [1989] による「社会的アイデンティティ・アプローチ (SIA: Social Identity Approach)」の導入である。社会的アイデンティティ・アプローチとは、「社会的アイデンティティ理論」と「自己カテゴリー化理論」を合わせた総称であり、Ashforth and Mael [1989] では、両理論を組織の文脈に取り入れることによって、組織アイデンティフィケーションの理論的基盤を再構築した。その特徴は、成員性に

ついての認知と自己概念の結び付きから組織アイデンティフィケーションを捉え直した点にある。

　アッシュフォースらは，人が集団を同一視するためには，その集団と心理的に結び付いているという「認知」のみで成立するとし，組織アイデンティフィケーションを「組織との一体性 (oneness) や所属していること (belongingness) に対する認知」と定義した（高尾，[2013b]）。「社会的アイデンティティ理論」や「自己カテゴリー化理論」が人の認知機能を重視した理論であることは，これまでも述べてきたが，アッシュフォースらの議論の優れた点は，この「認知」に絞ってアイデンティフィケーションを捉え直した点であり，初期の研究群との最も大きな違いとなっている。アッシュフォースらによる社会的アイデンティティ・アプローチ導入以降，その動きは急速に広まり，1990年代以降の組織アイデンティフィケーション研究では，そのほとんどが上記アプローチに依拠したものとなっている。

　また，Ashforth and Mael [1989] に続く代表的な研究として，Dutton et al. [1994] が挙げられる。Dutton et al. [1994] は，組織アイデンティフィケーションの定義について，「知覚された組織アイデンティティと同様の特性が，自己概念にも含まれているという認知的な繋がり」と述べ，定義における認知的側面を強調している。また，組織アイデンティフィケーションとは，人が組織を自分自身の一部として見ている程度（度合い）を示し，組織を定義する特徴を，自分自身を定義する特徴として取り入れた際に起こる，心理的愛着の一形態であると指摘している。

　ダットンらの研究の興味深い点は，この組織アイデンティフィケーションが，2つの「イメージ」によって影響を受けると主張した点にある。1つは，「知覚された組織アイデンティティ (perceived organizational identity)」であり，これは，組織成員が自分たちの組織が持っていると知覚する，独自で永続的な特性に関するイメージである。2つ目は，「解釈された外部からのイメージ (construed external image)」であり，これは，（組織成員が解釈する）外部の人間が組織に対して持っていると推測されるイメージである。

　ダットンらはこれら2つのイメージが個人の組織アイデンティフィケーションの強さに影響を与えるとし，複数の仮説を提示している。例えば，①「知覚された組織アイデンティティ」の魅力が大きいほど，組織成員の組織アイデン

ティフィケーションは強くなる，②組織アイデンティフィケーションが強いほど，組織成員は，「知覚された組織アイデンティティ」と「解釈された外部からのイメージ」をより魅力的だと評価する，③組織アイデンティフィケーションが強いほど，組織成員の他のメンバー（内集団のメンバー）に対する協働は大きくなる，などである。これらの仮説について，当該研究では具体的な実証研究はされていない。しかし，ダットンらの仮説は，その多くが社会的アイデンティティ・アプローチに依拠したものであり，改めて，上記アプローチを組織アイデンティフィケーション研究に応用したものとなっている。

　さらに，ダットンらの研究においてもう1つ重要な点は，組織成員の組織に対するイメージを変えるだけで，成員の行動が変化する可能性を指摘した点である。注目すべきは，この行動変化は，他者との相互作用，仕事や報酬の修正，上司の変更などを必要としないことである。つまり，組織成員が知覚する組織のイメージ（認知）を修正するだけで，成員の組織アイデンティフィケーションが変更され，その結果，組織内での協働や相互作用が起こり得ることを示唆している。そのような意味において，ダットンらは，組織のイメージは，組織成員の組織に対するアイデンティフィケーションの強さを形成し，成員と組織との繋がり，もしくは断絶を示す重要な認知的準拠点になると指摘している。

　最後に，Rousseau［1998］は，組織アイデンティフィケーションを「個人が，自分自身がより大きな組織（存在）の一部であると知覚すること」と表現し，組織アイデンティフィケーションが個人の自己概念の一部を形成することを主張している。ルソーの主張の特筆すべき点は，組織アイデンティフィケーションを，「状況的アイデンティフィケーション（situated identification）」と「深層構造アイデンティフィケーション（deep structure identification）」の2つに分けた点である。

　「状況的アイデンティフィケーション」とは，個人と組織が，互いの違いを超えて持つ共通の目標や利益，または，個人が組織との関係を「我々，私たち」と知覚するような場合に生起される，状況に依存したアイデンティフィケーションである。この状況的アイデンティフィケーションが生起されると，個人は組織と共有している目標に向かって努力をし，組織成員としての自己を認識するとされる。しかし，同時に，状況的アイデンティフィケーションは，一時的かつ不安定なものであるため，職務内容の変更や状況の変化によって，

その強さも変化することが指摘されている。

　もう1つの「深層構造アイデンティフィケーション」とは，役割，時間，状況を超えて，職務上の自己と，より広義での自己概念を統合する中で形成される認知的スキーマであるとされる。ルソーによれば，深層構造アイデンティフィケーションは，より深いレベルで個人と組織のつながりを示すものであり，個人の心理モデルを変更し，自己概念の一部を形成するようなアイデンティフィケーションであると指摘している。また，深層構造アイデンティフィケーションは，状況的アイデンティフィケーションが発展して形成されることもあるが，必ずしもその段階を踏まない場合もあることが示唆されている。

　以上のように，組織アイデンティフィケーション研究は一時的な停滞の後，Ashforth and Mael［1989］による「社会的アイデンティティ・アプローチ」の導入によって，大きな転換点を迎えた。その特徴は，成員性についての認知と自己概念の結び付きから組織アイデンティフィケーションを捉え直したことであり，人が集団を同一視するためには，その集団と心理的に結び付いているという「認知」だけで成立するとした点にある。これにより，Dutton et al.［1994］や Rousseau［1998］など，その後に続く代表的な研究群においても，成員性についての認知が定義の核とされるようになった。

3.3.3　社会的アイデンティティ・アプローチへの批判

　成員性の認知が定義の核となった一方，社会的アイデンティティ・アプローチ導入以降の組織アイデンティフィケーション研究が，その理論的基盤である社会的アイデンティティ・アプローチ以上に，認知的側面を強調し過ぎているのではないか，という批判も存在している。

　van Dick［2001］は，これまでの社会的アイデンティティ・アプローチを導入した組織アイデンティフィケーション研究が，理論の表層部分に触れているだけで，認知的側面以外の要素を放置していると批判している。ヴァンディックは，タジフェルの社会的アイデンティティ理論に依拠し，組織アイデンティフィケーションとは，「認知的要素」だけでなく，「感情的要素」と「価値的要素」を加えた3つの要素から構成される概念であると主張している。さらに，組織アイデンティフィケーションと類似性が指摘される組織コミットメントについても言及し，組織アイデンティフィケーションの感情的側面と組織

コミットメントの情緒的側面は重複するものであると述べている。

　以上のような点から、ヴァンディックは、組織アイデンティフィケーションの認知的側面の重要性を認めながらも、「感情的側面」や「価値的側面」など、それ以外の要素に注目する必要性を指摘している。

　組織アイデンティフィケーション研究が、概念の認知的側面以外を無視しているのではないか、という批判は、Bergami and Bagozzi [1996] や Harquail [1998] からもされている。Bergami and Bagozzi [1996] は、組織アイデンティフィケーションは認知的要素と感情的要素の2つの要素から構成されており、人が組織にアイデンティフィケーションすると、認知的要素と感情的要素が混在した心理的スキーマが生起すると述べている。また、Harquail [1998] も、組織アイデンティフィケーションは認知的要素と感情的要素から成り立っており、両者を切り離して考えることはできないと指摘している。

　以上のような組織アイデンティフィケーションの構成要素については、未だ議論が収束していない。アイデンティフィケーションの包括的なレビューを行った、Ashforth, Harrison, and Corley [2008] においても、アイデンティフィケーションの定義が曖昧なままであると指摘されている。

　しかし、組織アイデンティフィケーションの理論的基盤を提供したタジフェルは、社会的アイデンティティを「感情的および価値的な意味づけを伴う、自分がある社会集団に所属しているという知識から得られる自己概念の一部」と定義しており、「認知的側面」だけでなく、「感情的側面」や「価値的側面[3]」についても言及している（Tajfel, [1978]）。以上の点を鑑みると、少なくとも、認知的側面のみで組織アイデンティフィケーションを定義することは困難であり、感情的側面や価値的側面など、他の要素が存在することが推測される。

3.3.4　組織アイデンティフィケーションの定義

　これまで、組織アイデンティフィケーション研究の歴史的変遷を振り返り、概念の定義や構成要素について理解を深めてきた。概念自体の歴史は古く、Foote [1951] や March and Simon [1958] など、近代組織論の誕生の頃まで遡ることができる。しかしながら、組織アイデンティフィケーションの定義における議論は、未だ完全に収束していない。

　我が国においても、ごく少数ではあるが、組織アイデンティフィケーション

第2章 アイデンティフィケーションの概念導入と仮説

■ 図表2-6　組織アイデンティフィケーションの概念化に関する概要

著　者	定　義	構成概念など
Brown [1969]	個人と組織が特別の関係にあるという自己定義	組織同一視の4要素「組織の魅力」「組織目標と個人目標の一致」「忠誠心」「組織成員の自己参照」
Lee [1969, 1971]	個人と組織との同一視の程度であると仮定	帰属，忠誠心，共有された特徴の3つの要素を含む概念
Patchen [1970]	—	組織同一視の3つの概念「成員間で共有された組織特徴の認知」「組織との連帯感」「組織の支持」
Hall, Schneider and Nygren [1970], Schneider and Nygren [1971]	個人が組織の価値や目標を受容し，その価値や目標が自分自身のものとすること	目標と価値の承認組織への情緒的なコミットメント
Ashforth and Mael [1989]	組織との一体感や帰属していることに対する認知	認知的同一視は，自分の中に組織の価値観などを組み入れることを前提とした心理状態である忠誠心，関与，コミットメントなどとは相違した概念
Dutton et al. [1994]	組織成員であるという知覚が自己概念に統合されるプロセス	組織同一視は組織イメージと近似性がある。組織イメージは，組織の特徴が他の組織と区別でき，その特徴が不変であり中核的なものであるという認識
Rousseau [1998]	個人が組織成員であるという知覚を自己定義と統合する過程	Situated identification：個々の成員が期待されている職務を遂行する時に生じる同一視 Deep structure identification：成員の心理的モデルを変更する認知スキーマが個人と組織との関係性を創造
van Dick [2001] van Dick [2004]	Ashforth and Mael [1989] と同様に，組織との一体感や帰属していることの認知	情緒的側面の構成要素：集団への感情的な帰属 認知的側面の構成要素：成員であることの認識 評価的側面の構成要素：組織に対する評価 行動的側面の構成要素：実際の職務行動（組織活動への参加）
Riketta [2005]	組織成員であることを，認知的かつ感情的に自己概念と結び付けること	組織同一視の3つの概念「成員間で共有された組織特徴の認知」「組織との連帯感」「組織の支持」

出所：小玉・戸梶 [2010] 58頁より筆者作成。

の概念定義に関する研究が行われている。小玉・戸梶［2010］は，組織アイデンティフィケーションの概念定義や構成要素に関する優れた先行研究レビューを行い，その結果を，図表2-6のようにまとめている。

小玉と戸梶は，広範な先行研究レビューの結論として，組織アイデンティフィケーションが認知的側面だけでなく，情緒的（感情的）側面を含む概念であることを指摘し，本概念を「個人が情緒的および価値的な意味づけを伴って組織成員であるという認知を自己概念に統合するプロセス」と定義している。

この定義の優れた点は，理論的基盤である社会的アイデンティティ理論の定義に従い，認知的側面だけでなく，感情的側面と価値的側面を組織アイデンティフィケーションの定義に含めた点にある。また，Ashforth and Mael［1989］が強調した，成員性についての認知と自己概念の結び付きについても言及されており，全体として，これまでの議論を包括した定義となっている。

それゆえ，本書においても，小玉・戸梶の定義を踏襲し，組織アイデンティフィケーションを「個人が情緒的及び価値的な意味付けを伴って組織成員であるという認知を自己概念に統合するプロセス」と定義して使用していく。

3.4 組織コミットメントとの弁別性

組織アイデンティフィケーション研究のもう1つの論点は，類似概念との弁別性である。特に，「組織コミットメント（organizational commitment）」との類似性については，これまでも多くの指摘がされてきた。本項では，先行研究レビューを通して，両概念の特徴と理論的な相違点を明らかにしていく。

3.4.1 組織コミットメントとは

組織コミットメントとは，一般に組織への帰属意識や組織に留まる意思を表す概念である。組織コミットメントに関する優れたレビューを行った田尾［1997］によれば，組織コミットメントの初期の代表的な研究としてBecker［1960］が挙げられる。ベッカーは，組織コミットメントは，組織と個人の「交換関係」の上に成り立つと考え，従業員の離職行動は，これまでに投資してきたもの（もしくは，現在の職場で得ているもの）と，組織を離れた際に発生するコストや負担を比較して決定されると主張している。

この論理に従えば，組織が従業員の求めているものを与え，リターンが投資

を上回る限り，従業員は組織に所属し続けることになる。ベッカーの理論によれば，他により良い条件の仕事があるにも関わらず離職しない場合，それは労働条件以外の面で報酬を得ているためであると主張されている。このようなベッカーの考えは，「サイドベット（side-bet）理論」として，その後の組織コミットメント研究に大きな影響を与えた。特に重要な点は，雇用関係からもたらされる「利得」に注目して，組織コミットメントを捉えた点にある。

一方，ベッカーとは異なる視点から組織コミットメントを捉えたのが，Buchanan［1974］や Mowday, Steers, and Porter［1979］である。ブキャナンは，コミットメントについて，「組織の価値や目標，もしくは役割に対する情緒的な愛着によってもたらされる」と主張し，コミットメントの感情的・心理的側面を強調している。また，マウディらは，組織コミットメントを「組織に対するアイデンティフィケーションや関与の相対的な強さ」と定義し，概念の特徴として，①組織の目標や価値に対する強い信念や受容，②組織のために多大な努力を費やす意欲，③組織の成員でありたいという強い願望，という3点を挙げている。さらに，マウディらは，組織コミットメントを測定するOCQ尺度（organizational commitment questionnaire）を開発し，この尺度は現在まで多くの研究者に用いられる優れた尺度となっている。

組織コミットメント研究における Buchanan［1974］や Mowday, Steers, and Porter［1979］の特徴は，コミットメントを心理的，感情的側面から捉えた点にある。換言すれば，ベッカーによるコミットメントの解釈が「交換的・道具的」であったのに対し，ブキャナンやマウディらの解釈は，「感情的・非道具的」であったといえる。初期の組織コミットメント研究では，コミットメントを「情緒的」・「功利的」の2次元から捉える考え方が主流となっており，人が組織に所属し続けるのは，組織に対する愛着，もしくは現実的な利得があるためだと考えられてきた。しかしながら，このような捉え方には批判も存在している。

例えば，O'Reilly and Chatman［1986］は，マウディらの定義について，「組織のために多大な努力を費やす意欲」や「組織の成員でありたいという強い願望」は，組織コミットメントの「結果」として発生するものであると指摘している。また，DeCotiis and Summers［1987］も，マウディらの定義について，「意欲」や「願望」などの要素は除外すべきであると述べている。

上記のような状況の中，Meyer and Allen [1991] は，組織コミットメントを「従業員と組織の関係を特徴付け，組織の一員で居続けようという意思を内包する心理的な状態」と定義した。また，この心理状態が3つの要素，①「情緒的コミットメント（affective commitment）」，②「存続的コミットメント（continuance commitment）」，③「規範的コミットメント（normative commitment）」の組み合わせと程度によって決まると主張している（労働政策研究・研修機構，[2012]）。

「情緒的コミットメント」とは，組織の一員でありたいという感情的な愛着であり，組織への同一視（アイデンティフィケーション）や関与を示すものである。また，「存続的コミットメント」は，組織を辞めた際のコスト知覚であり，組織に残る必要性を示すものである。換言すれば，情緒的コミットメントは組織に残りたいから残るのであるのに対し，存続的コミットメントは，組織に残る必要があるから残る，という状態を指す。

最後に，「規範的コミットメント」とは，組織に留まるべきという義務感であり，組織に対する忠誠心や規範意識を示すものである。これは，愛着や損得からではなく，理屈抜きに，コミットすべきだからするという状態を指す。メイヤーらの功績の1つは，この「規範的」要素を概念に追加したことであり，組織コミットメントは，「情緒的」・「功利的」・「規範的」という3つの次元から構成されることが主張されている。

以上のように，近年の組織コミットメント研究においては，概念を多次元的に捉える傾向が強まっており，特にメイヤーらの提唱する3つの次元は，多くの研究者が参照するものとなっている。しかしながら，その定義や特徴からも確認されるように，組織コミットメントと組織アイデンティフィケーションには，使用される用語や表現に多くの共通点が見られる。また，概念の構成要素についても，組織コミットメントが，「情緒的」・「存続的」・「規範的」であるのに対し，組織アイデンティフィケーションは，「認知的」・「感情的」・「価値的」とされており，「情緒的（感情的）」部分に重複が見られる。

さらに，Mowday, Steers, and Porter [1979] では，組織コミットメントの定義の中に，アイデンティフィケーションという言葉が含まれるなど，構成概念や用語の重複が両概念の判別を困難にしている原因であると推測される。

3.4.2 組織アイデンティフィケーションと組織コミットメントの理論的相違点

組織アイデンティフィケーションと組織コミットメントの理論的な相違点は主に3つ存在する。第1に，組織と個人の関係を把握する基本的なスタンス（考え方）が両概念で異なっている点である（Pratt, [1998]；Ashforth et al., [2008]；van Dick, [2004]；高尾, [2013b]；小玉・戸梶, [2010]）。

高尾 [2013b] によれば，組織コミットメント論では，心理的に分離された存在である組織と個人の結び付き（binding）が問題とされている。また，Becker [1960] でも指摘されていたように，組織コミットメントは組織と個人の「交換関係」の上に成り立っており，雇用関係からもたらされる「利得」に注目した概念である。

一方，組織アイデンティフィケーション論では，組織は個人の社会的アイデンティティの一部を構成するものとされ，組織との知覚された一体性（perceived oneness）に焦点が当てられている。つまり，組織コミットメントが組織と個人の「社会的交換関係」を基礎としているのに対し，組織アイデンティフィケーションは，個人の「自己概念」に焦点を当てている点に，最も大きな違いがある。図表2-7は，両概念の違いを図で示したものである。

Pratt [1998] は両概念の違いについて，組織コミットメントが，「私は現在の組織でどれくらい幸せであり，満足しているか（How happy or satisfied am I with my organization?）」を問題にしているのに対し，組織アイデンティフィケーションは，「この組織との関係から自分自身のことをどのように知覚しているか（How do I perceive myself in relation to my organization?）」という点が問題になっていることを指摘している（高尾, [2013b]）。

このような相違点が生まれた背景には，両概念の発展の経緯も関係している。

■ 図表2-7　組織と個人の関係に対する両概念の違い

組織コミットメント
社会的交換関係

組織アイデンティフィケーション
自己概念の一部

出所：筆者作成。

組織コミットメントがBecker [1960] の交換関係を出発点として概念を捉えたのに対し，組織アイデンティフィケーションは，個人と組織の関係から自己をどのように定義するか，というアイデンティティの問題を出発点としている。つまり，両者はそもそも別々の考え方から発展した概念であり，組織と個人の関係を把握するための基本的なスタンスに，明確な違いが存在している。

　第2の相違点は，両概念の「持続性・安定性」の違いである。Turner [1984] の自己カテゴリー化理論によれば，人は複数の社会集団に所属しており，どのカテゴリーが顕現化するかは状況特殊的である。同様に，組織アイデンティフィケーションによる組織の成員性も，常にそれが知覚され，顕現化しているわけではない。組織に対する一体感や所属感を強く意識することもあれば，そのような知覚が弱まる場合もある。つまり，組織アイデンティフィケーションは変容性のある概念であり，持続的かつ安定的とはいえない側面を持っている。

　一方，組織コミットメントは，Becker [1960] の理論にも見られるように，蓄積された投資と退職した際のコスト知覚にもとづいて判断される功利的側面を持っている。それゆえ，個人の組織に対する投資（時間・労力等）が増加するほど，組織コミットメントは高まり，結果として組織に留まる可能性も上昇する。言い換えれば，組織コミットメントは，時間や労力の投資（蓄積）に伴い，強化・安定していく性質を持った概念であると考えられる。

　組織コミットメントの広範なレビューを行った高木・石田・益田 [1997] は，実証研究から，組織コミットメントとデモグラフィックな要因（年齢，性別，職位，勤続年数など）が有意な関係にあることを明らかにした。高木らによれば，職位が低い人よりも高い人，勤続年数が短い人よりも長い人の方が，会社への内在化の程度（会社のために尽力したいという意識）が強いことが確認されている。一般的に，高い職位や勤続年数の形成には，長期の時間や努力を要することを鑑みると，高木らの結果は，組織に対する時間や労力の投資量が多い人ほど，組織コミットメントが強い傾向にあることを示している。

　以上の点から，組織コミットメントは，時間や労力の蓄積に伴って強化され，一旦形成されると変化しにくい性質を持つことが推測される。そのような意味において，組織コミットメントは，組織アイデンティフィケーションよりも「持続的」かつ「安定的」な性質を持つ概念であると考えられる。

　両概念の第3の相違点は，集団内における「他者との関係」である。

DeCotiis and Summers［1987］によれば，集団の凝集性は組織コミットメントと有意な関係にあり，凝集性が高いほど，コミットメントが高まることが報告されている。また，上記の高木らによる実証研究においても，職場の同僚との関係を示す組織風土の項目が，組織コミットメントの各要因（特に情緒的側面）と有意な関係にあることが確認された。つまり，組織コミットメントは，職場の同僚や上司など，集団内における他者との関係性に影響を受ける概念であると考えられる。

一方，組織アイデンティフィケーションは，個人の「認知」によって成立するため，基本的に他者との連携や協力を必要としない。上記でも繰り返し述べてきたように，組織アイデンティフィケーションは，組織と個人の関係から自己をどのように捉えるのか，という個人のアイデンティティ形成を問題としている。それゆえ，集団内の他者との関係がどのようなものであったとしても，個人の認知によって成立が可能であり，そのような意味において，組織アイデンティフィケーションは他者からの影響を受けにくい概念であるといえる。

以上の3点から，組織アイデンティフィケーションと組織コミットメントは理論的に異なる概念であると考えられる。中でも，最も大きな相違点は，組織と個人の関係を把握する基本的なスタンスが，両概念で異なっている点である。組織コミットメントが社会的交換関係を基礎としているのに対し，組織アイデンティフィケーションは個人のアイデンティティ形成の問題を基礎としている。また，確立された組織コミットメントが持続的かつ安定的な性質を持つのに対し，組織アイデンティフィケーションは状況特殊的である。さらに，組織コミットメントは集団内の他者との関係に影響を受けるのに対し，個人の認知を基礎とする組織アイデンティフィケーションは，他者からの影響を受けにくい。このような複数の相違点は，組織アイデンティフィケーションと組織コミットメントが本質的に異なる概念であり，理論的にも弁別が可能であることを示している。

3.4.3　実証研究による弁別性の検証

組織アイデンティフィケーションと組織コミットメントが異なる概念であることは，複数の実証研究からも確認されている。

例えば，Mael and Tetrick［1992］は，組織アイデンティフィケーションと

組織コミットメントの弁別性について，263名の従業員を対象とした実証研究を行っている。当該研究では，組織アイデンティフィケーション尺度として新たに開発した10項目について探索的因子分析を行い，「共有された経験 (sharing experience)」と「共有された特徴 (sharing characteristics)」の2つの因子を抽出している。そして，この2因子と，Mowday, Steers, and Porter [1979] が開発した組織コミットメントのOCQ尺度，組織満足，職務満足，ジョブ・インボルブメントを合わせた6つの尺度がどのように弁別されるかを分析した。確認的因子分析の結果，6尺度それぞれが異なる概念であることを想定した6因子モデルが最も良い適合度を示し，組織アイデンティフィケーションと組織コミットメントが別概念であることが支持されている。

また，Gautam, van Dick and Wagner [2004] も，ネパールの5つの組織で働く従業員450名のデータを使用して，両概念の弁別性を検証している。当該研究では，はじめに，Cheney [1983] が開発した25項目の組織アイデンティフィケーション尺度から8項目を抽出し，組織アイデンティフィケーション尺度 (OIQ尺度) として使用している。また，組織コミットメントについては，Mowday et al. [1982] の開発したOCQ尺度と，Allen and Meyer [1990] の3次元 (情緒的・存続的・規範的) の組織コミットメント尺度をそれぞれ使用している。そして，組織アイデンティフィケーションのOIQ尺度と，組織コミットメントの4つの尺度をそれぞれ組み合わせて，1因子モデルと2因子モデルを仮定した確認的因子分析を行った。分析の結果，全ての組み合わせにおいて，2因子モデルの方が高い適合度を示し，組織アイデンティフィケーションと組織コミットメントが別概念であることが支持されている。

最後に，我が国においてもごく少数ではあるが，両概念の弁別性に関する実証研究が行われている。高尾 [2013a] は，Mael and Ashforth [1992] の組織アイデンティフィケーション尺度と，Allen and Meyer [1990] の情緒的組織コミットメント尺度を使用して，両概念の弁別性を分析した。2つの集団で実験を行った結果，どちらの集団においても，組織アイデンティフィケーションと組織コミットメントを別概念として仮定した2因子モデルの方が，高い適合度を示した。

以上の実証研究の結果は，いずれも組織アイデンティフィケーションと組織コミットメントの弁別性を支持するものである。同様の結果は，van

Knippenberg and Sleebos [2006], Herrback [2006], Cole and Bruch [2006] などでも示されており，理論面だけでなく，実証面からも，両者が弁別可能な概念であることが確認されている。

しかしながら，これらの実証研究にも課題が残されている。例えば，いくつかの実証研究においては，質問項目や組織コミットメントの比較次元が絞り込まれており，追加の検証が必要である。また，高尾 [2013a] でも指摘されているように，我が国においては実証研究自体がごく少数に留まっているため，先行研究と同様の結果が，地域，文化，制度を超えて得られるのかについて，更なる研究蓄積が必要である。それゆえ，本書においても，組織アイデンティフィケーションと組織コミットメントの弁別性を検証していく。具体的には，組織アイデンティフィケーションの代表的尺度である，Mael and Ashforth [1992] の尺度と，後述する Johnson et al. [2012] の尺度，そして，Allen and Meyer [1990] の情緒的組織コミットメント尺度を用いて，両概念の弁別妥当性を検証する。

3.5 関係的アイデンティフィケーション

前項では，アイデンティフィケーションの概念を「組織」に応用した「組織アイデンティフィケーション」について，定義や特徴，類似概念との弁別性を明らかにしてきた。

本項では，アイデンティフィケーションを対人関係に応用した「関係的アイデンティフィケーション（relational identification）」について理解を深めていく。はじめに，関係的アイデンティフィケーションの定義を示し，概念が提唱された目的や背景について述べていく。次に，関係的アイデンティフィケーションを使用した実証研究について紹介を行う。最後に，関係的アイデンティフィケーションの功績と課題点に触れ，本書における修正案を提示していく。

3.5.1 関係的アイデンティフィケーションとは

関係的アイデンティフィケーションは，そもそもアイデンティフィケーションを対人間の役割関係に応用した概念であるが，本概念を提唱した Sluss and Ashforth [2007] は，「関係的アイデンティティ」と「関係的アイデンティフィケーション」について，用語を明確に使い分けている。

スラスらは，企業内における「上司—部下」関係などを例示しながら，両者の間に存在する「役割関係（role-relationship）」の本質を「関係的アイデンティティ（relational identity）」と定義している。そして，この「関係的アイデンティティ」を自己概念に取り込む心理的な過程・程度を「関係的アイデンティフィケーション（relational identification）」とし，本概念の定義を「個人が与えられた役割関係によって自己を定義する程度（The extent to which one defines oneself in terms of a given role-relationship）」と表現している（Sluss and Ashforth, [2007]）。

　言い換えれば，「関係的アイデンティティ」とは，「我々の関係の本質は何か」ということであり，「関係的アイデンティフィケーション」は，「他者との役割関係が，どれくらい自己のアイデンティティ形成に寄与しているか」ということである。重要な点は，他者との「役割関係」自体がアイデンティフィケーションの対象となっており，特定の「個人」を対象としていない点である。そして，この役割関係において求められる考え方，期待される行動が，どれくらい自己のアイデンティティ形成に寄与しているか，という部分に焦点が当てられている。

　スラスらが上記のような概念を提唱した背景には，これまでのアイデンティフィケーション研究が，「組織」，「部署」，「ワークグループ」など，「集団（collective level）」に焦点を当てており，職場における「対人関係（interpersonal level）」の重要性が大きく見過ごされてきたことがある。つまり，先行研究では，「個人」と「集団」の関係を通して自己をどのように定義するか，ということが研究されてきたが，「個人」と「個人」の関係を通して，自己のアイデンティティがどのように形成されているかについては，十分な研究蓄積がされてこなかった。

　Sluss and Ashforth [2007] では，職場における「個人」と「個人」の関係について，「上司—部下（supervisor - subordinate）」や「同僚—同僚（coworker - coworker）」の関係を例に挙げ，両者の間に存在する「役割関係」に注目している。先にも述べたように，彼らはこの「役割関係」の本質を「関係的アイデンティティ」と表現しており，この関係的アイデンティティが4つの要素から構成されることを主張した。図表2-8は，スラスらが示した，関係的アイデンティティの概念図である。

■ 図表2-8　関係的アイデンティティの4つの構成要素

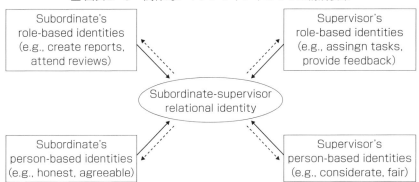

Note：The dotted lines represent feedback loops
出所：Sluss and Ashforth［2007］p.11より筆者作成。

　図表2-8から確認できるように，スラスらの議論では，「上司―部下」の関係的アイデンティは，2種類のアイデンティティをベースとした，4つの要素から構成されている。

　第1のアイデンティティは，「役割にもとづいたアイデンティティ（role-based identities)」である。これは，例えば，上司が部下に対して行う，仕事の割り振り，パフォーマンスの監視，フィードバックなど，マネジメント職の基本的な「役割」をベースとしたアイデンティティである。同様のアイデンティティは部下にも存在し，レポートの作成や報告義務など，部下としての基本的な「役割」をベースとしたアイデンティティとなっている。

　第2のアイデンティティは，「人的資質にもとづいたアイデンティティ（person-based identity)」であり，これは，その役割を担う人物が持つべき人的な資質を意味する。例えば，マネジャーは，一般的に部下に対して公平・公正であり，思いやりを持つべきであると考えられている。また，部下も，上司に対して正直であることや，好感の持てる人物であるべきことが基本とされている。このような，役割自体がそれを担う人材に求める資質を人的資質に基づいたアイデンティティといい，このアイデンティティは，役割ベースのアイデンティティが確立された上に生じることが主張されている。スラスらは，このような4要素の相互作用の結果として生じるものが，「上司―部下」間における「役割関係」の本質，つまり「関係的アイデンティティ」であり，この関係

的アイデンティティは，単に4つの要素を足し合わせたものではないことを強調している。

以上の内容をまとめると，「関係的アイデンティフィケーション」とは，役割関係の本質である「関係的アイデンティティ」を自己概念に取り込んでいく心理的な過程・程度をさす。上司は「役割にもとづいたアイデンティティ」と「人的資質にもとづいたアイデンティティ」を持っており，部下との関係の中で，仕事の振り分けやフィードバック，公平・公正に接するといった役割を担っている。また，部下も，上司との関係の中で，レポートの作成や報告，正直であることなどの役割を担っている。

関係的アイデンティフィケーションとは，このような二者間の役割関係を準拠点とし，役割から発生する目標，価値観，行動規範などが，どの程度，個人のアイデンティティ形成に寄与しているかを測定する概念であるといえる。

3.5.2 関係的アイデンティフィケーションの実証研究

関係的アイデンティフィケーションは，Sluss and Ashforth [2007] によって比較的近年に提唱された概念であるため，実証研究もごく少数に留まっている。その中でも代表的な研究は，アイデンティフィケーションの特性部分でも一部紹介した，Sluss et al. [2012] の実証研究である。この研究では，「上司―新入社員」の関係的アイデンティフィケーションが，「感情移行」，「行動一貫性」，「社会的影響」を介して，組織アイデンティフィケーションに移行することが明らかにされている。

また，当該研究において注目すべき点は，これまで理論上の概念であった関係的アイデンティフィケーションについて，具体的な尺度が提示されたことである。図表2-9，2-10は，当該研究の2つの分析（Study1, 2）において示された，4項目の関係的アイデンティフィケーション尺度である。

図表2-9，2-10からも確認できるように，質問項目全体を通して，上司との関係が職場（仕事）における自己のアイデンティティ形成にどれくらい重要であるか，ということが問われている。また，関係の重要さを，回答者の「知覚・認知」によって測定している点も大きな特徴である。

しかしながら，本尺度にはいくつかの疑問も残されている。最も大きな疑問点は，関係的アイデンティフィケーションの定義の核である「役割関係（role-

図表2-9 スラスらによる関係的アイデンティフィケーション尺度(Study1)
Study1:テレマーケティング会社の「上司―新入社員」の関係について

1	My relationship with my immediate supervisor is an important part who I am at work. 直属の上司との関係は,職場において私がどのような存在であるかを決める重要な要素である
2	If someone criticized my relationship with my immediate supervisor, it would feel like a personal insult. もし誰かが直属の上司と私の関係を批判したら,自分自身に対する侮辱のように感じるだろう
3	My relationship with my immediate supervisor is vital to the kind of person I am at work. 直属の上司との関係は,職場において私が私であるために不可欠なものである
4	My relationship with my immediate supervisor is important to my self-image at work. 直属の上司との関係は,職場における自己イメージにとって重要なものである

出所:Sluss et al.[2012]p.957より筆者作成。

図表2-10 スラスらによる関係的アイデンティフィケーション尺度(Study2)
Study2:アメリカ陸軍の「教官―新入隊員」の関係について

1	My work relationship with my Drill Sergeants is important how I see myself. 仕事における教官との関係は,自分自身をどのように認識するかにおいて重要なものである
2	My work relationship with my Drill Sergeants is an important part of who I am at work. 仕事における教官との関係は,職場において私がどのような存在であるかを決める重要な要素である
3	If someone criticized my relationship with my Drill Sergeants, it would feel like a personal insult. もし誰かが教官と私の関係を批判したら,自分自身に対する侮辱のように感じるだろう
4	My work relationship with my Drill Sergeants reflects the kind of person I am. 仕事における教官との関係は,私がどのような人間であるかを映すものである

出所:Sluss et al.[2012]p.962より筆者作成。

relationship)」という言葉が全く使用されていない点である。特に，Study1では，単に「関係（relationship）」という言葉が多用されており，回答者が直属の上司との仕事以外の個人的な関係を含めて回答してしまう可能性がある。また，Sluss and Ashforth［2007］の定義に従うならば，「上司―部下」間に存在する役割関係の内容についても，質問項目内で言及していく必要があると考えられる。

次に，関係的アイデンティフィケーションを使用したもう1つの実証研究としてWalumbwa and Hartnell［2011］が挙げられる。当該研究では，426名の従業員と75名の上司の関係を調査し，関係的アイデンティフィケーションが，「変革型リーダーシップ（transformational leadership）」と「自己効力感（self-efficacy）」の媒介変数になることを分析している。

当該研究の特徴は，関係的アイデンティフィケーションの定義については，Sluss and Ashforth［2007］を踏襲しながらも，「上司―部下」関係を測定する関係的アイデンティフィケーション尺度については，組織アイデンティフィケーションの尺度（e.g., Kark et al.,［2003］；Mael and Ashforth,［1992］；Shamir, Zakay, Breinin, and Popper,［1998］）を，一部修正して使用している点にある。図表2-11は，Walumbwa and Hartnell［2011］の10項目の関係的アイデンティフィケーション尺度である。

Walumbwa and Hartnell［2011］では，上記の質問項目から「上司―部下」間の関係的アイデンティフィケーションを測定している。質問項目全体を通して，上司との関係の重要性を，個人の知覚・認知によって測定している点については，Sluss et al.［2012］と同様である。

しかしながら，本尺度についても，いくつかの疑問が残る。例えば，問2の「他の人が私の上司をどのように思っているのか興味がある」，問7の「友人と話す時，上司を褒めている」などは，「上司―部下」間の役割関係（role-relationship）や，個人のアイデンティティ形成に関わる内容であるとはいい難い。また，質問項目全体を通して，関係的アイデンティフィケーションの核である役割関係も不明確である。

以上のように，関係的アイデンティフィケーションは，個人が二者間の役割関係を通して自己のアイデンティティをどのように形成しているか，という重要なテーマを捉えつつも，概念定義や尺度については改善の余地が残されてい

第2章 アイデンティフィケーションの概念導入と仮説

■ 図表2-11　Walumbwa and Hartnell の関係的アイデンティフィケーション尺度

1	When someone criticizes my supervisor, it feels like an insult to me.	誰かが上司を批判した時，私自身が侮辱されたように感じる
2	I am interested in what others think about my supervisor.	他の人が私の上司をどのように思っているのか興味がある
3	When I talk about supervisor, I usually say 'we' rather than 'him or her'.	上司について話す時，いつも "彼・彼女" ではなく, "私たち" という
4	I share the success of my supervisor.	上司の成功を分かち合っている
5	I have a sense of partnership with my supervisor.	上司との間に絆（結び付き）を感じる
6	I am proud to tell others I work with this supervisor.	上司と一緒に働けていることを他の人に話すのが誇らしい
7	I praise my supervisor when speaking with friends.	友人と話す時，上司を褒めている
8	I have a mutually beneficial relationship with my supervisor.	私と上司はお互いに有益な関係を築いている
9	I respect the views and suggestions of my supervisor.	上司の見識や忠告を尊重している
10	The values of my supervisor are consistent to my own.	上司と私の価値観は一致している

出所：Walumbwa and Hartnell［2011］p.172より筆者作成。

る。以降では，関係的アイデンティフィケーションの功績と課題点に言及し，本書における修正案を提示していく。

3.5.3　関係的アイデンティフィケーションの功績

　関係的アイデンティフィケーションの最も大きな功績は，アイデンティフィケーション研究において「対人関係（interpersonal level）」に注目した点である。

　これまでの先行研究は，「組織アイデンティフィケーション」を代表として，「組織」，「部署」，「ワークグループ」など，「集団（collective level）」へのアイデンティフィケーションに注目してきた。しかし，小玉・戸梶［2010］によれば，アイデンティフィケーションとは，そもそも自分にとって重要な「他者」の属性を自分の中に取り込み，アイデンティティ確立の基礎を築くことで

ある。つまり，概念が指摘している対象には「集団」だけでなく「個人」も含まれており，Sluss and Ashforth [2007] が企業組織内における重要な他者との関係に着目したことは，注目すべき原点回帰であるといえる。

また，もう1つ特筆すべき点は，アイデンティフィケーションという新たな視点から，対人関係を捉え直した点である。これまで，二者間の関係を測定する概念としては，LMX や TMX が一般的であった（Graen and Uhl-Bien, [1995]）。しかし，LMX・TMX とアイデンティフィケーションは，理論的にも実証的にも異なる概念である。

具体的には，LMX・TMX は「上司―部下」もしくは「同僚―同僚」関係における「知覚された質（perceived quality）」に焦点を当てており，「社会的交換関係」を基礎とする概念である。「exchange」や「quality」という言葉からもわかるように，LMX・TMX では「現在の上司（同僚）との関係にどれくらい満足しているか」ということが問われている。

一方，関係的アイデンティフィケーションは，「上司」や「同僚」との関係から自己をどのように定義するか，という個人のアイデンティティに焦点を当てた概念である。言い換えれば，関係的アイデンティフィケーションは，「上司や同僚との役割関係から，自分自身をどのように定義しているか」という点が問題となっている。Sluss, Cooper, Morrell, and Thompson [2008] は，LMX とアイデンティフィケーションの関係について実証研究を行い，2つの概念は有意な正の関係（$r = .48$）にあるが，確認的因子分析の結果から，両者は異なる概念であることを報告している。

さらに，LMX・TMX と関係的アイデンティフィケーションのもう1つの違いは，概念の応用範囲の広さにある。例えば，LMX は「上司―部下」の垂直関係を測定するための概念であるため，「同僚」や「同期」との水平関係や，職場の他の人々に適用することは困難である。しかし，関係的アイデンティフィケーションは，個人が自己のアイデンティティ形成に重要な関係であると認知する限り，あらゆる人物が対象となり得る。つまり，LMX の適用範囲が「上司―部下」関係に限定される一方，関係的アイデンティフィケーションは，「上司」「先輩」「同期」「部下」など，組織内の多様な人物を対象にすることが可能である。

以上のように，対人関係を個人のアイデンティティ形成という新たな視点か

ら捉え直したことや，対象となる人物の適用範囲を広げた点は，関係的アイデンティフィケーションの大きな功績であると考えられる。

3.5.4 関係的アイデンティフィケーションの課題

　特筆すべき貢献がある一方，関係的アイデンティフィケーションには大きく2つの課題があると考えらえる。

　第1に，概念の定義である。上記で述べたように，関係的アイデンティフィケーションの定義は，「個人が与えられた役割関係によって自己を定義する程度」とされている。しかし，本定義の内容には疑問も残る。最も大きな懸念は，概念の中核となる「役割関係（role-relationship）」が不明確な点である。

　Sluss and Ashforth [2007] では，「上司─部下」の役割関係の例として，上司は部下に公平・公正であり，仕事の割り振りやフィードバックを適切にすることなどが挙げられている。また，部下の役割関係についても，上司への報告義務や正直であることなどが示されている。しかしながら，このような例示だけでは，どこまでが上司の役割で，どこまでが部下の役割であるのかを正確に把握することはできない。また，職場における仕事の範囲や期待される役割が日々変化する現代社会において，上司・部下の役割を漏れなく列挙することや，明確な線引きをすること，さらには当人たちがそれを正確に把握・理解することは極めて困難である。

　さらに，「役割関係」のみを強調することは，概念自体の適用範囲を狭めてしまう可能性もある。例えば，「両親」や「友人」との関係は，役割関係をはっきりと意識することはなくとも，個人のアイデンティティ形成に強い影響を与えていることが予想される。このような関係において「役割関係」を明確にすることにどこまで意味があるのかは疑問が残る。

　また，「役割」という側面からのみでは，両親や友人との本質的な関係を捉え切れない可能性もある。つまり，「役割関係」という考え方は，企業のような役割自体が強く意識される場における，極めて限定された二者間関係には有効であるが，必ずしもそれが他の人間関係にあてはまるとは限らない。むしろ，役割関係を強調し過ぎることは，概念の適用範囲を狭め，二者間関係の本質を捉え損ねる可能性がある。

　以上の点を鑑みると，対人関係を捉える際に，「役割関係」をどのように解

釈，定義していくのか，また，そもそも役割関係を中心に対人関係を捉えていくべきかは，本概念の対応すべき大きな課題の1つであると考えられる。

関係的アイデンティフィケーションの第2の課題は，対人関係における「感情」が無視されている点である。上記定義でも確認できるように，関係的アイデンティフィケーションは二者間の役割関係に注目しているため，感情的側面は全く含まれていない。しかし，組織アイデンティフィケーションにおいても指摘されていたように，アイデンティフィケーションは認知的・感情的・価値的側面を含む概念である。特に「上司―部下」のような対人関係においては，役割関係だけでなく，感情的な交流が発生する。そのような状況の中で，「役割関係」のみによって「上司―部下」関係を把握することができるかについては，疑問が残る。スラスらの実証研究においても，新入社員の上司に対するアイデンティフィケーションが「感情移行」によって，組織アイデンティフィケーションに影響を及ぼすことが確認されている。

以上の点を鑑みると，職場における二者間関係を把握するためには，「役割関係」だけでなく，両者の間に発生する「感情的側面」についても，考慮する必要があると考えられる。

3.5.5　関係的アイデンティフィケーションの2つの修正案

本書では，これまで述べてきた課題点を克服するために，関係的アイデンティフィケーションについて2つの修正を行う。

第1に，概念定義の緩和である。具体的には，関係的アイデンティフィケーションの定義における「認知的側面」の重視である。二者間の役割関係への注目は関係的アイデンティフィケーションの優れた視点であるが，概念の核となる役割関係の内容が不明確である。また，二者間の役割関係のみに注目することは，概念の適用範囲を必要以上に狭めることにもつながる。それゆえ，本書では，アイデンティフィケーション本来の定義や，研究蓄積が豊富な組織アイデンティフィケーションの定義に依拠し，個人が重要な他者であると「認知」するだけで，関係的アイデンティフィケーションの対象になり得るとしていく。

第2の修正点は，「感情的側面」の追加である。そもそもアイデンティフィケーションは認知的・感情的・価値的側面を含む概念であり，それは対人関係においても例外ではない。むしろ，アイデンティフィケーションの対象が人間

であるがゆえ，多彩な感情が沸き上がることが想定される．それゆえ，本書では，「認知的側面」だけでなく，「感情的側面」を関係的アイデンティフィケーションの概念定義に追加することにより，対人関係をより包括的に捉えていく．

上記２つの修正案をもとに，本書では，関係的アイデンティフィケーションの概念定義を次のように修正する．具体的には，組織アイデンティフィケーションの定義である，「個人が情緒的及び価値的な意味付けを伴って組織成員であるという認知を自己概念に統合するプロセス」を援用し，関係的アイデンティフィケーションを「個人が情緒的及び価値的な意味付けを伴って当該人物との関係を認知し，自己概念に統合するプロセス」と定義していく．

本書では，このような新たな定義を使用することによって，対人関係をより包括的に捉える概念を構築していく．

3.5.6 関係的アイデンティフィケーションの対象

これまで，Sluss and Ashforth [2007]，Sluss et al. [2012]，Walumbwa and Hartnell [2011] では，関係的アイデンティフィケーションの対象として，「上司―部下」，「同僚―同僚」などの関係が想定されてきた．しかしながら，職場における重要な二者間関係は，上記に留まらない．

本書では，関係的アイデンティフィケーションの対象として，「上司」，「先輩」，「同期」の三者を取り上げていく．多様な二者間関係が存在する職場において，特にこの三者に注目していく理由は，次の通りである．

(i) 上司

第１に，本書では関係的アイデンティフィケーションの対象として「直属の上司 (immediate supervisor)」を取り上げていく．これまで，「上司 (supervisor)」と「部下 (subordinate)」の関係については，LMXや組織社会化研究など，多くの先行研究でその重要性が指摘されてきた (e.g., Graen and Uhl-Bien, [1995]；尾形, [2012a])．

上記で紹介した，Sluss et al. [2012] の研究においても，上司と部下 (新入社員) の関係に焦点が当てられている．上司と部下の関係が注目される理由は，上司との関係が良好なことが，部下の職務満足，組織適応，離職意思の低下，パフォーマンスの向上など，様々な変数に有意な影響を及ぼすためである．

しかしながら、上司の重要性は上記だけに留まらない。Eisenberger et al. [2010] や Sluss and Ashforth [2007] などの研究によれば、上司は、①部下にとって組織を体現する存在であり、②部下との間に独特な関係 (idiosyncratic relationship) を創り出し、③組織の価値観や目標、規範を肯定的に伝える存在であることが主張されている。つまり、上司は組織の「代表者」として、部下に組織の価値観、目標、規範を伝道する存在であり、これは若年者との関係においても同様である。

また、Aron and Aron [2000]、Sluss and Ashforth [2007] では、上司との関係が、新入社員の自己概念の一部を形成する重要な「準拠点」となっており、新入社員は、仕事と心理的ニーズの両者を肯定的に満たす範囲において、上司との関係性を自己概念に取り入れていくことが指摘されている。換言すれば、上司との関係は、新入社員にとって、仕事における自己概念を確立するための重要な準拠点となっていることが推測される。

(ⅱ) **先輩社員**

第2に、本書では関係的アイデンティフィケーションの対象として「先輩社員 (senior peer)」を取り上げていく。

これまで、先輩社員と若年者の関係については、TMX や組織社会化研究において研究蓄積がされてきた。Louis, Posner, and Powell [1983] や Nelson and Quick [1991] などの研究によれば、先輩社員は新入社員にとって重要な情報源、サポート役として認知されており、組織適応において重要な役割を果たしていることが指摘されている。しかしながら、これまでの先行研究では、両者の関係について TMX など社会的交換関係を基礎とした議論がされており、感情的交流を含めた先輩社員と若年者の関係や、その影響については、十分な検討がされてこなかった。

しかし、現実の職場に目を向けた場合、先輩社員の存在は従来考えられてきた以上に重要な可能性がある。なぜなら、若年者が「直接的」に仕事の進め方やサポートを受けるのは、上司よりも先輩社員である場合も多く、先輩社員が若年者の最も身近なロールモデルとなっていることが推測されるためである。特に、上司が複数の部下をマネジメントしているような場合、先輩社員が上司の担うべき役割を一部代行することは、現実の職場において頻繁に観察される

現象である。

　以上の事実を鑑みると，若年者は，先輩社員を組織の文化や価値観を体現する人物であると知覚・認知し，先輩社員との関係が，若年者の職務満足や残留・離職意思に影響を与えていることも考えられる。それゆえ，本書では，上司と同様に先輩社員についても，その影響を明らかにしていく。

　(ⅲ)　同期

　関係的アイデンティフィケーションの最後の対象は「同期 (new recruits)」である。第1章でも述べたように，我が国における新入社員の採用は，現在においても新卒一括採用が主流であり，4月1日に揃って入社できるよう，多くの企業が採用活動を行っている。多くの企業は，新入社員の入社後，彼らを同じ年に入社した「同期社員」として扱い，新入社員研修などを通じて，職務能力の育成と共に，仲間意識を醸成していく。

　その効果について分析した寺畑［2009］は，「新入社員の同期同士の結びつきの強さが，仕事において理不尽な状況や困難に陥った時の支えになっている」と述べている。また，寺畑は，入社3年以内は職場の人間関係に広がりがないことを挙げ，早期離職を減らすためには同期間でのコミュニケーションが重要であり，インフォーマルな集まりや休日を共に過ごすことによって，困難を乗り越えやすい状況を作り出すことが必要であると主張している。

　この寺畑の研究における重要な示唆は，我が国特有の雇用慣行が生み出した「同期」という存在が，若年者の早期離職防止に重要な役割を果たしているのではないか，という疑問である。本書では，このような疑問点を明らかにするため，関係的アイデンティフィケーションの対象として「同期」を取り上げ，その効果や役割について理解を深めていく。

　以上が，本書において「上司」，「先輩」，「同期」を関係的アイデンティフィケーションの対象として抽出する理由である。本概念を使用することによって「上司」，「先輩」，「同期」との人間関係を可視化し，若年者の残留意思や離職意思にどのような影響を与えているのかを，定量的に明らかにしていく。

4 | 3つの分析と11の仮説

　本章では，これまで本書の主要な理論と概念について先行研究レビューを行ってきた。本節では，これまでの内容を踏まえ，本書で行う3つの分析と，それに伴う11の仮説を提示していく。具体的には，①関係的アイデンティフィケーション尺度の開発，②組織アイデンティフィケーションと組織コミットメントの弁別性の検証，③若年者の残留・離職意思と職場の人間関係の構造分析について，11の仮説を提示する。

　はじめに，4.1項と4.2項では，①関係的アイデンティフィケーション尺度の開発に関する仮説を提示していく。尺度の具体的な開発手順と質問項目については第3章で示していくため，4.1項と4.2項では，開発された関係的アイデンティフィケーション尺度と主要な従属変数群の関係について，仮説を提示する。

　4.3項，4.4項では，②組織アイデンティフィケーションと組織コミットメントの弁別性に関する仮説を提示する。本書では，これまで最も頻繁に使用されてきたMael and Ashforth［1992］の組織アイデンティフィケーション尺度と，後述するJohnson et al.［2012］の尺度，そしてAllen and Meyer［1990］の情緒的組織コミットメント尺度を使用し，両概念の弁別性を検証していく。

　4.5項，4.6項では，③若年者の残留・離職意思と職場の人間関係の構造分析について，分析モデルと仮説を提示する。本分析では，「上司」，「先輩」，「同期」との人間関係が，若年者の残留・離職意思にどのような影響を与えているのかを構造的に明らかにしていく。そのために，各人に対する関係的アイデンティフィケーションが直接的に残留・離職意思に影響を与える「直接効果モデル」と，職務満足や組織アイデンティフィケーションを経由して影響を与える「間接効果モデル」の2つについて検証を行う。また，4.7項では，若年者特有の離職傾向を明らかにしていくために，若年者と就業継続者の比較分析も行う。以上が本書で行う3つの分析である。以下では，各分析の詳細と仮説，分析モデルを提示していく。

4.1　関係的アイデンティフィケーションの基本的仮説

　本項では，①関係的アイデンティフィケーション尺度の開発に関する仮説を

提示していく。具体的には，開発された関係的アイデンティフィケーションと主要な従属変数群の関係について，仮説を提示する。

　本書では，第1章，第2章において，職場の人間関係が若年者の早期離職に与える影響について述べてきた。労働政策研究・研修機構が2007年に実施した「若年者の離職理由と職場定着に関する調査」によれば，前職の離職理由として「職場の人間関係がつらい」が第4位に挙げられている。また，厚生労働省［2013］が実施した「若年者雇用実態調査」においても，はじめて勤務した会社を辞めた理由として，「人間関係がよくなかった」が第2位に挙げられている。

　これらの結果から，職場の人間関係は若年者の早期離職に影響を与えていることが推測される。本書では，この職場の人間関係の代表として「上司」，「先輩」，「同期」を取り上げ，各人との人間関係が具体的にどのような影響を与えているのかについて，検証することを述べてきた。

　第1に，「上司」については，これまでLMX研究や組織社会化研究などを通して研究蓄積がされており，上司との関係は，職務満足，組織適応，離職意思の低下，パフォーマンスの向上など，様々な従属変数に影響を与えることが確認されている（e.g., Graen and Uhl-Bien,［1995］；尾形,［2012a］）。

　本書においても，上司に対する肯定的な感情や，上司との仕事における関係が自己のアイデンティティ形成に有益であるという認知は，上司との関係継続を希求する気持ちを喚起させ，結果として，所属組織に対する残留意思の向上や，離職意思の低下につながることが推測される。

　以上の点から，上司に対する関係的アイデンティフィケーションと，若年者の残留・離職意思の関係について，以下の仮説を提示する。

仮説1：上司に対する関係的アイデンティフィケーションは，若年者の残留意思に対して有意な正の影響を与える

仮説2：上司に対する関係的アイデンティフィケーションは，若年者の離職意思に対して有意な負の影響を与える

　第2に，「先輩」については，これまでTMX研究や組織社会化研究におい

て，その重要性が指摘されてきた。Louis, Posner and Powell [1983] によれば，新規参入者にとって先輩社員（senior peer）は，組織適応のための重要な情報源であり，「有用性（helpfulness）」と「利用可能性（availability）」の観点から第2位に挙げられている。同様の指摘は Nelson and Quick [1991] の実証研究からもされており，先輩社員が若年者の組織適応や残留・離職意思に一定の影響を与えていることが推測される。

　本書においても，上司と同様，先輩に対する肯定的な感情や，先輩との仕事における関係が自己のアイデンティティ形成に有益であるという認知は，先輩社員との関係継続を希求する気持ちを喚起させ，結果として，所属組織に対する残留意思の向上や，離職意思の低下につながることが推測される。

　以上の点から，先輩に対する関係的アイデンティフィケーションと，若年者の残留・離職意思の関係について，以下の仮説を提示する。

仮説3：先輩に対する関係的アイデンティフィケーションは，若年者の残留意思に対して有意な正の影響を与える

仮説4：先輩に対する関係的アイデンティフィケーションは，若年者の離職意思に対して有意な負の影響を与える

　第3に，「同期」については，その役割や影響について，これまで十分な研究蓄積がされてこなかった。その背景には，新卒一括採用による「同期社員」という存在が，欧米の文化において希薄であったことが考えられる。

　Louis, Posner, and Powell [1983] の研究では，組織適応の情報源として「同僚（peers）」が第1位に挙げられているが，これは我が国における「同期」とは異なる概念であるため，別途分析が必要である。

　寺畑 [2009] は，早期離職者と就業継続者を分ける要因について分析を行い，若年者特有の特徴として，社内の人間関係の狭さを挙げている。寺畑によれば，入社から間もない若年者は，社内の人間関係に広がりがなく，また，職務満足を議論するまでの技能を習得していない。それゆえ，上司や先輩社員など，限られた人間関係が若年者の離職行動に強く影響を及ぼす可能性を指摘している。そのような意味において，「同期社員」は，若年者の社内における数少ない人

間関係の1つであり，同期との人間関係が，若年者の早期離職に影響を与えることも考えられる。

　以上の点から，本書では，「同期」を若年者の早期離職に影響を与える要因の1つと仮定し，その影響について検証を行う。上司，先輩と同様，同期に対する肯定的な感情や，同期との関係が自己のアイデンティティ形成に有益であるという認知は，同期との関係継続を希求する気持ちを喚起させ，結果として，所属組織に対する残留意思の向上や，離職意思の低下につながることが推測される。

　以上の点から，同期に対する関係的アイデンティフィケーションと，若年者の残留・離職意思の関係について，以下の仮説を提示する。

仮説5：同期に対する関係的アイデンティフィケーションは，若年者の残留意思に対して有意な正の影響を与える

仮説6：同期に対する関係的アイデンティフィケーションは，若年者の離職意思に対して有意な負の影響を与える

　以上が本書における関係的アイデンティフィケーションの基本的な仮説である。職場の人間関係を代表する各人への肯定的な「感情」と，その関係が自己の仕事上のアイデンティティ形成に繋がっているという「認知」は，対象となる人物との関係継続を希求する気持ちを喚起させ，結果として，所属組織に対する残留意思の向上や，離職意思の低下に繋がる，というのが本書の基本的な仮説である。

　また，関係を継続したいと希望する人物がいるという事実は，そのような職場環境を提供している「組織」に対しても肯定的な感情を生み出し，自己のアイデンティティ形成における組織の有効性を認知することに繋がる。つまり，特定の人物に対する関係的アイデンティフィケーションの高まりは，同時に（もしくは結果として），所属組織に対するアイデンティフィケーションの高まりをも促進することが予想される。

　さらにもう1つ重要な視点は，上司・先輩・同期は，若年者にとって組織の代表性を持った存在であるという点である。そのような場合，上司・先輩・同

期は，組織と同一の存在であると知覚・認知されるため，三者に対する肯定的な感情・認知は，組織に対する肯定的な感情・認知に移行すると考えられる。

以上の点から，本書では関係的アイデンティフィケーションと組織アイデンティフィケーションの関係について，以下の仮説を提示する。

仮説7：上司・先輩・同期に対する関係的アイデンティフィケーションは，若年者の「組織アイデンティフィケーション」に有意な正の影響を与える

関係的アイデンティフィケーションが組織アイデンティフィケーションに移行する点については，Sluss et al. [2012] の実証研究においても報告されている。しかし，スラスらの研究と本書では，関係的アイデンティフィケーションの定義や質問項目が異なっている。

また，スラスらの研究では，アイデンティフィケーションの移行メカニズムとして，「感情移行」，「行動一貫性」，「社会的影響」の3つの変数を介した媒介モデルが提示されているが，本書は，関係的アイデンティフィケーションが組織アイデンティフィケーションに直接的に影響を与える直接効果モデルである。上記仮説の検証を通して，両者の関係を明らかにしていく。

4.2　3つの追加検証

本書では，上記の仮説群に加えて，3つの追加的な仮説検証を行い，職場の人間関係が若年者の早期離職に及ぼす影響について理解を深めていく。

第1に，人間関係の影響力の「差」に関する追加検証である。換言すれば，職場における「誰」との人間関係が，若年者の残留・離職意思により強い影響を与えているのか，という疑問である。

職場の人間関係が若年者の早期離職要因となっていることは，労働政策研究・研修機構 [2007] や厚生労働省 [2013] など，これまでも多くの調査から指摘されてきた。しかし，職場に存在する複数の人間関係の中で，「誰」との人間関係がより影響を及ぼしているのかを，定量的に比較検証した研究は少ない。その背景には，職場の人間関係の範囲を定義することが困難なことや，複数の人間関係を比較するための共通の概念・尺度が整備されていなかったこと

などが挙げられる。それゆえ，個々の人間関係の重要性については，LMX や TMX などにおいて分析されてきたが，複数の人間関係を同一概念上で比較し，影響力にどれくらいの差があるのかについては，必ずしも明らかにされてこなかった。

本書では関係的アイデンティフィケーションの概念を使用することによって，この問題を解決していく。「上司」，「先輩」，「同期」との人間関係を，関係的アイデンティフィケーションという同一の概念・尺度で比較分析することによって，個々の人間関係が持つ影響力の大きさや，各人の差について明らかにしていく。

また，本研究の仮説として，各人の影響力の大きさについては，上司・先輩・同期の順に強くなることが推測される。これまで，自己カテゴリー化理論の疑問点として，「脱個人化」が引き起こされる際に，個人が何を準拠点（reference point）として集団の目標・価値観・行動規範を学んでいるかが不明確であることを指摘した。また，企業のような「階層構造」を持つ集団において，選ばれやすい準拠点が存在するのか，選ばれ方に一定の基準があるのか，などの疑問が残されている。

本書では，この準拠点の対象と選択基準について，社会集団の特性によって準拠点の選ばれ方や優先順位が異なる，という仮説を立て，これを定量的に分析していく。具体的には，企業のような階層構造を持つ社会集団において脱個人化が生起される場合，「組織の代表性（prototypicality）」が基準となって準拠点が選ばれること，また，「組織の代表性」は，集団内での階層，経験を示す「職位」や「勤続年数」に比例して知覚される傾向があることを仮説として提示する。

つまり，階層構造を持つ社会集団内においては，より高い職位（どれくらい組織に評価されているのか）や，所属期間（どれくらい組織で経験を積んでいるのか）が基準となって組織の代表性が決まり，個人は組織の代表性がより高いと知覚・認知した人物を準拠点として，組織の目標・価値観・行動規範を学ぶことが推測される。その背景には，組織の代表性が高い人物から学ぶことが，所属組織内で生き残る可能性（組織適応）を高めることが考えられる。そして，この仮説を本研究にあてはめた場合，「上司」，「先輩」，「同期」の中で最も組織の代表性が高いのは「上司」であり，次に「先輩」，「同期」が続くことが考

えられる。

　社会的アイデンティティ理論や自己カテゴリー化理論から解釈した場合，「上司」との人間関係が特に重視される（影響力を持つ）理由は，若年者にとって「上司」は組織を代表する存在であり，集団の目標・価値・行動規範を学ぶための重要な準拠点となっているためである。それゆえ，もし上司との対人関係が良好でない，つまり上司に対して肯定的な感情を抱けず，上司との関係が自己のアイデンティティ形成に有益でないと認知された場合，それは同時に（もしくは結果として），組織との不適合を意味する。なぜなら，組織の代表性によって上司と組織は同一の存在であると知覚されているため，上司との不和は，組織との不和であると，若年者に知覚される可能性があるためである。

　その結果，若年者は組織に対して否定的な感情や認知を持つようになり，独自でポジティブな社会的アイデンティティを得られないと判断することによって，「社会的移動（早期退職）」が促されることが考えられる。

　同様のことは先輩，同期との関係にも想定されるが，各人の関係的アイデンティフィケーションが若年者の残留・離職意思に与える影響は同一ではなく，組織の代表性の多寡によって異なることが推測される。

　上記でも述べたように，組織の代表性は「職位」や「勤続年数」に比例して知覚されることが予想されるため，本書では，「上司」，「先輩」，「同期」に対する関係的アイデンティフィケーションが，若年者の残留・離職意思に与える影響力の差について，以下の仮説を提示する。

仮説8：関係的アイデンティフィケーションが，若年者の「残留意思」，「離職意思」に与える影響力は，上司，先輩，同期の順に大きい

　第2の追加検証は，関係的アイデンティフィケーションが「職務満足」に与える影響である。これまで，組織アイデンティフィケーションが職務満足と有意な関係にあることは，多くの実証研究によって明らかにされてきた（e.g., Ashforth and Saks, [1995]；Johnson et al., [2012]；Mael and Ashforth, [1992]；Mael and Tetrick, [1992]；Riketta, [2005]；van Knippenberg and van Schie, [2000]）。しかし，対人関係を示す関係的アイデンティフィケーションが職務満足に及ぼす影響については，必ずしも明らかにされていない。

職場の人間関係と職務満足の関係については，労働政策研究・研修機構［2007］が実施した「若年者の離職理由と職場定着に関する調査」において，興味深い報告がされている。第１章でも述べたように，当該調査では，転職経験者に前職の仕事満足度と職場の人間関係をどのように感じていたかを調査している。分析の結果，職場の人間関係が良好だったと感じている者ほど，仕事満足度が高かったことが確認された（第１章：図表１-25参照）。

また，櫻木［2006］は，職務満足の構造的・機能的側面について分析を行い，職務満足が「仕事環境因子」，「仕事キャリア因子」，「人間関係因子」の３つから構成されることを報告している。これらの調査結果のみで判断することはできないが，職場の人間関係が職務満足に一定の影響を与えていることが推測される。

以上の点から，本書では，「上司」，「先輩」，「同期」に対する関係的アイデンティフィケーションと職務満足の関係について，以下の仮説を提示する。

仮説９：上司，先輩，同期に対する関係的アイデンティフィケーションは，若年者の「職務満足」に有意な正の影響を与える

第３の追加検証は，関係的アイデンティフィケーション尺度を使用した，若年者と就業継続者の比較分析である。本書の目的は職場の人間関係が若年者の早期離職に与える影響を明らかにすることであるが，若年者特有の離職傾向を把握するための有効な手段として，比較分析が考えられる。特に，入社１年目から３年目の若年者と，入社４年目以降の社員を比較することは，若年者特有の傾向を明らかにするための一助となることが予想される。それゆえ，本書では両者の比較分析を行い，若年者特有の離職傾向を明らかにしていく。

若年者と就業継続者の比較分析にあたり，本書では職場の人間関係が持つ影響力の「経年変化」について，仮説を提示する。具体的には，職場の人間関係が，「残留意思」，「離職意思」，「職務満足」，「組織アイデンティフィケーション」に及ぼす影響力は，勤続年数の増加に伴い「減少」するということである。換言すれば，職場の人間関係は，就業継続者よりも勤続年数の短い若年者に対して，より強い影響を及ぼすことが推測される。

本仮説の背景として，例えば，寺畑［2009］は，若年者は入社から間もない

ため，社内の人間関係に広がりがないこと，職務満足を議論するまでの技能を習得していないため，限られた人間との関係が，若年者の離職行動に強く影響を及ぼす可能性を指摘している。つまり，職場の人間関係が狭いがゆえに，若年者はごく少数の人間関係から大きな影響を受ける可能性があるということである。

また，勤続年数の増加は，人間関係の「幅」だけでなく「質」にも変化をもたらすことが予想される。例えば，年次が上がることによって，若年者自身も「先輩」や「上司」に変化・成長していく。それは自分自身が，次の世代の若年者のロールモデルとなることや，職場の人間関係をケア・マネジメントしていく立場になることを意味する。またその結果として，職場の人間関係の影響を「受ける側」から「与える側」へ移行していくことが考えられる。

以上のような観点から，本書では，職場の人間関係が主要な従属変数群に対して与える影響について，以下の仮説を提示する。

仮説10：「職場の人間関係（上司・先輩・同期に対する関係的アイデンティフィケーション）」が，「残留意思」，「離職意思」，「職務満足」，「組織アイデンティフィケーション」に与える影響は，就業継続者よりも若年者の方が大きい

本書では，以上の10個の仮説検証を通して，職場の人間関係（各人に対する関係的アイデンティフィケーション）と主要な従属変数群の関係を明らかにしていく。

4.3　組織コミットメントとの弁別性の検証

本書の第2の分析は，組織アイデンティフィケーションと組織コミットメントの弁別性の検証である。

本章で述べてきたように，組織アイデンティフィケーションと組織コミットメントの弁別性については，これまで多くの議論が積み重ねられてきた。理論的な相違点としては，①組織と個人の関係を把握する基本的なスタンスが両概念で異なっていること，②両概念の「持続性・安定性」の違い，③集団内における「他者との関係」の違い，の3点が挙げられる。

また，実証研究においても，Cole and Bruch [2006]，Gautam, van Dick and Wagner [2004]，Mael and Tetrick [1992]，van Knippenberg and Sleebos [2006]，Herrback [2006]，小玉 [2011a]，高尾 [2013a] など，複数の研究者が両概念の弁別妥当性を支持している。

しかしながら，これらの実証研究にも課題が残されている。例えば，いくつかの実証研究では質問項目が絞り込まれており，追加の検証が必要である。また，高尾 [2013a] が指摘しているように，我が国においては実証研究自体がごく少数に留まる中，先行研究と同様の結果が，地域，文化，制度を超えて得られるのかについて，追加検証が必要である。

以上のような点から，本書においても，組織アイデンティフィケーションと組織コミットメントの弁別性を検証していく。具体的には，組織アイデンティフィケーションの代表的尺度として使用されてきた Mael and Ashforth [1992] の Mael 尺度と，後述する Johnson et al. [2012] の Johnson 尺度，そして，Allen and Meyer [1990] の情緒的組織コミットメント尺度を使用し，両概念の弁別妥当性について検証を行う。

4.4 弁別性の仮説と検証方法

既存研究と同様に，本書は組織アイデンティフィケーションと組織コミットメントは弁別が可能である，という立場に立っている。本仮説を検証するために，これまで多数の実証研究が積み重ねられてきた。中でも，組織アイデンティフィケーションと組織コミットメントの弁別性を検証する代表的な分析手法として，次の3つが挙げられる。

第1の方法は，両概念と主要な従属変数群との相関分析である。Edwards [2005] や Riketta [2005] の広範なメタ分析によれば，組織アイデンティフィケーションと組織コミットメントは，「職務満足」，「残留意思」，「離職意思」，「ジョブ・インボルブメント」と有意な相関関係にあることが報告されている。しかし，もし両者が異なる概念であれば，これらの従属変数群に対する相関の大きさは，両概念で異なるはずである。

Riketta [2005] は，両概念と主要な従属変数群との相関関係を分析し，「職務満足」，「離職意思」，「ジョブ・インボルブメント」については，組織コミットメントの方が相関が強いことを報告している。その背景について，小玉

［2011a］は，組織コミットメントは所属組織に対して抱く思いが「態度」として表面化した概念であるため，職務満足や離職意思のような，現在関わっている具体的な仕事・職場環境に対する満足感との相関は高くなると主張している。

一方，組織アイデンティフィケーションは，組織成員であるという認知を自己概念に統合する心理的プロセスであるため，仕事や職場環境などに対する個別・具体的な満足感については，組織コミットメントよりも相関が低くなることを指摘している。「職務満足」や「離職意思」に対して，組織アイデンティフィケーションよりも組織コミットメントの方が相関が高くなる点については，高尾［2013a］などの実証研究からも報告されており，特定の態度変数に対する両概念の相関の強さは異なることが予想される。

弁別性を検証する第2の方法は，重回帰分析である。具体的には，「職務満足」，「残留意思」，「離職意思」などの主要な従属変数群に対して，組織コミットメントを統制しても，組織アイデンティフィケーションが有意な影響を及ぼすかを検証する方法である。

小玉［2011a］の実証研究では，組織アイデンティフィケーションと組織コミットメントを同時に投入した結果，「職務満足」と「文脈的パフォーマンス」については，両者が独自の影響を与えていることが確認された。しかし，「離転職意向」については，組織コミットメントを統制変数に入れることによって，組織アイデンティフィケーションの効果が消失したことが報告されている。その原因について小玉は，相関分析と同様に，組織アイデンティフィケーションは自己概念に組織をどう位置付けるかという概念であるため，具体的に組織に居続けるか否かを想定した概念ではないこと，そのため，組織に対して抱く思いが「態度」として表面化した概念である組織コミットメントが同時に投入された結果，組織アイデンティフィケーションの効果が消失した可能性を指摘している。

本書では，上記の結果を再検証するために，組織アイデンティフィケーションの独自効果について検証を行う。具体的には，重回帰分析において，組織コミットメントを統制変数に投入しても，組織アイデンティフィケーションが「職務満足」，「残留意思」，「離職意思」に対して有意な影響を及ぼすかを検証する。もし，組織コミットメントを統制しても有意な影響を及ぼすことが確認された場合，組織アイデンティフィケーションは独自の効果を持った概念であ

り，両概念は弁別が可能であると考えられる．

　弁別性を検証する第3の方法は，確認的因子分析である．これまで，Gautam, van Dick, and Wagner［2004］，Mael and Tetrick［1992］，高尾［2013a］など，複数の実証研究が確認的因子分析を用いて両概念の弁別性を検証してきた．両概念が弁別可能であると仮定した場合，2つの概念を統合した1因子モデルよりも，2因子モデルの方が，高いモデル適合度を示すことが予想される．

　本書においても，上記内容を確認するために，組織アイデンティフィケーションと組織コミットメントの確認的因子分析を行う．具体的には，はじめにMael and Ashforth［1992］の組織アイデンティフィケーション尺度（Mael尺度）とAllen and Meyer［1990］の情緒的組織コミットメント尺度の確認的因子分析を行う．次に，後述するJohnson et al.［2012］の組織アイデンティフィケーション尺度（Johnson尺度）と，同じくAllen and Meyer［1990］の情緒的組織コミットメント尺度の確認的因子分析を行う．2つの分析を通して，両者の弁別性を検証していく．

　以上が組織アイデンティフィケーションと組織コミットメントの弁別性を検証する代表的な3つの手法である．本書では「相関分析」，「重回帰分析」，「確認的因子分析」の3点から包括的な検証を行い，両概念の弁別妥当性を明らかにしていく．

4.5　構造分析による間接効果の検証

　本書の第3の分析は，構造分析である．本分析を通して，「上司」，「先輩」，「同期」との人間関係が，若年者の残留・離職意思にどのような影響を与えているのかを，構造的に明らかにしていく．

　4.1項と4.2項では，関係的アイデンティフィケーションと主要な従属変数群の関係について，10の仮説を提示してきた．本書の基本的な仮説は，「上司」，「先輩」，「同期」に対する関係的アイデンティフィケーションは，「残留意思」に対しては正の影響，「離職意思」に対しては負の影響を与えるというものである．また，関係的アイデンティフィケーションは，「職務満足」や「組織アイデンティフィケーション」に対しても正の影響を与えることを仮説として提示した．これらの仮説群については，重回帰分析によって検証していく．

　しかしながら，上記仮説群の検証だけでは，本書のテーマである，「職場の

人間関係が若年者の早期離職に与える影響」を明らかにすることはできない。その理由は，主に2つある。

第1に，現在の仮説では，「上司」，「先輩」，「同期」との個々の人間関係が若年者の残留・離職意思に与える影響を検証することはできるが，本書がテーマとして掲げる，総和としての「職場の人間関係」の影響を検証することはできない。これまでも述べてきたように，LMX・TMX研究の課題は，別々の概念から個々の人間関係に焦点を当てていることであった。関係的アイデンティフィケーションの導入により，同一概念上で各人との人間関係を測定・比較をすることが可能となったが，本概念が個別の人間関係を測定している点には変わりがない。それゆえ，各人との人間関係が作り出す，「総和としての職場の人間関係」の影響を測定するための工夫が必要である。

第2に，分析手法の問題である。重回帰分析は複数の独立変数が従属変数に与える影響を明らかにするが，本分析手法には弱みもある。それは，独立変数を同時に投入するため，独立変数間の因果関係や時系列的な関係については，検証することができない点である。

上記でも述べてきたように，関係的アイデンティフィケーションが影響を及ぼす範囲は残留・離職意思だけでなく，職務満足や組織アイデンティフィケーションなど多岐にわたることが推測される。関係的アイデンティフィケーションが「直接的」に残留・離職意思に影響を与えることも考えられるが，一方で，職務満足や組織アイデンティフィケーションを経由して「間接的」に影響を及ぼすことも示唆されている。実際，労働政策研究・研修機構［2007］や厚生労働省［2013］の調査結果は，職場の人間関係が基本的な職務満足や，職場における不安，不満，ストレス量を決める要因であることを指摘しており，これらの事実は，職場の人間関係の「衛生要因」としての役割を強く示唆するものである。また，一般に「職務満足」が従業員の離職行動に影響を及ぼしている事実を鑑みると，1つの可能性として，職場の人間関係が「職務満足」に影響を与え，「職務満足」が若年者の残留・離職意思に影響を与えるという間接的な経路が考えられる。

以上の課題点と既存研究の結果を鑑みると，職場の人間関係の影響を明らかにするためには，重回帰分析による直接効果の検証だけでなく，間接効果も視野に入れた「構造分析」が必要であると考えられる。

4.6　MIMIC モデルによる構造分析

　4.5項で示した課題点に対して，本書では，重回帰分析と共分散構造分析を併用することによって，課題を解決していく。具体的には，次の3つの手順に従って，職場の人間関係が若年者の残留・離職意思に与える影響を明らかにしていく。

　第1に，重回帰分析によって，「上司」，「先輩」，「同期」に対する関係的アイデンティフィケーションが，若年者の残留・離職意思に与える「直接効果」を明らかにしていく。

　第2に，関係的アイデンティフィケーションの「間接効果」の可能性を探索していく。具体的には，従来，従業員の残留・離職意思に有意な影響を与えることが確認されてきた，「職務満足」と「組織アイデンティフィケーション」を統制した上で，関係的アイデンティフィケーションが残留・離職意思に及ぼす影響を検証する。もし，関係的アイデンティフィケーションが若年者の残留・離職意思に直接的に影響を及ぼしているならば，職務満足や組織アイデンティフィケーションを統制しても，有意な影響が残ることが予想される。逆に，職務満足や組織アイデンティフィケーションを統制することによって効果が消失した場合は，関係的アイデンティフィケーションの影響は間接的なものであることが推測される。

　第3に，関係的アイデンティフィケーションの影響が間接的なものであることが確認された場合は，共分散構造分析によって，その影響を明らかにしていく。具体的には，共分散構造分析の MIMIC モデル（Multiple Indicator Multiple Cause Model）を使用し，関係的アイデンティフィケーションが若年者の残留・離職意思に与える影響を構造的に明らかにしていく。MIMIC モデルとは，複数の観測変数[4]によって規定される潜在変数[5]を設定し，その潜在変数が，別の複数の観測変数に影響を及ぼすことを想定したモデルである。

　この MIMIC モデルを本書の分析に適用した場合，大きく2つの利点が得られる。第1に，潜在変数に「職場の人間関係」を設定することにより，職場の人間関係という，目に見えない仮説的な変数の影響を検討することが可能となる。具体的には，「上司」，「先輩」，「同期」に対する関係的アイデンティフィケーションを観測変数とし，これら3つの観測変数が，「職場の人間関係」と

いう潜在変数を規定する要因であると仮定するモデルを組んでいく。

　これにより，3つの関係的アイデンティフィケーションを合わせた，総和としての「職場の人間関係」を疑似的に作り出すことが可能となる。複数の関係的アイデンティフィケーションをまとめ，これまで可視化することが困難であった「職場の人間関係」の影響を測定できることは，MIMICモデルの大きな利点であり，本書のテーマ・目的に沿うと考えられる。

　MIMICモデルの第2の利点は，職場の人間関係が若年者の残留・離職意思に与える影響を，構造的に分析することが可能な点である。しかしながら，職場の人間関係が間接的に若年者の残留・離職意思に影響を与えていると仮定した場合，どのような経路によって影響を与えているのかを明らかにする必要がある。

　本書では，その経路として2つの仮説を提示する。1つは，職場の人間関係が「職務満足」を経由して，若年者の残留・離職意思に影響を与える経路である。労働政策研究・研修機構［2007］，厚生労働省［2013］，櫻木［2006］などの調査によれば，職場の人間関係は職務満足の重要な構成要素となっており，職務満足を経由して，若年者の残留・離職意思に影響を与えている可能性が推測される。

　もう1つは，職場の人間関係が「組織アイデンティフィケーション」を経由して，若年者の残留・離職意思に影響を与える可能性である。これまで，Riketta［2005］の広範なメタ分析により，組織アイデンティフィケーションが組織成員の残留・離職意思に影響を与えることが確認されている。また，Sluss et al.［2012］では，関係的アイデンティフィケーションが組織アイデンティフィケーションに移行することが報告されている。

　以上の先行研究の結果を鑑みると，「上司」，「先輩」，「同期」に対する関係的アイデンティフィケーションが，組織アイデンティフィケーションに移行し，組織アイデンティフィケーションが若年者の残留・離職意思に影響を与えることが推測される。本書においても，関係的アイデンティフィケーションを包摂する「総和としての職場の人間関係」が「組織アイデンティフィケーション」を経由し，若年者の残留・離職意思に影響を与えることを仮説として設定していく。

　以上の仮説を設定した場合，本書の分析モデル（MIMICモデルによる構造

■ 図表2-12　本書の分析モデル

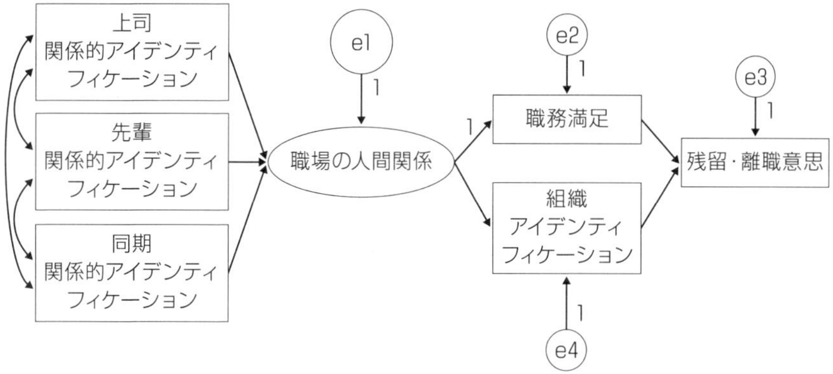

出所：筆者作成。

分析）は，図表2-12のようになる。

　図表2-12から確認できるように，左端に観測変数として「上司」，「先輩」，「同期」に対する関係的アイデンティフィケーションが設定されている。次に，潜在変数として「職場の人間関係」が設定され，「上司」，「先輩」，「同期」から，「職場の人間関係」に対してパスが引かれている。概念上，職場の人間関係には上記三者以外との人間関係も含まれるため，誤差変数（e1）が設定されているが，これにより，「上司」，「先輩」，「同期」との人間関係が，総和としての「職場の人間関係」に対してどの程度影響を与えているのかを推定することが可能となっている[6]。

　また，「職場の人間関係」から「職務満足」と「組織アイデンティフィケーション」にパスを引き，両変数から「残留・離職意思」にパスを引くことによって，「職場の人間関係」が間接的に「残留・離職意思」に与える影響について検証することが可能となっている。本書では，このMIMICモデルを使用した共分散構造分析によって，職場の人間関係の間接効果を明らかにしていく。

4.7　若年者と就業継続者の比較分析

　本書の主たる目的は，職場の人間関係が若年者の早期離職に与える影響を明らかにすることである。その影響を明らかにするために，上記では職場の人間関係の直接効果，間接効果について，分析を行うことを述べてきた。

　本書では，より詳細に若年者特有の離職傾向を捉えていくために，図表

2-12のMIMICモデルを使用した若年者と就業継続者の比較分析を行う。両者を比較する意義と基本的な仮説は本章4.2項で述べてきたが，図表2-12の間接効果モデルを使用して，若年者と就業継続者の違いをより詳細に明らかにしていく。

　間接効果モデルを活用した比較分析にあたり，本書では1つの仮説を提示する。仮説10と同様に，総和としての「職場の人間関係」が「職務満足」，「組織アイデンティフィケーション」を経由して「残留意思」，「離職意思」に与える影響は，勤続年数の増加に伴い「減少」するということである。4.2項でも指摘したように，若年者は入社から間もないため，社内の人間関係が狭く，なおかつ職務満足を議論するまでの技能も習得していない。それゆえ，限られた人間関係からより大きな影響を受けることが推測される。また，勤続年数の増加によって，若年者も「先輩」や「上司」に変化・成長していく。職場の人間関係の影響を「受ける側」から「与える側」に移行することによって，若年時よりも影響を受ける度合いが低下することが予想される。

　以上の点から，本書では「職場の人間関係」が「職務満足」，「組織アイデンティフィケーション」を経由して「残留意思」，「離職意思」に与える影響について，以下の仮説を提示する。

仮説11：上司・先輩・同期との「職場の人間関係」が，「職務満足」，「組織アイデンティフィケーション」を経由して「残留意思」，「離職意思」に与える影響は，就業継続者よりも若年者の方が大きい

5　アイデンティフィケーション導入の意義

　第2章では，はじめに，本書が依拠する理論，主要概念について先行研究レビューを行い，次に，3つの分析と11の仮説を提示してきた。

　本書では「社会的アイデンティティ理論」と「自己カテゴリー化理論」に依拠し，アイデンティフィケーションという新たな概念を導入していく。若年者の早期離職にアイデンティフィケーションを導入することは，本問題を異なる視点から見つめ直し，職場の人間関係がもたらす影響について，新たな知見を

もたらすことが期待される。

また，導入されるアイデンティフィケーションの概念自体も，その過程を通して，定義の精緻化や類似概念との弁別性，尺度開発などの発展が想定される。さらに，職場の人間関係を可視化し，アイデンティフィケーションの準拠点や，その選定基準を探索していくことは，「社会的アイデンティティ理論」や「自己カテゴリー化理論」の精緻化にも寄与すると考えられる。

第3章から第6章では，以上の分析と仮説検証を行うために，次のような構成によって議論を進めていく。はじめに，第3章では，本書で使用されるアイデンティフィケーション尺度の具体的な開発手順と質問項目を示し，本書で使用される2つのデータの出所を明らかにしていく。次に，第4章では分析結果を提示し，第5章では結論と含意を述べていく。最後に，第6章では，本書の限界と将来の研究展望を示していく。

■注
1) 「人間としてのアイデンティティ」は，「種」としての独自性，他生物との違いに注目するものである。本書では，研究目的・テーマに鑑み，特に「社会的アイデンティティ」と「個人的アイデンティティ」に焦点を合わせて議論を進めていく。
2) 「社会的アイデンティティ理論」と「自己カテゴリー化理論」の2つの理論からなるアプローチ法を「社会的アイデンティティ・アプローチ (SIA：Social Identity Approach)」と呼ぶ (e.g., van Dick, [2001]；小玉, [2011a]；高尾, [2013b])。
3) Tajfel [1978] が述べる価値的側面とは，成員性（成員であること）に対して肯定的な評価をすることであり，van Dick [2001] が指摘する評価的次元 (evaluative dimension) に繋がるものである。
4) 実際に値が観測可能な変数。
5) 目に見えない仮説的な変数。観測可能な複数の変数の背後に潜み，それらの変数に影響を与えていることが想定される変数。
6) 現実の職場には「上司」，「先輩」，「同期」以外との人間関係も存在するため，分析モデル内に誤差変数（e1）を設定した。しかし，他の人間関係の追加によっても総和としての職場の人間関係を全て説明することは困難であり，残余部分には職場の人間関係以外の変数が入ることが推測される。

第3章

尺度開発の手順と分析データの出所

1 | 本章の概要・目的
──尺度と分析データの信頼性・妥当性の確保

　第3章の主たる目的は2つある。第1に,既存のアイデンティフィケーション尺度の課題点を指摘し,本書で使用する尺度の具体的な開発手順と質問項目を示すことである。第2に,本書で使用される2つの分析データの出所を明らかにすることである。

2 | アイデンティフィケーションの尺度開発

　本節では,本書で使用するアイデンティフィケーション尺度について言及していく。はじめに,アイデンティフィケーションの尺度開発の歴史を概観し,既存尺度の課題点を明らかにしていく。次に,本書で使用するJohnson et al. [2012] の尺度について,その特徴や利点を述べていく。最後に,Johnson et al. [2012] の尺度を応用した,関係的アイデンティフィケーション尺度について,開発手順と質問項目を示していく。

2.1　尺度開発の歴史

　アイデンティフィケーションを測定する尺度については,これまで,組織アイデンティフィケーションを中心に開発が行われてきた。1950年代以降,Foote [1951] やMarch and Simon [1958] が組織アイデンティフィケーショ

ンの概念を紹介すると共に，本概念を測定する尺度についても，様々な取り組みがなされている。

Edwards [2005] は広範な先行研究レビューから，組織アイデンティフィケーションの5つの代表的尺度を紹介している。

第1に，Brown [1969] による組織アイデンティフィケーション尺度である。当該研究では，「今と同じ仕事をするとして，現在の会社を選びますか」，「マネジメント層と従業員の関係について，適切なものを選んでください」，「自己紹介をする際に，あなたはどのように自分自身を表現しますか」など，職場環境，組織と従業員の関係，自分自身に対する評価について尋ねることによって，組織に対するアイデンティフィケーションを測定しようとした。

第2に，Hall et al. [1970] は，Lodahl and Kejner [1965] のジョブ・インボルブメント尺度を参照し，20の設問から抽出・修正したものを，組織アイデンティフィケーション尺度として使用した。これら Brown [1969] や Hall et al. [1970] の尺度は，組織アイデンティフィケーションを測定するための最も初期の取り組みであった。

第3の尺度は，Cheney [1982] による組織アイデンティフィケーション尺度「Organizational Identification Questionnaire（OIQ 尺度）」である。OIQ 尺度の特徴は，組織に対する誇り，忠誠心，価値観の一致，残留への意思，組織市民行動など，広範なテーマを尺度に取り入れた点にあり，25項目の設問によって構成されている。

第4の尺度は，OIQ 尺度と共に最も有力な尺度の1つとされている，Mael and Ashforth [1992] の組織アイデンティフィケーション尺度（以下，Mael 尺度[1]）である。Mael 尺度の大きな特徴は，Ashforth and Mael [1989] による社会的アイデンティティ・アプローチの導入を反映し，アイデンティフィケーションの「認知的側面」に焦点を当てた点にある。本尺度の具体的な質問項目は，図表3-1の通りである。

以上の6項目の Mael 尺度は，社会的アイデンティティ・アプローチの導入以降，多くの研究者（e.g., Bamber and Iyer, [2002]；Cole and Bruch, [2006]；van Knippenberg and van Schie, [2000]；van Knippenberg et al., [2002]；Weisenfeld et al., [1998]）によって使用されており，組織アイデンティフィケーションの実質的な標準尺度とみなされている（Edwards, [2005]；

■ 図表3-1　Mael and Ashforth の組織アイデンティフィケーション尺度

1	When someone criticizes (name of organization), it feels like a personal insult. (所属組織) が批判された時に，自分が批判されたように感じる
2	I am very interested in what others think about (name of organization). 他の人が (所属組織) のことをどのように思っているのかについて，とても興味がある
3	When I talk about this organization, I usually say "we" rather than "they". (所属組織) について誰かに話す時，たいてい「あの組織」ではなく「うちの組織」という
4	This organization's successes are my successes. (所属組織) の成功は，私にとっての成功である
5	When someone praises this organization, it feels like a personal compliment. (所属組織) が褒められた時に，自分が褒められたように感じる
6	If a story in the media criticized the organization, I would feel embarrassed. もしメディアで (所属組織) を批判する話が出ていたら，きまり悪く感じる

出所：Mael and Ashforth [1992]，高尾 [2013a] より筆者作成。

Riketta, [2005]；高尾, [2013a]）。

第5の尺度は，Bergami and Bagozzi [2000] による図を用いた組織アイデンティフィケーション尺度である。本尺度の特徴は，2つの円（1つは自分自身，もう1つは所属組織を表す）の重なり具合を選択することによって，組織アイデンティフィケーションの程度を測定している点にある。同様の調査はShamir et al. [2000] や Shamir and Kark [2004] などでも行われており，視覚的かつ1項目で組織アイデンティフィケーションを測定するユニークな尺度となっている。

2.2　既存尺度の課題点

上記では，組織アイデンティフィケーションの主だった尺度について言及してきた。中でも，Cheney [1982] のOIQ尺度やMael and Ashforth [1992] のMael尺度は，多くの研究者に使用されており，初期の代表的尺度といえる。しかしながら，これらの尺度についても，主に4つの課題・疑問点が指摘されている。

第1に，初期の組織アイデンティフィケーション尺度に対する最も大きな批

判は，尺度の妥当性（概念と尺度の不一致）に関する問題である。Edwards and Peccei [2007] は，この問題を「概念化と操作化のずれ（slippage between conceptualization and operationalization）」と表現している。この批判は，組織アイデンティフィケーションの実質的な標準尺度とみなされてきたMael尺度に対してもされている。Edwards [2005] は，Mael尺度について，概念定義においては「認知的側面」が強調されているにも関わらず，実際の尺度では，「（所属組織）が褒められた時に，自分が褒められたように感じる」，「（所属組織）が批判された時に，自分が批判されたように感じる」など，「感情的側面」が含まれている点を指摘した。

また，Abrams and de Moura [2001] は，Mael尺度に含まれる，「他の人が（所属組織）のことをどのように思っているのかについて，とても興味がある」，「もしメディアで（所属組織）を批判する話が出ていたら，きまり悪く感じる」などの項目を挙げ，個人の組織に対する主観的な意味付けよりも，世間の評判や他人の評価など，公的側面（public aspects）に焦点が当てられていると批判している。

既存尺度に対する第2の批判は，尺度が概念で定義された以上のものを測定しているという点である。例えば，Edwards [2005] は，Cheney [1982] のOIQ尺度について，質問項目の内容妥当性（content validity）に疑問を投げかけている。2.1項でも述べたように，25項目で構成されるOIQ尺度の特徴は，組織に対する誇り，忠誠心，価値観の一致，残留への意思，組織市民行動など，広範なテーマを尺度に取り入れた点にある。しかし，これらの内容には，組織アイデンティフィケーションの先行要因や結果要因と推測されるものが含まれており，概念定義を超えたものを測定していることが指摘されている。

同様の批判は，Edwards and Peccei [2007] からもされており，OIQ尺度は広範なテーマを尺度に取り入れることによって，概念の意図するものを逸脱して測定していることが指摘されている。

第3の批判は，組織コミットメント尺度との重複である。第2章で述べたように，組織アイデンティフィケーションと組織コミットメントは，概念の類似性がたびたび指摘されてきた。初期の組織アイデンティフィケーション尺度の中には，組織コミットメントの概念を反映したものや，組織コミットメントの尺度を借りて作成されたと推測される質問項目が存在している。

例えば，Hall et al.［1970］やCheney［1982］の尺度には，組織のメンバーシップに対する誇りが含まれているが，この項目はMowday et al.［1979］やCook and Wall［1980］の組織コミットメント尺度にも含まれている。同様に，組織の成功・失敗を自分のものとして捉える点や，組織と運命を共にしているという感覚は，Cheney［1982］やMael and Ashforth［1992］の尺度に含まれると同時に，Mowday［1979］やMeyer and Allen［1991］の組織コミットメント尺度にも含まれている（Edwards，［2005］）。

Miller et al.［2000］は，OIQ尺度について，質問項目がジョブ・インボルブメントや組織コミットメントを参考にして作成されているため，本質的に組織コミットメントを拡大した尺度になっている，と批判している。

既存尺度に対する第4の批判は，アイデンティフィケーションの「感情的側面」が尺度に十分に反映されていない点である。第2章の概念定義でもたびたび指摘してきたように，組織アイデンティフィケーションの課題は，概念の認知的側面を強調し過ぎている点にあると考えられる。

Bergami and Bagozzi［1996］やHarquail［1998］は，組織アイデンティフィケーションは認知的要素と感情的要素から成り立っており，両者を切り離して考えることはできないと指摘している。また，Johnson et al.［2012］は，実証研究においてアイデンティフィケーションの感情的側面にほとんど注目がされてこなかった点を指摘し，アイデンティフィケーション尺度における感情的側面の必要性を主張している。

2.3　Johnson尺度の活用

これまで述べてきた既存尺度の課題点を克服するために，本書ではJohnson et al.［2012］の組織アイデンティフィケーション尺度を採用していく。その理由は，主に以下の3点である。

第1に，概念定義と尺度の整合性である。Edwards［2005］は，初期の組織アイデンティフィケーション尺度について，「表面妥当性（face validity）」と「内容妥当性（content validity）」の観点から，不十分な尺度が多いことを指摘してきた。その中には，標準的な尺度とみなされてきた，Cheney［1982］のOIQ尺度やMael and Ashforth［1992］のMael尺度も含まれている。

この課題に対して，Johnson et al.［2012］では，組織アイデンティフィケー

ションの理論的基盤である，社会的アイデンティティ理論に依拠した尺度開発を行っている。

　タジフェルは社会的アイデンティティを，「感情的及び価値的な意味付けを伴う，自分がある社会集団に所属しているという知識から得られる自己概念の一部」と定義しており，「認知的側面」以外に，「感情的側面」や「価値的側面」が存在することを述べている（Tajfel, [1978]）。換言すれば，社会的アイデンティティ理論に依拠した尺度開発を行う場合，「認知的側面」，「感情的側面」，「価値的側面」の3要素が必要になると考えられる。それゆえ，Johnson 尺度では，「認知的側面」と「感情的側面」を明確に分け，両側面からなる尺度を開発している。また，「価値的側面」については，質問項目に価値的側面を判断する内容を含むことによって対応している。

　具体的には，Johnson 尺度では，「この会社の一員であることは，私のパーソナリティ（人格）の一部を形成している（My self-identity is based in part on my membership in the company.）」，「この会社の一員であることは，私が『どのような人間（人物）』であるかを決める重要な要素である（My membership in the company is very important to my sense of who I am.）」など，組織のメンバーシップが自己のアイデンティティ形成に有益であるかを問う設問が含まれている。これらの設問を通して，Johnson 尺度では，アイデンティフィケーションの対象に「価値的側面」が存在するかを判断することが可能となっている。

　Johnson 尺度を採用する第2の理由は，「感情的側面」の追加である。上記でも指摘したように，これまでの組織アイデンティフィケーション尺度は，感情的側面に対する配慮が十分にされてこなかった。そのような中で，van Dick [2004]，Harris and Cameron [2005]，Edwards and Peccei [2007] は，尺度の感情的側面に注目した数少ない研究である。これらの尺度では，例えば，「全般として，私はこの組織の一員であることが嬉しい（In general, I am glad to be a member of this organization.）」，「この組織のために働くことが好きだ（I like to work for this organization.）」，「（所属組織に対して）私は強い絆を感じる（I feel strong ties with the "name of organization".）」など，感情面を測定する設問が含まれている。

　しかしながら，これらの尺度においても，「感情的側面」と「認知的側面」

が明確に区分されず,1次元の尺度となっている。また,1～2問の少数の設問から構成されるなど,十分な配慮が行われていない。それに対し,Johnson尺度では,尺度を「感情的側面」と「認知的側面」の2次元に区分し,各4項目の設問によって構成されている。

　Johnson尺度を採用する第3の理由は,尺度が特定の対象に「限定されていない」点である。これまでの尺度は特定の対象を想定して尺度がデザインされており,他の対象に応用することが困難であった。例えば,Mael尺度では「もしメディアで会社を批判する話が出ていたら,きまり悪く感じる」という設問が設定されているが,このような内容を,小集団のワークグループやメディアに露出しない組織に適用することは困難である(Johnson et al., [2012])。

　一方,Johnson尺度は,彼ら自身が強調しているように,特定の対象に向けて尺度が設計されていないため,尺度の応用範囲が広い。後ほど詳しく述べていくが,本書ではこのJohnson尺度の応用性を活用し,対人関係を測定する関係的アイデンティフィケーション尺度を開発している。そのような意味においても,対象を限定しないJohnson尺度は本書のテーマ・目的に即した尺度であると考えられる。以上の3点が,本書においてJohnson尺度を採用する主な理由であり,実際にジョンソンらが大学を対象とした調査において使用した質問項目は,図表3-2のようになっている。

　図表3-2の内容からも確認できるように,Johnson et al. [2012]の尺度の特徴は,アイデンティフィケーションの「感情的側面(affective aspect)」と「認知的側面(cognitive aspect)」を明確に分けている点にある。各側面のクロンバックαは,感情的側面が.84,認知的側面が.81となっており,尺度の信頼性が確認されている。

　また,両側面の相関は,$r = .40, (p < .01)$であり,中程度の相関となっている。ジョンソンはこの相関について,両者は有意な相関関係にありつつも,弁別は可能であり,異なる側面として使用することが可能であると述べている。

　本尺度について,Johnson et al. [2012]では,米国中西部の大学でビジネスを専攻する学部生749名のデータを用いて,確認的因子分析による検証を行った。分析の結果,2因子モデルの適合度は,NNFI = .99, CFI = .99, RMSEA = .030となっており,高い適合度を示した。また,上記尺度を1因子と仮定して行った確認的因子分析の結果は,NNFI = .58, CFI = .70,

■ 図表3-2　Johnson et al.の組織アイデンティフィケーション尺度

感情的側面（affective aspect）	
1	I feel happy to be a student in the university. この大学の学生であることに，幸せを感じる
2	I am proud to be a student in the university. この大学の学生であることに，誇りを感じる
3	It feels good to be a student in the university. この大学の学生であることに，満足感を感じる
4	If I were forced to leave the university, I would be very disappointed. もしこの大学を辞めなければならないとしたら，がっかりするだろう
認知的側面（cognitive aspect）	
5	My self-identity is based in part on my membership in the university. この大学の一員であることは，私のパーソナリティ（人格）の一部を形成している
6	My membership in the university is very important to my sense of who I am. この大学の一員であることは，私が「どのような人間（人物）であるか」を決める重要な要素である
7	My sense of self overlaps with the identity of the university. この大学のアイデンティティ（考え方・特徴）と，私のアイデンティティ（考え方・特徴）には共通点がある
8	If the university were criticized, it would influence how I thought about myself. もしこの大学が批判されたら，それは自分自身の自己評価にも影響を与えるだろう

出所：Johnson et al.［2012］より筆者作成。

RMSEA ＝ .240となっており，本結果からも2因子モデルの方が適切であることが確認されている。

　以上の結果や尺度の定義・特徴から，本書ではJohnson et al.［2012］の組織アイデンティフィケーション尺度を採用していく。しかしながら，「感情的側面」と「認知的側面」の間に中程度の相関があることや，調査対象が大学生であったこと，さらには文化的背景の違いなどを鑑み，本書においても尺度の信頼性・妥当性の検証を行い，必要に応じて修正を行っていく。

　さらに，本書では，これまで標準的な尺度として使用されてきた，Mael and Ashforth［1992］のMael尺度も併用し，尺度間の差についても明らかにしていく。具体的には，両尺度が，「残留意思」，「離職意思」，「職務満足」などの主要な従属変数に対して与える影響や相関を分析することによって，両尺度の違いを明らかにしていく。これまで標準的な尺度として使用されてきた

Mael 尺度と，本書で採用する Johnson 尺度を比較し，両者の差を明らかにすることは，今後の尺度選択においても有意義なことであると考えられる。

2.4 関係的アイデンティフィケーションの尺度開発

これまで，Johnson et al.［2012］のアイデンティフィケーション尺度を採用する理由・背景について述べてきた。本書では，更なる取り組みとして，Johnson 尺度を活用した関係的アイデンティフィケーション尺度の開発を行う。

対人関係を対象とする関係的アイデンティフィケーションについては，これまで有力な尺度が定まっていなかった。その背景には，概念自体の歴史が浅いことや，Sluss and Ashforth［2007］による「個人が与えられた役割関係によって自己を定義する程度」という定義の曖昧さ，解釈の困難さなどが背景にあったと考えられる。

前章でも指摘したように，定義の核となる「役割関係」を漏れなく列挙することや，明確な線引きをすること，当該人物がその内容を正確に把握・理解することは，現実的には困難である。また，「両親」や「友人」など，役割関係を意識しなくとも，個人のアイデンティティ形成に多大な影響を与える対人関係も存在する。さらに，対人関係における「感情的側面」が全く無視されている点も疑問が残る。

以上のような問題点に鑑み，本書では，研究蓄積が豊富な組織アイデンティフィケーションの定義を援用し，関係的アイデンティフィケーションを「個人が情緒的及び価値的な意味付けを伴って当該人物との関係を認知し，自己概念に統合するプロセス」と定義していくことを述べてきた。本定義をもとに，Johnson et al.［2012］の尺度を修正・活用することによって，関係的アイデンティフィケーション尺度の開発に取り組んでいく。

はじめに，本書では以下の3つの手順に従って，関係的アイデンティフィケーション尺度のプロトタイプ版を作成した。

第1に，Johnson et al.［2012］の組織アイデンティフィケーション尺度の原文に含まれる university などの「組織名部分」を，「上司」，「先輩」，「同期」などの「個人名」に変更している。具体的には，「上司」については，直属の上司を示す「immediate supervisor」，「先輩」については，「senior peer」，そして「同期」については，「colleagues who joined the company in the same time」と変更した。これにより，アイデンティフィケーションの対象を「組織」から「個人」に修正している。

第2に，修正した英文の邦訳を行った。邦訳に際しては，経営学を専門とする教授2名，大学院博士課程の学生1名と相談をして行った。

第3に，作成した尺度の予備調査を2回実施した。第1回の予備調査は，2013年8月23日から9月6日にかけて，13名（男性10名，女性3名）の被験者を対象に行われた。被験者の内訳は，社会人4名，社会人学生2名，経営学を専門とする大学院生7名[2]である。各被験者に対しては，予備調査の実施後，調査票に関するインタビュー（1人10分から30分程度）を行い，言い回しや訳文の修正に関するアドバイスを貰った。

第2回の予備調査は，第1回目とは異なる被験者10名（男性9名，女性1名）に対して，2013年9月12日から10月21日にかけて実施した。今回は，企業の人事部門で働く社会人を中心に協力を依頼し，メーカー，金融，商社，不動産業等に勤める人事担当者から協力を得ることができた。被験者の内訳は，社会人6名，経営学を専門とする大学院生4名[3]となっている。

第1回目と同様，予備調査の実施後，調査票に関する聞き取り調査を行い，言い回しや訳文の再修正を行った。修正内容については，特に関係的アイデンティフィケーションの「認知的側面」に関する指摘が複数された。例えば，訳文に含まれる「アイデンティティ」という言葉がわかりにくい，人によって受け取り方が異なる，などの指摘である。そのため，本書では，アイデンティティという言葉の後に，括弧書きで「考え方・特徴」の文言を挿入し，被験者の理解をサポートする対応を行った。

本書では，以上のような手順，2回の予備調査を通じて，関係的アイデンティフィケーション尺度のプロトタイプ版を作成した。図表3-3はその結果である。また，「直属の上司」の部分を，「先輩社員」，「同期」に変更したものが，各人に対する関係的アイデンティフィケーション尺度となる。

図表3-3から確認できるように，Johnson et al.［2012］の組織アイデンティフィケーション尺度をベースにすることにより，「感情的側面」と「認知的側面」が区別されている。さらに，質問項目全体を通して，対人関係に対する「価値的側面」が判断される尺度となっている。

はじめに，「感情的側面」については，上司と一緒に働けることが，幸せ・

■ 図表3-3　Johnson尺度を基にした関係的アイデンティフィケーション尺度

感情的側面 (affective aspect)	
1	I feel happy to work with the immediate supervisor. 直属の上司と一緒に働けることに，幸せを感じる
2	I am proud to work with the immediate supervisor. 直属の上司と一緒に働けることに，誇りを感じる
3	It feels good to work with the immediate supervisor. 直属の上司と一緒に働けることに，満足感を感じる
4	If I were forced to leave the supervisor, I would be very disappointed. もし直属の上司と離れなければならないとしたら，がっかりするだろう
認知的側面 (cognitive aspect)	
5	My self-identity at work is based in part on my work relationship with the immediate supervisor. 直属の上司との仕事における関係は，私の仕事上の人格（パーソナリティ）の一部を形成している
6	My work relationship with the immediate supervisor is very important to my sense of who I am at work. 直属の上司との仕事における関係は，私が仕事において「どのような人間（人物）であるか」を決める重要な要素である
7	My sense of self at work overlaps with the work identity of the immediate supervisor. 直属の上司の仕事におけるアイデンティティ（考え方・特徴）と，私の仕事におけるアイデンティティ（考え方・特徴）には共通点がある
8	If the work relationship with the immediate supervisor were criticized, it would influence how I thought about myself. もし直属の上司が批判されたら，それは自分自身の自己評価にも影響を与えるだろう

注：「直属の上司」の部分を「先輩社員」，「同期」に名称変更したものが，各人に対する関係的アイデンティフィケーション尺度となる。
出所：Johnson et al.［2012］より筆者作成。

誇り・満足感に繋がっているかが問われている。上司と一緒に働けることが感情的な幸福感や満足感に繋がっている場合，上司に対する関係的アイデンティフィケーションは高い状態であると想定される。逆に，上司と一緒に働くことが不幸である（幸せでも，誇りでもなく，満足もしていない）と感じている場合は，関係的アイデンティフィケーションは低い状態であると想定される。

次に，「認知的側面」では，上司との関係が，仕事における自己のアイデンティティ形成に有益であるかが問われている。もし，仕事における上司との関係が，自己の仕事上の人格やアイデンティティ形成に繋がっていると認知され

ているのであれば，上司との関係は回答者にとって有益（価値的側面があるもの）であり，関係的アイデンティフィケーションは高い状態であると想定される。逆に，上司との関係が自己のアイデンティティ形成に繋がっておらず，考え方や特徴にも共通点が見出せないと認知されている場合は，上司に対する関係的アイデンティフィケーションは低い状態であると想定される。

以上のように，本書では，仕事における対人関係が，感情面において肯定的なものであるか，その関係が自己のアイデンティティ形成に有益であると認知されているか，ということを基準として，関係的アイデンティフィケーションを測定していく。

3 | 分析データの出所

前節では，本書で使用される関係的アイデンティフィケーション尺度について，開発手順や質問項目を示してきた。本節では，本書で使用される2つの分析データについて，出所と内容を明らかにしていく。

3.1　サンプルA群のデータ（若年層を主体とした分析データ）

本書で使用される第1のデータ（以下，サンプルA群のデータ）は，株式会社マクロミルを利用し，インターネット調査によって収集された1,037名のデータである。調査は，全国の22歳から39歳の社会人を対象に，2013年10月28日から10月31日にかけて行われた。本書では，主にこのサンプルA群のデータを使用して分析を進めていく。

3.1.1　調査対象者の抽出条件

本調査では，調査対象者の抽出条件として，次の5点を設定している。

第1の抽出条件は，対象者の最終学歴である。第1章で述べたように，本書は日本的雇用慣行の変化による影響を最も受け，早期離職者数の半数以上を占める大卒正社員を分析対象としている。それゆえ，本調査においても，大卒者もしくは大学院卒者を調査対象としている。

第2の抽出条件は雇用形態である。大卒正社員を対象としているため，事前のスクリーニング調査において，全ての者が正社員として雇用されていること

を確認した。

　第3の抽出条件は，対象者が所属する企業規模である。本書の目的は，「上司」，「先輩」，「同期」との人間関係が，若年者の残留・離職意識に与える影響を明らかにすることである。それゆえ，各対象が職場に存在する可能性が高い，一定規模以上の企業を対象としている。特に，「同期社員」については，複数名の新規大卒者を定期的に採用していることが条件となるため，本書では従業員数200名以上の企業に所属する者を調査対象とした。

　第4の抽出条件は，出向の有無である。対象者が出向もしくはクライアント企業に常駐している場合，職場の人間関係は通常とは異なるものになってしまう。そのため，本書では調査対象者の抽出段階において出向の有無を確認している。具体的には，「あなたは現在，関連企業への出向，もしくは請負・開発等で他社に常駐して仕事をしていますか？」という質問によって，出向の有無を確認した。

　最後の抽出条件は，転職経験の有無である。転職回数が複数回に及ぶような場合，組織に対する基本的な姿勢，愛着，人間関係に対する考え方は，転職経験のない者と比較して大きく異なることが予想される。それゆえ，本調査においては若年者・就業継続者共に転職経験のない者を対象とした。

　以上が，本調査における調査対象者の抽出条件である。上記内容をまとめると，サンプルA群の調査対象者は，大卒正社員として200名以上の企業に所属し，現在他社に出向・常駐をしておらず，転職経験がない者である。

　本書では，これらの条件にあてはまる3,045名の対象者に対してインターネット経由で調査依頼を行い，最終的に1,037名から回答を得ることができた（回収率34.1％）[4]。以降では，この1,037名の属性について説明をしていく。

3.1.2　性別

　はじめに，サンプルA群（1,037名）の男女比は，図表3-4のようになっている。本調査では，性別による偏りが出ないよう，男女のサンプル数がほぼ同数になるように調査を実施した。具体的には，男女の必要サンプル数（各500名）を事前に設定し，既定人数に至るまで回答を受け付ける方式で調査を行った。

■ 図表3-4　性別

性　別	n	%
男　性	503	48.5%
女　性	534	51.5%
合　計	1,037	100.0%

3.1.3　年齢・入社年次

サンプルA群の年齢・入社年次の分布は，図表3-5，3-6の通りである。本書では，「若年者（入社1年目から3年目）」と「就業継続者（入社4年目から17年目）」の比較分析を行うため，調査対象年齢を22歳から39歳に設定している。

また，若年者（入社1年目から3年目）の内訳にも偏りが出ないよう，入社年次と性別によって必要サンプル数を事前に設定して調査を行った。若年者と就業継続者の最終的なサンプル数は，若年者が男女合わせて454名，就業継続者は583名となっている。

■ 図表3-5　年齢[5]

年　齢	n	%
19歳以下	0	0.0%
20～24歳	242	23.3%
25～29歳	448	43.2%
30～34歳	200	19.3%
35～39歳	147	14.2%
40歳以上	0	0.0%
合計	1,037	100.0%

■ 図表3-6　入社年次

	男　性	n		女　性	n
若年者	入社1年目	76	若年者	入社1年目	76
	入社2年目	71		入社2年目	81
	入社3年目	65		入社3年目	85
就業継続者	入社4～17年目	291	就業継続者	入社4～17年目	292
合計		503	合計		534
総計					1,037

3.1.4 最終学歴

回答者の最終学歴（出身学部の系統）は，図表3-7の通りである。全体として，文系大卒者が半数以上（56.9%）を占めており，理系については，大学院卒業者が全体の約2割（19.5%）を占める結果となった。一般的な文系・理系にあてはまらない芸術系や神学系，その他の特殊な学部については，本調査では調査対象外とした。

■図表3-7　最終学歴（学部系統）

最終学歴	n	%
大学（文系）	590	56.9%
大学（理系）	229	22.1%
大学院（文系）	16	1.5%
大学院（理系）	202	19.5%
合計	1,037	100.0%

3.1.5 居住地

本書では，居住地によるセレクションバイアスを避けるため，全国を対象に調査を行った。回答者の居住地域の分布は，図表3-8のようになっている。

■図表3-8　回答者の居住地域

居住地	n	%
北海道	20	1.9%
東北地方	31	3.0%
関東地方	470	45.3%
中部地方	182	17.6%
近畿地方	213	20.5%
中国地方	58	5.6%
四国地方	17	1.6%
九州地方	46	4.4%
合計	1,037	100.0%

3.1.6 企業規模

回答者が所属する企業規模は，図表3-9の通りである。調査対象者の抽出

■図表3-9　企業規模

企業規模	n	%
5,000人以上	357	34.4%
1,000人以上～5,000人未満	322	31.1%
500人以上～1,000人未満	169	16.3%
200人以上～500人未満	189	18.2%
100人以上～200人未満	0	0.0%
100人未満	0	0.0%
合計	1,037	100.0%

条件で述べたように，回答者が所属する企業規模は200名以上となっている。最終的に，従業員数1,000名以上の企業に勤める者が679名（65.5%）となっており，全体として，大企業に所属する者が過半数を占める結果となった。

3.1.7　業種・職種

回答者の所属業界・職種については，居住地と同様，セレクションバイアスを避けるために，全ての業種・職種を対象に調査を行った。ただし，農業・林業・漁業・鉱業と公務員については，一般的な企業形態と異なる可能性があるため，調査対象外とした。

回答者の所属業種については，製造業が最多の337名（32.5%）となっている。また，卸売・小売業が121名（11.7%），サービス業が136名（13.1%）となっており，製造業と合わせて，3業種で全体の過半数（57.3%）を占めている。

職種については，営業職が172名（16.6%），事務職が266名（25.7%）となっており，全体の約4割（438名：42.3%）を占めている。専門・技術職121名（11.7%），研究・開発職125名（12.1%）と合わせて，4つの職種で全体の7割近く（684名：66.1%）を占める結果となった。

3.1.8　上司・先輩・同期の有無

職場における「上司」・「先輩」・「同期」の有無については，図表3-10の質問に回答する形式で確認を行った。本書では，「上司」を直属の上司とし，そ

■図表3-10 上司・先輩・同期の有無

質問	1	2
現在，社内に「直属の上司」,「先輩社員」,「同期」と認識する人がそれぞれいますか？ ※「直属の上司」とは，自分に対して公式な指揮命令権を持つ，組織ライン上すぐ上の上司を指します （例：課長と一般社員，マネジャーとメンバーの関係など） ※「先輩社員」とは，自分に対して公式な指揮命令権を持たない，入社年次や年齢が上の社員を指します （例：チームリーダー，教育係・メンター，入社年次・年齢が上の同僚社員など） ※「同期」とは，新卒として同時期に入社した者を指します	はい	いいえ
直属の上司	1,037	0
先輩社員	1,037	0
同期	953	84

の定義を「自分に対して公式な指揮命令権を持つ，組織ライン上すぐ上の上司」としている。また，「先輩社員」については，「自分に対して公式な指揮命令権を持たない，入社年次や年齢が上の社員」と定義し，上司との違いを公式な指揮命令権の有無としている。さらに，「上司」と「先輩社員」については，「課長」や「チームリーダー」などの例示を行い，回答者の理解をサポートした。最後に，「同期」については，「新卒として同時期に入社した者」と定義している。

図表3-10より，「上司」,「先輩社員」の存在については，全ての回答者が「はい」と回答している。しかし，「同期」については社内にいないと回答した者が84名（8.1％）確認された。本書は，「上司」,「先輩」,「同期」との人間関係の影響を明らかにすることを目的としている。それゆえ，同期のいない84名については，分析対象から除外することとした。さらに，84名を除いた953名のデータクリーニングを行い，全ての回答が同一の者など，17名のデータをサンプルから除外している。本書では，最終的にこの17名を除いた936名のデータを使用して分析を行った。

3.2 サンプルB群のデータ（一般社会人を主体とした分析データ）

本書で使用される第2のデータ（以下，サンプルB群のデータ）は，GMOリサーチ株式会社との共同研究により収集された2,126名のデータである。調査は，全国の20歳から59歳の社会人を対象に，2017年5月18日から24日にかけて行われた。本書では，サンプルB群のデータを，主にサンプルA群で示された分析結果の再検証に使用していく。2つのサンプル群による検証を通して，分析結果の信頼性と妥当性を担保していく。

3.2.1 調査対象者の抽出条件

サンプルB群の調査対象者の抽出条件は，サンプルA群の条件を緩和したものとなっている。具体的には，雇用形態のみ正社員を対象とし，学歴，企業規模，出向の有無，転職経験の有無については，抽出条件から除外した。これは，サンプルA群で示された結果をサンプルB群で再検証する際，より一般性のあるデータを使用することによって，検証結果の信頼性と妥当性を担保するためである。

本調査では，上記の抽出条件に合致する22万7,176名に対し，5万806通の調査依頼をインターネット経由で逐次配信し（1日平均7,300通），途中脱落者を含む3,820名から反応を得ることができた（回収率7.5%）。

次に，回答者の中から回答時間が極端に長い者と短い者[6]，属性虚偽，回答不備を除外し，2,126名を有効回答としている。さらに，2,126名の中から，上司，先輩，同期が職場に存在していると回答した1,176名を分析対象とした。以下では，この1,176名の属性について，詳細を示していく。

3.2.2 性別

回答者の性別は，図表3-11の通り，男性668名（56.8%），女性508名（43.2%）となっており，男性の方がやや多いものの，性別による大きな偏りは確認されなかった。

■ 図表 3-11 性別

性　別	n	%
男　性	668	56.8%
女　性	508	43.2%
合　計	1,176	100.0%

3.2.3 年齢

回答者の年齢分布については，各年代が均等になるように実施した。図表3-12からも確認できるように，50才から59才が若干多いものの，各年代の割合は，ほぼ均等となっている。

■ 図表 3-12 年齢

年　齢	n	%
20～29歳	269	22.9%
30～39歳	288	24.5%
40～49歳	291	24.7%
50～59歳	328	27.9%
合計	1,176	100.0%

3.2.4 最終学歴

回答者の最終学歴は，図表3-13の通りである。大学と大学院卒業者が合計682名（58.0%）となっており，全体の半数以上を占める結果となった。

■ 図表 3-13 最終学歴

最終学歴	n	%
大学院	83	7.1%
大学	599	50.9%
高専	18	1.5%
短大	106	9.0%
専門学校	141	12.0%
高校	222	18.9%
中学	7	0.6%
合計	1,176	100.0%

3.2.5 居住地

居住地については,サンプルA群と同様,セレクションバイアスを避けるために全国を対象に行った。回答者の居住地域の分布は,図表3-14の通りである。

■ 図表3-14 居住地

居住地	n	%
北海道	51	4.3%
東北地方	46	3.9%
関東地方	560	47.6%
中部地方	145	12.3%
近畿地方	209	17.8%
中国地方	44	3.7%
四国地方	23	2.0%
九州地方	98	8.3%
合計	1,176	100.0%

3.2.6 企業規模

回答者が所属する企業規模(従業員数)は,30人未満から10,000人以上と幅広いものとなっている。図表3-15より,従業員数1,000人以上の大企業に所属している者が394名(33.5%)となっており,1,000人未満は782名(66.5%)となっている。全体として,中堅・中小企業に勤める者が,過半数を占める結果となった。

■ 図表3-15 企業規模

企業規模	n	%
10,000人以上	146	12.4%
3,000～10,000人未満	118	10.0%
1,000～3,000人未満	130	11.1%
300～1,000人未満	202	17.2%
100～300人未満	208	17.7%
30～100人未満	198	16.8%
30人未満	174	14.8%
合計	1,176	100.0%

3.2.7 業種・職種

　回答者の所属業界と職種については，セレクションバイアスを避けるために，全ての業種・職種を対象に調査を行った。ただし，サンプルA群と同様，業種については，農業・林業・漁業・鉱業と公務員を除外している。

　回答者の所属業種で最も多かったのは製造業の296名（25.2％）であり，全体の約4分の1を占める結果となった。また，卸売・小売業が119名（10.1％），サービス業が180名（15.3％）となっており，製造業と合わせて，3業種で全体の半数（50.6％）を占めている。

　回答者の職種については事務職が最も多く，310名（26.4％）であった。次に多い営業職の134名（11.4％）と，生産管理・品質管理・工場関連職の107名（9.1％）を合わせて，3つの職種で全体の半数近く（46.9％）を占める結果となった。

■注
1) Mael and Ashforth［1992］による6項目の組織アイデンティフィケーション尺度の通称。実際の調査では教育機関を対象としていたため，organizationの部分はschoolとなっている。邦訳については，高尾［2013a］などを参考に作成した。
2) 7名の大学院生の内，社会人経験がある者が2名含まれている。
3) 4名の大学院生全員が，社会人経験を持っている者であった。
4) 本調査では，事前に性別，年齢，入社からの年数ごとに必要なサンプル数を指定して調査を行った。既定人数に至った時点で調査を終了しているため，調査票の回収率が低くなっている。
5) 図表3-5の年齢分布では「20～24歳」の表記となっているが，本書は大卒以上を対象としているため，実際には「22～24歳」で242名となる。
6) 具体的には，回答時間が長い者と短い者について，それぞれ上位2％を分析対象外とした。

第4章

3つの分析と結果の提示

1 | 本章の概要・目的
―― 尺度開発・弁別性・構造分析の結果

　第3章では，既存のアイデンティフィケーション尺度の課題点を指摘し，本書で使用する尺度の開発手順と質問項目を示してきた。また，2つの分析データの出所を明らかにした。

　第4章では，本書の3つの分析について，分析結果を示していく。具体的には，①関係的アイデンティフィケーション尺度の開発（以下，分析1），②組織アイデンティフィケーションと組織コミットメントの弁別性の検証（以下，分析2），③若年者の残留・離職意思と職場の人間関係の構造分析（以下，分析3）について，検証内容と分析結果を提示する。はじめに，上記3つの分析の主たる論点と分析結果の概要は，次のようになっている。

1.1　分析1：尺度開発の分析結果の概要

　分析1となる，①関係的アイデンティフィケーション尺度の開発では，次の5つの論点について分析を行った。第1に，本書で使用するJohnson尺度の有効性・妥当性の検証である。第2に，これまで最も使用されてきた組織アイデンティフィケーションのMael尺度と，本書で使用するJohnson尺度の差の検証である。第3は，関係的アイデンティフィケーションの尺度開発であり，第4は，開発された尺度と主要な従属変数群との関係の分析である。そして第5は，関係的アイデンティフィケーション尺度を使用した，若年者と就業継続

者の比較分析である。

分析1では，以上の5つの論点について分析を行い，次の点が明らかにされている。第1に，Johnson 尺度の信頼性と妥当性が検証され，2因子各3項目のモデルが適切であることが確認された。第2に，尺度の比較検証の結果，Mael 尺度よりも Johnson 尺度の有効性が高いことが明らかとなった。第3に，本書において開発された関係的アイデンティフィケーション尺度の信頼性・妥当性が確認された。第4に，関係的アイデンティフィケーションは，「残留意思」,「離職意思」,「職務満足」,「組織アイデンティフィケーション」に有意な影響を与えることが確認された。第5に，若年者と就業継続者の比較分析の結果,「職場の人間関係」は，就業継続者よりも若年者に対して，より強い影響を及ぼすことが明らかとなった。

1.2　分析2：弁別性の分析結果の概要

分析2となる，②組織アイデンティフィケーションと組織コミットメントの弁別性については，我が国における実証研究がごく少数に留まる中，本書においても弁別性が確認できるかが論点となっていた。

本書では,「確認的因子分析」,「相関分析」,「重回帰分析」の3つの観点から検証を行い，分析の結果，組織アイデンティフィケーションと組織コミットメントは異なる概念であることが支持される結果となった。

1.3　分析3：構造分析の分析結果の概要

分析3となる，③若年者の残留・離職意思と職場の人間関係の構造分析では，次の3つが論点となっている。第1に，関係的アイデンティフィケーションの間接効果の検証である。第2に，関係的アイデンティフィケーションの間接効果を前提とした構造分析である。第3に，間接効果モデルを使用した，若年者と就業継続者の比較分析である。

分析3では，以上の3つの論点について分析を行い，分析結果から次の点が明らかとなった。第1に，関係的アイデンティフィケーションは，残留・離職意思に対して,「間接的」に影響を与える可能性が高いことが確認された。第2に，間接的な影響を与える場合,「職場の人間関係」は,「職務満足」や「組織アイデンティフィケーション」を経由して影響を与えることが確認された。

第3に，構造分析による比較においても，「職場の人間関係」は，就業継続者よりも若年者に対して，より強い影響を及ぼすことが明らかとなった。

以上が本書の主要な検証内容と結果の概要である。以下では，上記結果に至った経緯や詳細な分析結果を示していく。

2 分析1：アイデンティフィケーションの尺度開発

本節では，分析1として尺度開発に関する結果を提示していく。本章1.1項で述べたように，分析1の主要な論点は，①Johnson 尺度の信頼性・妥当性の検証，②Johnson 尺度と Mael 尺度の差の検証，③関係的アイデンティフィケーションの尺度開発，④関係的アイデンティフィケーションと諸変数の関係，⑤関係的アイデンティフィケーション尺度を使用した若年者と就業継続者の比較の5点である。

本節では，2.1項において，Johnson 尺度の信頼性・妥当性の検証結果を提示する。次に，2.2項では，Johnson 尺度と Mael 尺度の差の分析結果を示し，2.3項では，関係的アイデンティフィケーションの尺度開発の結果を提示する。2.4項では，関係的アイデンティフィケーションと諸変数の関係について結果を示し，最後に，2.5項では若年者と就業継続者の比較分析の結果を提示する。

2.1 Johnson 尺度の信頼性・妥当性の検証

尺度開発における最初の分析は，Johnson 尺度の信頼性・妥当性の検証である。本書では，尺度の定義・特徴から，Johnson 尺度を採用することを述べてきた。しかし，Johnson et al. [2012] における調査対象者が大学生であったことや，「感情的側面」と「認知的側面」に有意な相関が確認されるなど，課題点も残されている。それゆえ，本書では，はじめに Johnson 尺度の信頼性・妥当性の分析を行った。

2.1.1 分析方法

Johnson 尺度の信頼性・妥当性を検証するために，信頼性分析と確認的因子分析を行った。確認的因子分析では，Johnson 尺度の妥当性を検証するために，複数のモデルを比較検討している。

具体的には，Johnson et al.［2012］で使用された2因子各4項目のモデルの他に，「感情的側面」と「認知的側面」を1因子に集約できると仮定した1因子8項目のモデルと，2因子各3項目のモデルを検証している。3つのモデルを比較することによって，Johnson 尺度の妥当性を検証すると共に，より適切なモデルの検討を行った。

2.1.2　対象者・尺度

本分析で使用されたデータは，サンプルA群の936名のデータである。また，サンプルA群の分析結果の信頼性・妥当性を担保するために，サンプルB群による再検証を行った。

尺度については，Johnson et al.［2012］の組織アイデンティフィケーショ

■ 図表4−1　Johnson et al. を基にした組織アイデンティフィケーション尺度

	感情的側面（affective aspect）
1	I feel happy to be a member of the company. この会社の一員であることに，幸せを感じる
2	I am proud to be a member of the company. この会社の一員であることに，誇りを感じる
3	It feels good to be a member of the company. この会社の一員であることに，満足感を感じる
4	If I were forced to leave the company, I would be very disappointed. もしこの会社を辞めなければならないとしたら，がっかりするだろう

	認知的側面（cognitive aspect）
5	My self-identity is based in part on my membership in the company. この会社の一員であることは，私のパーソナリティ（人格）の一部を形成している
6	My membership in the company is very important to my sense of who I am. この会社の一員であることは，私が「どのような人間（人物）であるか」を決める重要な要素である
7	My sense of self overlaps with the identity of the company. この会社のアイデンティティ（考え方・特徴）と，私のアイデンティティ（考え方・特徴）には共通点がある
8	If the company were criticized, it would influence how I thought about myself. もしこの会社が批判されたら，それは自分自身の自己評価にも影響を与えるだろう

出所：Johnson et al.［2012］より筆者作成。

ン尺度（2因子各4項目）を使用した。本書では，原文で使用されたstudentやuniversityの部分を，memberやcompanyに置き換えて使用している。

質問に対する回答は，サンプルA群では，全て7件法（1：全く思わない，2：思わない，3：あまり思わない，4：どちらでもない，5：ややそう思う，6：そう思う，7：強くそう思う）で行った。また，サンプルB群では，7段階評定から「3：あまり思わない」と「5：ややそう思う」を除いた5段階評定によって求めた。具体的な質問項目は，図表4-1の通りである。

2.1.3 結果
(i) 信頼性分析

図表4-2は，Johnson尺度の記述統計量と信頼性分析の結果である。図表4-2より，平均値については3.7から4.0に収まっており，天井効果，床効果についても特異な数値は観察されなかった。また，尺度の信頼性については，感情的側面が $\alpha = .93$，認知的側面が $\alpha = .85$ となっており，尺度の内的一貫性が確認された。

■図表4-2　記述統計量・信頼性分析

	n	平均値(M)	標準偏差(SD)	天井効果	床効果	Cronbach α
組織アイデンティフィケーションJohnson尺度（感情）	936	3.97	1.34	5.31	2.64	.93
組織アイデンティフィケーションJohnson尺度（認知）	936	3.70	1.16	4.86	2.54	.85

(ii) 確認的因子分析

図表4-3，4-4，4-5は，Johnson尺度の確認的因子分析の結果である。また，図表4-6は，各モデルの結果をまとめたものである。

図表4-6より，3つのモデルの内，2因子各3項目のモデルの適合度が最も高いことが確認された。適合度指標は，AGFI = .956，CFI = .991，SRMR = .022となっており，十分な値を得ることができた。また，RMSEAは.070となっており，許容範囲内であった。この結果から，「感情的側面」と「認知的側面」の2つの因子からなるJohnson尺度の妥当性が確認された。

本書では，さらに，サンプルA群の結果から得られた2因子各3項目のモデ

■ 図表4-3　Johnson 尺度（1因子8項目モデル）

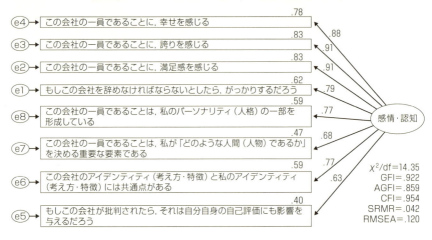

■ 図表4-4　Johnson 尺度（2因子各4項目モデル）

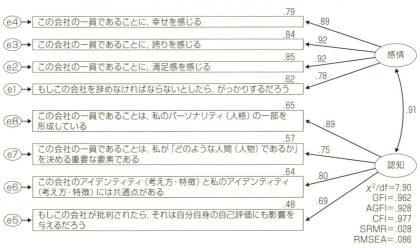

ルについて，サンプルB群による再検証を行った。図表4-7はその結果である。

図表4-7から，サンプルB群においても，2因子各3項目のモデルの妥当性が確認された。適合度指標は，AGFI = .959, CFI = .990, SRMR = .020 となっており，十分な値を得ることができた。また，RMSEAは.072となっており，許容範囲内であった。以上の信頼性分析・確認的因子分析の結果から，

■ 図表4-5　Johnson尺度（2因子各3項目モデル）

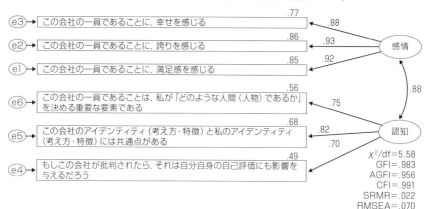

■ 図表4-6　サンプルA群による確認的因子分析の適合度比較

モデル	χ^2/df	GFI	AGFI	CFI	SRMR	RMSEA	感情・認知相関
1因子モデル（8項目）	14.35	.922	.859	.954	.042	.120	—
2因子モデル（各4項目）	7.90	.962	.928	.977	.028	.086	.91
2因子モデル（各3項目）	5.58	.983	.956	.991	.022	.070	.88

注：感情・認知の相関は（$p < .001$）で全て有意

■ 図表4-7　サンプルB群による再検証

モデル	χ^2/df	GFI	AGFI	CFI	SRMR	RMSEA	感情・認知相関
2因子モデル（各3項目）	7.06	.985	.959	.990	.020	.072	.91

注：感情・認知の相関は（$p < .001$）で有意

Johnson尺度の信頼性・妥当性が確認された。本書では，この2因子各3項目のモデルを採用し，分析を進めていく。

一方，確認的因子分析の結果から，「感情的側面」と「認知的側面」に有意な相関があることが確認された。両側面に中程度の相関（$r = .40$）があることはJohnson et al.［2012］においても報告されていたが，本書ではサンプルA群で$r = .88$（$p < .001$），サンプルB群で$r = .91$（$p < .001$）という極めて高い相関となっている。それゆえ，本研究ではその対応策として，2因子各3項目の尺度と共に，「感情的側面」と「認知的側面」を合わせた1因子6項

目の尺度を併用していく。1因子6項目の尺度を使用することによって，内部相関の問題に対応しつつ，分析モデルの簡素化を図っていく。ただし，細部まで検討が必要な場合は，両側面を分けて分析を行う。

2.2 Johnson 尺度と Mael 尺度の差の検証

尺度開発における2つ目の分析は，Johnson 尺度と Mael 尺度の差の検証である。本書では，両尺度の差について，以下の分析を行った。

2.2.1 分析方法

両尺度の差を検証するため，本書では相関分析と重回帰分析を行った。はじめに，2つの尺度と「職務満足」，「残留意思」，「離職意思」の相関を分析し，相関係数の値を比較した。次に，それぞれの組織アイデンティフィケーション尺度を独立変数，「職務満足」，「残留意思」，「離職意思」を従属変数とした重回帰分析を行い，両尺度が従属変数群に対して及ぼす影響力（標準化係数 β）と説明力（調整済み R^2 値）の大きさを比較検証した。

2.2.2 対象者・尺度・統制変数

本分析で使用されたデータは，サンプルA群の936名のデータである。また，本分析では，従属変数群について，次の尺度を使用して分析を行った。

組織アイデンティフィケーション

組織アイデンティフィケーション尺度については，Mael and Ashforth [1992] の尺度（第3章：図表3-1参照）と Johnson et al. [2012] の尺度を使用した。Johnson 尺度については，本章2.1項の分析結果から得られた2因子各3項目の尺度を，1因子6項目の尺度として使用している。

職務満足

職務満足については，小玉 [2012] の「今の仕事が好きである」，「現在の仕事に満足している」，「今の仕事に喜びを感じる」，「今の仕事にやりがいを感じる」の4項目を使用した。

残留意思

残留意思については，図表4-8の通り，Lyons［1981］の以下の3項目を使用した。

■ 図表4-8　Lyons［1981］の残留意思

1	If I were completely free to choose, I would prefer to keep working in this organization. もし自由に選択できるのであれば，現在の会社で働き続けたい
2	I would like to stay at this organization for a long time. 現在の会社にこれからもずっと留まりたい
3	If I had to quit work for a while (for example because of personal/family reasons), I would return to this organization. もし個人的な理由や家族の問題でしばらくの間仕事を辞めなければならなかったとしても，現在の会社に戻ってきたい

出所：Lyons［1981］より筆者作成。

離職意思

離職意思については，小玉［2012］，竹内［2003］，山本［1995］から，「私は現在と違った会社に転職したい」，「現在所属している会社を辞めたい」，「半年後，私はこの会社にいないだろう」の3項目を使用した。

次に，重回帰分析で使用する統制変数については，一般的な「性別」，「年齢」，「学歴」等に加え，従業員の残留・離職意思や職務満足に影響を及ぼすことが予想される8項目を追加した。

具体的には，職場に関する要因として「従業員数」，「部門（事務系・技術系）」，「役職の有無」の3項目を追加し，回答者の生活状況に関わる要因として「居住地」，「結婚の有無」，「子供の有無」，「回答者年収」，「世帯年収」の5項目を追加している。追加された各項目の詳細は，次の通りである。

従業員数

本書では，所属企業の規模が従業員の残留・離職意思に影響を与える可能性を考慮し，ダミー変数による統制を行った。具体的には，従業員数1,000名以上の企業を大企業と定義し，1,000名を基準としたダミー変数を作成した。

所属部門（事務系・技術系）

従業員数と同様，所属部門の違いによる影響を統制するため，事務系部門と技術系部門によるダミー変数を作成し，統制を行った。

役職の有無

組織への残留・離職意思，職務満足は，役職の有無（所属組織から評価されているか否か）からも影響を受けることが予想される。そのため，役職の有無についてダミー変数を作成し，統制を行った。

居住地

本研究では，居住地による影響を統制するため，大都市圏と非大都市圏に分けてダミー変数を作成した。具体的には，東京，神奈川，千葉，埼玉，愛知，大阪，京都，兵庫，福岡を大都市圏，それ以外を非大都市圏と便宜的に定義することによって，居住地による影響を統制した。

結婚の有無

個人が組織に留まるか否かは，配偶者の転勤等，結婚の有無によっても影響を受けることが予想される。そのため，本書では結婚の有無によるダミー変数を作成し，統制を行った。

子供の有無

子供の有無は，安定した経済力や教育環境の確保など，従業員が所属組織に留まるか否かの判断に影響を与えることが予想される。それゆえ，本書では子供の有無によるダミー変数を作成し，統制を行った。

回答者年収

賃金・給与が従業員の残留・離職意思に影響を与えることは，これまでも多くの研究から指摘されてきた。高い賃金・給与が保証されている場合，従業員の残留意思は高まる（離職意思は低下する）ことが予想される。

厚生労働省［2017］の「平成28年賃金構造基本統計調査」によれば，25歳から29歳の男性大卒者の平均賃金は26万1,300円，女性は24万3,100円となってい

る。両者の平均は25万2,200円であり，年収換算では302万6,400円となる。本書では，本年収の約2倍にあたる600万円を高所得者と定義し，ダミー変数による統制を行った。

世帯年収

　回答者の年収と同様，世帯年収も組織に対する残留・離職意思に影響を与えることが考えられる。本書では，世帯年収1,000万円以上を高所得世帯と定義し，ダミー変数による統制を行った。

2.2.3　結果

　図表4-9は，本分析で使用された諸変数の記述統計量，尺度の信頼性分析の結果である。また，図表4-10は，各変数の相関分析，図表4-11，4-12は重回帰分析の結果である。

　(i)　記述統計量・信頼性分析

　図表4-9の記述統計量の結果から，平均値については概ね3.4から4.2に収まっており，天井効果，床効果についても特異な数値は観察されなかった。また，尺度の信頼性分析については，全ての尺度において $\alpha = .80$ 以上の信頼性係数が得られており，尺度の内的一貫性が確認された。

　(ii)　相関分析

　次に，図表4-10の相関分析の結果から，「職務満足」，「残留意思」，「離職意思」の全てに対して，Mael尺度よりもJohnson尺度の方が，相関が強いことが確認された。Mael尺度は，「職務満足」，「残留意思」，「離職意思」に対して，それぞれ $r = .55$, $r = .56$, $r = -.44$ ($p < .01$) の相関をしている。

　一方，Johnson尺度は，各変数に対して，$r = .69$, $r = .72$, $r = -.55$ ($p < .01$) の相関をしている。以上の結果から，全ての従属変数に対して，Mael尺度よりもJohnson尺度の方が，相関が強いことが確認された。

　(iii)　重回帰分析

　図表4-11は，組織アイデンティフィケーションのMael尺度を独立変数，

■ 図表 4-9　記述統計量・信頼性分析

	n	平均値(M)	標準偏差(SD)	天井効果	床効果	Cronbach α
組織アイデンティフィケーション Mael 尺度	936	4.20	1.12	5.32	3.08	.86
組織アイデンティフィケーション Johnson 尺度	936	3.81	1.18	4.99	2.62	.92
職務満足	936	4.05	1.32	5.38	2.73	.93
残留意思	936	4.03	1.43	5.46	2.60	.89
離職意思	936	3.47	1.37	4.84	2.09	.81

■ 図表 4-10　相関分析

変数	平均値	標準偏差	1	2	3	4	5
1．組織 OI　Mael 尺度	4.20	1.12					
2．組織 OI　Johnson 尺度	3.81	1.18	.80**				
3．職務満足	4.05	1.32	.55**	.69**			
4．残留意思	4.03	1.43	.56**	.72**	.69**		
5．離職意思	3.47	1.37	-.44**	-.55**	-.59**	-.74**	

注：$n = 936$　**$p < .01$　OI = organizational identification（組織アイデンティフィケーション）

「職務満足」、「残留意思」、「離職意思」を従属変数とした重回帰分析の結果である。また、図表 4-12 は、Johnson 尺度を独立変数、「職務満足」、「残留意思」、「離職意思」を従属変数とした重回帰分析の結果である。なお、本書の分析結果で示されるベータ値は、全て標準化係数 β の値である。

統制変数については、性別（男性＝0、女性＝1）、学歴（文系＝0、理系＝1）、居住地（非大都市圏＝0、大都市圏＝1）、役職（なし＝0、あり＝1）、結婚の有無（未婚＝0、既婚＝1）、子供の有無（なし＝0、あり＝1）、個人年収（600万円未満＝0、以上＝1）、世帯年収（1,000万円未満＝0、以上＝1）、従業員数（1,000名未満＝0、以上＝1）、所属部門（事務系＝0、技術系＝1）として分析を行った。

図表 4-11、4-12 より、「職務満足」、「残留意思」、「離職意思」に対して、

■図表4-11　Mael尺度と「職務満足」・「残留意思」・「離職意思」の関係

独立変数群 \ 従属変数群	職務満足	残留意思	離職意思
	β	β	β
統制変数			
性別	-.02	-.02	.05
年齢	.06	.04	-.02
学歴	.09*	.05	-.09*
居住地	.00	-.03	.08*
結婚の有無	-.03	.02	.04
子供の有無	.01	.07	-.05
年収（個人）	-.01	.01	-.04
年収（世帯）	.07*	.12***	-.06
従業員数	-.05	-.02	.03
所属部門	-.04	.01	.03
役職の有無	.06	.01	-.03
独立変数			
組織 OI Mael 尺度	.57***	.57***	-.46***
F値	27.47***	28.95***	16.34***
Adj.R^2	.33	.34	.22

注：$n = 936$　***$p < .001$　**$p < .01$　*$p < .05$
　　OI = organizational identification（組織アイデンティフィケーション）

■図表4-12　Johnson尺度と「職務満足」・「残留意思」・「離職意思」の関係

独立変数群 \ 従属変数群	職務満足	残留意思	離職意思
	β	β	β
統制変数			
性別	.01	.01	.02
年齢	.07	.05	-.03
学歴	.06	.02	-.07
居住地	.01	-.02	.07*
結婚の有無	-.03	.02	.04
子供の有無	.00	.06	-.05
年収（個人）	-.01	.01	-.04
年収（世帯）	.01	.05*	-.01
従業員数	-.08**	-.05*	.05
所属部門	.00	.04	.00
役職の有無	.06	.01	-.03
独立変数			
組織 OI Johnson 尺度	.70***	.74***	-.56***
F値	53.87***	68.81***	27.23***
Adj.R^2	.50	.56	.33

注：$n = 936$　***$p < .001$　**$p < .01$　*$p < .05$
　　OI = organizational identification（組織アイデンティフィケーション）

Mael尺度よりもJohnson尺度の方が，より大きな影響力と説明力を持つことが確認された。

「職務満足」，「残留意思」，「離職意思」に対するMael尺度の影響力（標準化係数β）は，それぞれ$\beta = .57$，$\beta = .57$，$\beta = -.46$（$p < .001$）となっており，説明力（調整済みR^2値）は，.33，.34，.22であった。

一方，Johnson尺度の影響力は，$\beta = .70$，$\beta = .74$，$\beta = -.56$（$p < .001$）であり，説明力を示す調整済みR^2値は，.50，.56，.33となっている。

以上の結果から，全ての従属変数に対してJohnson尺度の方がより強い影響力と説明力を有しており，Johnson尺度の有効性が確認された。

2.3 関係的アイデンティフィケーションの尺度開発

3つ目の分析は，関係的アイデンティフィケーションの尺度開発である。本書では，Johnson尺度の応用性を活用し，関係的アイデンティフィケーションの尺度開発を行うことを述べてきた。本項では，Johnson尺度を対人関係に応用した関係的アイデンティフィケーション尺度について，分析結果を示していく。

2.3.1 分析方法

Johnson et al.［2012］の組織アイデンティフィケーション尺度を応用した関係的アイデンティフィケーション尺度について，信頼性・妥当性の分析を行った。はじめに，尺度の信頼性分析を行い，次に「上司」，「先輩」，「同期」それぞれに対する，関係的アイデンティフィケーション尺度の確認的因子分析を行った。

2.3.2 対象者・尺度

本分析で使用されたデータは，サンプルA群の936名のデータである。また，確認的因子分析については，サンプルA群の結果の信頼性・妥当性を担保するために，サンプルB群による再検証を行った。

尺度については，本章2.1項の分析結果から得られた2因子各3項目の組織アイデンティフィケーション尺度を対人関係に応用し，関係的アイデンティフィケーション尺度として使用した（第3章：図表3-3参照）。

質問項目については，モデル適合度の観点から，「感情的側面」では，「もし直属の上司と離れなければならないとしたら，がっかりするだろう」の項目を削除し，「認知的側面」については，「直属の上司との仕事における関係は，私の仕事上の人格（パーソナリティ）の一部を形成している」を削除した。これにより，2因子各3項目の尺度を作成した。

2.3.3 結果

(i) 記述統計量・信頼性分析

図表4-13は，「上司」，「先輩」，「同期」に対する関係的アイデンティフィケーションの記述統計量と信頼性分析の結果である。

図表4-13の結果より，平均値については概ね3.5から4.3に収まっており，天井効果，床効果についても，特異な数値は観察されなかった。また，尺度の信頼性分析については，全ての尺度において $\alpha = .80$ 以上の信頼性係数が得られており，尺度の内的一貫性が確認された。

■ 図表4-13 記述統計量・信頼性分析

	n	平均値 (M)	標準偏差 (SD)	天井効果	床効果	Cronbach α
上司（感情）関係的アイデンティフィケーション	936	3.85	1.47	5.32	2.38	.94
上司（認知）関係的アイデンティフィケーション	936	3.53	1.29	4.82	2.24	.84
先輩（感情）関係的アイデンティフィケーション	936	4.17	1.37	5.54	2.80	.93
先輩（認知）関係的アイデンティフィケーション	936	3.67	1.25	4.92	2.42	.85
同期（感情）関係的アイデンティフィケーション	936	4.25	1.38	5.63	2.87	.92
同期（認知）関係的アイデンティフィケーション	936	3.73	1.28	5.02	2.45	.86

(ii) 確認的因子分析

図表4-14, 4-15, 4-16は,「上司」,「先輩」,「同期」に対する関係的アイデンティフィケーション尺度の確認的因子分析の結果である。また, 図表4-17は, 3つの分析結果をまとめたものである。

図表4-17より, 全ての関係的アイデンティフィケーション尺度において2因子各3項目のモデルが成立しており, 尺度の妥当性が確認された。

「上司」に対する関係的アイデンティフィケーション尺度の適合度は, AGFI = .984, CFI = .998, SRMR = .010, RMSEA = .034となっており, 高い

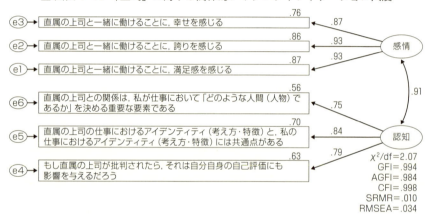

■ 図表4-14 「上司」に対する関係的アイデンティフィケーション尺度

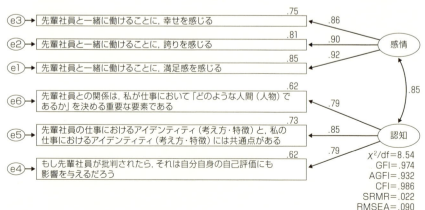

■ 図表4-15 「先輩」に対する関係的アイデンティフィケーション尺度

■ 図表4-16 「同期」に対する関係的アイデンティフィケーション尺度

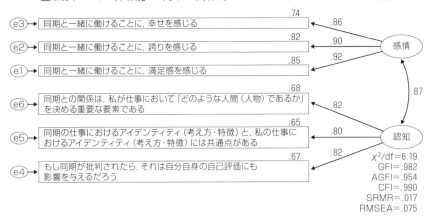

■ 図表4-17 関係的アイデンティフィケーション尺度の適合度（サンプルA群）

尺度	χ^2/df	GFI	AGFI	CFI	SRMR	RMSEA	感情・認知相関
上司に対する関係的アイデンティフィケーション	2.07	.994	.984	.998	.010	.034	.91
先輩に対する関係的アイデンティフィケーション	8.54	.974	.932	.986	.022	.090	.85
同期に対する関係的アイデンティフィケーション	6.19	.982	.954	.990	.017	.075	.87

注：感情・認知の相関は（$p < .001$）で全て有意

適合度を得ることができた。「先輩」については，AGFI = .932, CFI = .986, SRMR = .022, RMSEA = .090となっており，許容範囲内であった。「同期」についても，AGFI = .954, CFI = .990, SRMR = .017, RMSEA = .075であり，許容範囲内となっている。

本書ではさらに，サンプルA群の結果の信頼性と妥当性を担保するために，サンプルB群による再検証を行った。図表4-18は，その結果をまとめたものである。

図表4-18より，サンプルB群においても，全ての関係的アイデンティフィケーション尺度で適切な適合度を得ることができた。

以上の結果から，Johnson et al. [2012] の組織アイデンティフィケーショ

■図表4-18　関係的アイデンティフィケーション尺度の適合度（サンプルB群）

尺度	χ^2/df	GFI	AGFI	CFI	SRMR	RMSEA	感情・認知相関
上司に対する関係的アイデンティフィケーション	8.42	.981	.949	.987	.024	.079	.91
先輩に対する関係的アイデンティフィケーション	9.52	.978	.943	.987	.020	.085	.94
同期に対する関係的アイデンティフィケーション	8.92	.980	.947	.988	.020	.082	.93

注：感情・認知の相関は（$p < .001$）で全て有意

ン尺度を応用した，関係的アイデンティフィケーション尺度の信頼性と妥当性が確認された。本書では，この2因子各3項目の関係的アイデンティフィケーション尺度を採用し，分析を進めていく。

一方，組織アイデンティフィケーションと同様，関係的アイデンティフィケーション尺度においても，「感情的側面」と「認知的側面」に有意な相関が確認された。

サンプルA群では，「上司」が$r = .91$（$p < .001$），「先輩」，「同期」も，それぞれ$r = .85$，$r = .87$（$p < .001$）となっている。また，サンプルB群においても，「上司」が$r = .91$（$p < .001$），「先輩」，「同期」は，それぞれ$r = .94$，$r = .93$（$p < .001$）となっており，極めて強い相関関係が確認された。それゆえ，本研究では，関係的アイデンティフィケーションについても両側面を合わせた1因子6項目の尺度を併用し，内部相関の問題に対応すると共に，分析モデルの簡素化を図っていく。

2.4　関係的アイデンティフィケーションと諸変数の関係

前項では，本書で開発した関係的アイデンティフィケーション尺度の信頼性と妥当性が確認された。本項では，開発された関係的アイデンティフィケーション尺度と諸変数の関係について，分析結果を示していく。

はじめに，「上司」，「先輩」，「同期」に対する関係的アイデンティフィケーションと，「残留意思」，「離職意思」，「職務満足」，「組織アイデンティフィケーション」の関係，各人の影響力の差に関する本書の仮説は，図表4-19の通りである。

■ 図表4-19　本書の仮説

仮説1	上司に対する関係的アイデンティフィケーションは，若年者の残留意思に対して有意な正の影響を与える
仮説2	上司に対する関係的アイデンティフィケーションは，若年者の離職意思に対して有意な負の影響を与える
仮説3	先輩に対する関係的アイデンティフィケーションは，若年者の残留意思に対して有意な正の影響を与える
仮説4	先輩に対する関係的アイデンティフィケーションは，若年者の離職意思に対して有意な負の影響を与える
仮説5	同期に対する関係的アイデンティフィケーションは，若年者の残留意思に対して有意な正の影響を与える
仮説6	同期に対する関係的アイデンティフィケーションは，若年者の離職意思に対して有意な負の影響を与える
仮説7	上司，先輩，同期に対する関係的アイデンティフィケーションは，若年者の「組織アイデンティフィケーション」に有意な正の影響を与える
仮説8	関係的アイデンティフィケーションが，若年者の「残留意思」，「離職意思」に与える影響力は，上司，先輩，同期の順に大きい
仮説9	上司，先輩，同期に対する関係的アイデンティフィケーションは，若年者の「職務満足」に有意な正の影響を与える

2.4.1 分析方法

図表4-19の仮説群を検証するために，本書では諸変数の相関分析と重回帰分析を行った。はじめに，「上司」，「先輩」，「同期」に対する関係的アイデンティフィケーションと，「残留意思」，「離職意思」，「職務満足」，「組織アイデンティフィケーション」の相関分析を実施した。次に，「上司」，「先輩」，「同期」に対する関係的アイデンティフィケーションを独立変数，「残留意思」，「離職意思」，「職務満足」，「組織アイデンティフィケーション」のそれぞれを従属変数とする重回帰分析を行った。

2.4.2 対象者・尺度・統制変数

本分析で使用されたデータは，サンプルA群の936名から，若年者（入社1年目から3年目）418名を抽出したデータである。

組織アイデンティフィケーションの尺度については，本章2.1項の分析結果から得られた2因子各3項目の尺度を，1因子6項目として使用した。関係的アイデンティフィケーション尺度についても，2.3項の分析結果から得られた

2因子各3項目の尺度を，1因子6項目の尺度として使用した。

「職務満足」，「残留意思」，「離職意思」については，2.2項と同様のものを使用した。統制変数についても，「性別」，「年齢」，「学歴」，「居住地」，「結婚の有無」，「子供の有無」，「回答者年収」，「世帯年収」，「従業員数」，「部門」，「役職の有無」の11項目を使用した。

2.4.3 結果

図表4-20は，本分析で使用された諸変数の記述統計量と信頼性分析の結果である。また，図表4-21は相関分析の結果である。図表4-22は，「上司」，「先輩」，「同期」に対する関係的アイデンティフィケーションを独立変数，「残留意思」，「離職意思」，「職務満足」，「組織アイデンティフィケーション」それぞれを従属変数とした重回帰分析の結果である。

図表4-20の記述統計量の結果から，平均値については概ね3.5から4.1に収まっており，天井効果，床効果についても特異な数値は観察されなかった。また，信頼性分析については，全ての尺度において $\alpha = .80$ 以上の信頼性係数が得られており，尺度の内的一貫性が確認された。

また，図表4-21の相関分析の結果から，「残留意思」，「離職意思」，「職務満足」，「組織アイデンティフィケーション」の全ての従属変数に対して，「上司」に対する関係的アイデンティフィケーションが最も強く相関していることが確認された。相関係数は，それぞれ $r = .54$, $r = -.42$, $r = .60$, $r = .62$ ($p < .01$) となっている。

また，「先輩」に対する関係的アイデンティフィケーションは，$r = .43$, $r = -.29$, $r = .50$, $r = .52$ ($p < .01$), 同期は，$r = .35$, $r = -.24$, $r = .37$, $r = .46$ ($p < .01$) となっている。以上の結果から，全ての従属変数に対して，「上司」，「先輩」，「同期」の順に相関が強くなることが確認された。

図表4-22の結果から，5つの点が明らかとなった。第1に，若年者の「残留意思」に対しては，「上司」と「先輩」に対する関係的アイデンティフィケーションが有意な正の影響を与えることが確認された。「残留意思」に対する「上司」，「先輩」の影響力は，それぞれ $\beta = .42$ ($p < .001$), $\beta = .18$ ($p < .01$) となっている。

第2に，若年者の「離職意思」に対しては，「上司」に対する関係的アイデ

■ 図表 4-20　記述統計量・信頼性分析

	n	平均値 (M)	標準偏差 (SD)	天井効果	床効果	Cronbach α
上司（感情・認知）関係的アイデンティフィケーション	418	3.79	1.37	5.16	2.41	.94
先輩（感情・認知）関係的アイデンティフィケーション	418	4.02	1.20	5.22	2.82	.91
同期（感情・認知）関係的アイデンティフィケーション	418	4.07	1.32	5.39	2.75	.93
残留意思	418	3.90	1.52	5.42	2.39	.91
離職意思	418	3.52	1.48	4.99	2.04	.82
職務満足	418	3.98	1.36	5.35	2.62	.92
組織アイデンティフィケーション	418	3.84	1.26	5.09	2.58	.92

■ 図表 4-21　相関分析

変数	平均値	標準偏差	1	2	3	4	5	6	7
1. 上司 RI（感情・認知）	3.79	1.37							
2. 先輩 RI（感情・認知）	4.02	1.20	.57**						
3. 同期 RI（感情・認知）	4.07	1.32	.42**	.49**					
4. 残留意思	3.90	1.52	.54**	.43**	.35**				
5. 離職意思	3.52	1.48	-.42**	-.29**	-.24**	-.75**			
6. 職務満足	3.98	1.36	.60**	.50**	.37**	.75**	-.64**		
7. 組織アイデンティフィケーション	3.84	1.26	.62**	.52**	.46**	.78**	-.61**	.73**	

注：$n = 418$　**$p < .01$　RI = relational identification（関係的アイデンティフィケーション）

ンティフィケーションのみが有意な負の影響を及ぼすことが確認された。「離職意思」に対する「上司」の影響力は，$\beta = -.34$（$p < .001$）となっている。「同期」に対する関係的アイデンティフィケーションについては，「残留意思」，「離職意思」共に，有意な影響は確認されなかった。また，「上司」，「先輩」，「同期」に対する関係的アイデンティフィケーションの多重共線性（VIF）については，「上司」が1.49，「先輩」が1.63，「同期」が1.29となっており，多重共線性は認められなかった。以上の結果から，仮説1，仮説2，仮説3は支

■ 図表 4-22　関係的アイデンティフィケーションと主要な従属変数群との関係

独立変数群 \ 従属変数群	残留意思 β	離職意思 β	職務満足 β	組織 OI β
統制変数				
性別	-.04	.07	.04	.00
年齢	-.08	.05	-.02	-.11
学歴	.03	-.12	.17*	.08
居住地	.00	.08	.03	.01
結婚の有無	-.04	.01	-.04	-.04
子供の有無	.06	-.08	.03	.01
年収（個人）	.01	.06	.00	.03
年収（世帯）	.05	-.02	.03	.01
従業員数	.02	.01	-.08	.09
所属部門	.04	.03	-.07	-.02
役職の有無	.03	-.07	-.01	.05
独立変数				
上司：関係的アイデンティフィケーション	.42***	-.34***	.40***	.48***
先輩：関係的アイデンティフィケーション	.18**	-.11	.32***	.18**
同期：関係的アイデンティフィケーション	.07	-.02	-.01	.14**
F 値	8.85***	4.87***	13.26***	14.76***
Adj.R^2	.30	.18	.40	.43

注：$n=418$　***$p<.001$　**$p<.01$　*$p<.05$
OI = organizational identification（組織アイデンティフィケーション）

持され，仮説 4，仮説 5，仮説 6 は支持されない結果となった。

　第 3 に，「残留意思」，「離職意思」に対する各人の影響力の大きさは，「上司」が最も大きく，続いて「先輩」，「同期」となっている。「残留意思」に対する影響力は，「上司」が $\beta=.42$ ($p<.001$)，「先輩」が $\beta=.18$ ($p<.01$)，「同期」が $\beta=.07$（非有意）である。また，「離職意思」に対する影響力は，「上司」が $\beta=-.34$ ($p<.001$)，「先輩」が $\beta=-.11$（非有意），「同期」が $\beta=-.02$（非有意）となっている。以上の結果から，「残留意思」においても「離職意思」においても，影響力の強さは「上司」，「先輩」，「同期」の順に大きいことが確認された。これにより，仮説 8 は支持される結果となった。

　第 4 に，若年者の「職務満足」に対しては，「上司」と「先輩」に対する関係的アイデンティフィケーションが有意な正の影響を与えることが確認された。各人の影響力は，「上司」が $\beta=.40$ ($p<.001$)，「先輩」が $\beta=.32$ ($p<.001$) となっている。以上の結果から，「上司」，「先輩」との人間関係は，

若年者の「職務満足」に直接的に影響を及ぼすことが明らかとなった。また，「同期」との人間関係は，有意な影響を及ぼさないことが確認された。以上の結果から，仮説9は一部支持される結果となった。

第5に，若年者の「組織アイデンティフィケーション」に対しては，「上司」，「先輩」，「同期」の全ての関係的アイデンティフィケーションが，有意な正の影響を与えることが明らかとなった。各人の影響力は，「上司」が $\beta = .48$ ($p < .001$)，「先輩」が $\beta = .18$ ($p < .01$)，「同期」が $\beta = .14$ ($p < .01$) となっている。以上の結果から，「上司」，「先輩」，「同期」との人間関係は，組織に対するアイデンティフィケーションに直接的に影響を及ぼすことが確認された。これにより，仮説7は支持される結果となった。

2.5 若年者と就業継続者の比較分析

分析1の最後として，本項では関係的アイデンティフィケーション尺度を使用した，若年者と就業継続者の比較分析の結果を提示する。はじめに，本書の仮説は図表4-23の通りである。

■ 図表4-23　比較分析の仮説

仮説10	「職場の人間関係（上司・先輩・同期に対する関係的アイデンティフィケーション）」が，「残留意思」，「離職意思」，「職務満足」，「組織アイデンティフィケーション」に与える影響は，就業継続者よりも若年者の方が大きい

2.5.1　分析方法

図表4-23の仮説を検証するために，本書では重回帰分析による比較を行った。具体的には，若年者と就業継続者の双方において，「上司」，「先輩」，「同期」に対する関係的アイデンティフィケーションを独立変数，「残留意思」，「離職意思」，「職務満足」，「組織アイデンティフィケーション」を従属変数とする重回帰分析を行い，調整済み R^2 値による比較を行った。

2.5.2　対象者・尺度・統制変数

本分析では，サンプルA群の936名を，若年者（入社1年目から3年目）418名と，就業継続者（入社4年目から17年目）518名に分けて分析を行った。尺度と統制変数については，2.4.2と同様のものを使用した。

2.5.3 結果

図表4-24は，本分析で使用された諸変数の記述統計量と信頼性分析について，就業継続者の結果をまとめたものである（若年者については，図表4-20参照）。また，図表4-25は相関分析の結果である（若年者については，図表4-21参照）。

図表4-26，4-27は，「上司」，「先輩」，「同期」に対する関係的アイデンティフィケーションを独立変数，「残留意思」，「離職意思」，「職務満足」，「組織アイデンティフィケーション」を従属変数とした重回帰分析について，若年者と就業継続者を比較した結果である。

はじめに，図表4-24の記述統計量の結果から，平均値については概ね3.4から4.2に収まっており，天井効果，床効果についても特異な数値は観察されなかった。また，信頼性分析については，全ての尺度において $α = .80$ 以上の信頼性係数が得られており，尺度の内的一貫性が確認された。

図表4-25の結果から，若年者と同様に，就業継続者においても全ての従属変数に対して，「上司」に対する関係的アイデンティフィケーションが最も強く相関していることが確認された。

■ 図表4-24 記述統計量・信頼性分析

	n	平均値 (M)	標準偏差 (SD)	天井効果	床効果	Cronbach $α$
上司（感情・認知）関係的アイデンティフィケーション	518	3.61	1.25	4.87	2.36	.92
先輩（感情・認知）関係的アイデンティフィケーション	518	3.84	1.24	5.08	2.61	.93
同期（感情・認知）関係的アイデンティフィケーション	518	3.93	1.20	5.13	2.73	.92
残留意思	518	4.14	1.35	5.48	2.79	.88
離職意思	518	3.42	1.28	4.71	2.14	.80
職務満足	518	4.11	1.28	5.40	2.83	.93
組織アイデンティフィケーション	518	3.78	1.12	4.90	2.67	.91

第4章 3つの分析と結果の提示　187

■ 図表4-25　相関分析

変数	平均値	標準偏差	1	2	3	4	5	6	7
1．上司RI（感情・認知）	3.61	1.25							
2．先輩RI（感情・認知）	3.84	1.24	.51**						
3．同期RI（感情・認知）	3.93	1.20	.33**	.39**					
4．残留意思	4.14	1.35	.43**	.34**	.27**				
5．離職意思	3.42	1.28	-.29**	-.20**	-.11*	-.73**			
6．職務満足	4.11	1.28	.47**	.39**	.31**	.64**	-.54**		
7．組織アイデンティフィケーション	3.78	1.12	.55**	.49**	.46**	.68**	-.49**	.65**	

注：$n=518$　**$p<.01$　*$p<.05$　RI = relational identification（関係的アイデンティフィケーション）

「上司」に対する関係的アイデンティフィケーションと「残留意思」,「離職意思」,「職務満足」,「組織アイデンティフィケーション」の相関は，それぞれ $r=.43$, $r=-.29$, $r=.47$, $r=.55$（$p<.01$）となっている。

また，「先輩」に対する関係的アイデンティフィケーションは，上記従属変数群に対して，$r=.34$, $r=-.20$, $r=.39$, $r=.49$（$p<.01$）の相関であった。「同期」についても，$r=.27$（$p<.01$）, $r=-.11$（$p<.05$）, $r=.31$, $r=.46$, （$p<.01$）の相関が確認された。

以上の結果から，就業継続者においても，従属変数群に対して，「上司」,「先輩」,「同期」の順に相関が強くなることが確認された。また，若年者と就業継続者の相関係数を比較した結果，全体として就業継続者よりも若年者の方が，相関が強くなることが確認された（図表4-21参照）。

図表4-26の結果から，上司・先輩・同期に対する関係的アイデンティフィケーションが，「残留意思」と「離職意思」に対して持つ影響力（説明力）は，就業継続者よりも若年者の方が大きいことが確認された。

統制変数を除いたR^2値は，「残留意思」において，若年者が.31，就業継続者が.25となっており，若年者の方が大きい。「離職意思」においても，統制変数を除いたR^2値は，若年者が.17，就業継続者は.13となっており，就業継続者の方が小さくなっている。

また，上司・先輩・同期に対する関係的アイデンティフィケーションの多重共線性（VIF）は，若年者では，「上司」が1.49，「先輩」が1.63，「同期」が1.29，就業継続者では，「上司」が1.45，「先輩」が1.51，「同期」が1.29と

■図表 4-26　若年者と就業継続者の比較（残留意思・離職意思）

独立変数群 \ 従属変数群	残留意思		離職意思	
	（若年者）	（就業継続者）	（若年者）	（就業継続者）
	β	β	β	β
統制変数				
性別	-.04	.03	.07	-.02
年齢	-.08	.05	.05	-.01
学歴	.03	.06	-.12	-.07
居住地	.00	-.06	.08	.09
結婚の有無	-.04	.07	.01	.00
子供の有無	.06	.07	-.08	-.06
年収（個人）	.01	.04	.06	-.09
年収（世帯）	.05	.11*	-.02	-.05
従業員数	.02	.01	.01	-.04
所属部門	.04	-.01	.03	.05
役職の有無	.03	.05	-.07	-.05
独立変数				
上司 RI	.42***	.37***	-.34***	-.34***
先輩 RI	.18**	.10	-.11	-.02
同期 RI	.07	.15**	-.02	-.04
F 値	8.85***	12.48***	4.87***	5.61***
Adj.R^2	.30	.30	.18	.14
統制変数を除いた R^2 値	.31	.25	.17	.13

注：若年者：$n = 418$　就業継続者：$n = 518$　***$p < .001$　**$p < .01$　*$p < .05$
　　RI = relational identification（関係的アイデンティフィケーション）

なっており，多重共線性は認められなかった。同様の結果が「離職意思」，「職務満足」，「組織アイデンティフィケーション」においても確認された。

　以上の結果から，「残留意思」と「離職意思」の双方において，上司・先輩・同期を合わせた職場の人間関係は，就業継続者よりも若年者に対して，より強い影響を及ぼすことが確認された。

　次に，図表 4-27 の結果から，上司・先輩・同期に対する関係的アイデンティフィケーションが，「職務満足」に対して持つ影響力（説明力）は，就業継続者よりも若年者の方が大きいことが確認された。一方，上司・先輩・同期に対する関係的アイデンティフィケーションが，「組織アイデンティフィケーション」に対して持つ影響力（説明力）は，若年者よりも就業継続者の方が大きいことが確認された。

　統制変数を除いた R^2 値は，「職務満足」において，若年者が .38，就業継続

■ 図表4-27　若年者と就業継続者の比較（職務満足・組織OI）

独立変数群＼従属変数群	職務満足		組織OI	
	（若年者）	（就業継続者）	（若年者）	（就業継続者）
	β	β	β	β
統制変数				
性別	.04	-.02	.00	-.02
年齢	-.02	.06	-.11	.06
学歴	.17*	.03	.08	.03
居住地	.03	-.02	.01	-.03
結婚の有無	-.04	.00	-.04	.04
子供の有無	.03	.01	.01	.03
年収（個人）	.00	-.01	.03	.02
年収（世帯）	.03	.06	.01	.08*
従業員数	-.08	.04	.09	.10**
所属部門	-.07	-.03	-.02	-.05
役職の有無	-.01	.12	.05	.05
独立変数				
上司RI	.40***	.38***	.48***	.38***
先輩RI	.32***	.12*	.18**	.20***
同期RI	-.01	.14**	.14**	.28***
F値	13.26***	12.33***	14.76***	26.57***
Adj.R²	.40	.29	.43	.48
統制変数を除いたR²値	.38	.27	.42	.43

注：若年者：$n=418$　就業継続者：$n=518$　***$p<.001$　**$p<.01$　*$p<.05$
　　OI = organizational identification（組織アイデンティフィケーション）
　　RI = relational identification（関係的アイデンティフィケーション）

者が.27となっており，若年者の方が大きい。しかし，「組織アイデンティフィケーション」では，若年者が.42，就業継続者が.43となっており，就業継続者の方が大きくなっている。

　以上の結果より，上司・先輩・同期を合わせた職場の人間関係が「職務満足」に及ぼす影響は，就業継続者よりも若年者の方が大きいことが確認された。また，「組織アイデンティフィケーション」に及ぼす影響については，若年者よりも就業継続者の方が大きいことが確認された。これにより，仮説10は一部支持される結果となった。

3 分析2：組織アイデンティフィケーションと組織コミットメントの弁別性

本節では，分析2として行われた組織アイデンティフィケーションと組織コミットメントの弁別性について，検証結果を提示していく。

本書では，組織アイデンティフィケーションと組織コミットメントの弁別性を検証するために，「確認的因子分析」，「相関分析」，「重回帰分析」，の3つの分析を行った。

はじめに，3.1項では確認的因子分析の結果を提示する。次に，確認的因子分析の結果の補足及び先行研究の追加検証として，3.2項で相関分析，3.3項では重回帰分析の結果を示していく。

3.1 確認的因子分析によるモデル適合度の比較

弁別性の第1の検証は，確認的因子分析である。本分析では，組織アイデンティフィケーションと組織コミットメントを1因子と仮定するモデルと，2因子と仮定するモデルを作成し，適合度の比較を行った。

3.1.1 分析方法

組織アイデンティフィケーション（6項目）と組織コミットメント（6項目）の弁別性について，1因子12項目と仮定する「1因子モデル」と，2因子各6項目と仮定する「2因子モデル」を作成し，確認的因子分析による検証を行った。また，結果の妥当性を担保するために，本書ではMael尺度とJohnson尺度の両尺度を使用して，分析を行った。

3.1.2 対象者・尺度

本分析で使用されたデータは，サンプルA群の936名のデータである。組織アイデンティフィケーション尺度については，Mael and Ashforth [1992] のMael尺度（第3章：図表3-1参照）と，本章2.1項の分析結果から得られた2因子各3項目のJohnson尺度を1因子6項目として使用した。

組織コミットメント尺度については，Allen and Meyer [1990] の情緒的組

■ 図表4-28 Allen and Meyer の組織コミットメント尺度（情緒的側面）

1	I would be very happy to spend the rest of my career with this organization. 私の仕事生活（キャリア）の残りをこの会社で過ごせたら，とても幸せだ
2	I really feel as if this organization's problems are my own. 私はこの会社の問題を，まるで自分自身の問題であるかのように感じている
3	I feel a strong sense of "belonging" to my organization. 私はこの会社に対して，強い「所属感」を感じている
4	I feel "emotionally attached" to this organization. 私はこの会社に対して「愛着」を感じている
5	I feel like "part of the family" at my organization. 私は，会社という「家族」の一員であるように感じている
6	This organization has a great deal of personal meaning for me. この会社は，私にとって個人的に重要な意味を持っている

出所：Allen and Meyer［1990］，高橋［1999］より筆者作成。

織コミットメント尺度（6項目）を使用している。なお，本書では回答者の理解をサポートするために，組織コミットメント尺度の反転項目を肯定文に修正して使用した。具体的な質問内容は，図表4-28の通りである。

3.1.3 結果

図表4-29は，本分析で使用した諸変数の記述統計量と尺度の信頼性分析の結果である。また，図表4-30は相関分析の結果である。図表4-31は，確認的因子分析の結果をまとめたものである。

図表4-29の記述統計量の結果から，平均値については概ね3.7から4.2に収まっており，天井効果，床効果についても，特異な数値は観察されなかった。また，尺度の信頼性分析については，全ての尺度において $\alpha = .85$ 以上の信頼性係数が得られており，尺度の内的一貫性が確認された。

図表4-30の結果から，変数間に高い相関があることが確認された。Mael尺度は，Johnson尺度と $r = .80$（$p < .01$）の相関をしており，Allen and Meyerの組織コミットメント尺度とも $r = .67$（$p < .01$）の相関をしている。また，Johnson尺度も，組織コミットメント尺度と $r = .80$（$p < .01$）の強い相関が確認された。

■ 図表 4-29　記述統計量・信頼性分析

	n	平均値 (M)	標準偏差 (SD)	天井効果	床効果	Cronbach α
組織アイデンティフィケーション (Mael 尺度)	936	4.20	1.12	5.32	3.08	.86
組織アイデンティフィケーション (Johnson 尺度)	936	3.81	1.18	4.99	2.62	.92
組織コミットメント（情緒的）	936	3.79	1.12	4.92	2.67	.87

■ 図表 4-30　相関分析

変数	平均値	標準偏差	1	2	3
1．組織 OI Mael 尺度	4.20	1.12			
2．組織 OI Johnson 尺度	3.81	1.18	.80**		
3．組織 OC（情緒的側面）	3.79	1.12	.67**	.80**	

注：$n = 936$　**$p < .01$
OI = organizational identification（組織アイデンティフィケーション）
OC = organizational commitment（組織コミットメント）

■ 図表 4-31　各モデルの適合度

尺度	χ^2/df	GFI	AGFI	CFI	SRMR	RMSEA
Mael 尺度						
1因子モデル	16.15	.822	.743	.857	.066	.127
2因子モデル	5.86	.945	.919	.955	.036	.072
Johnson 尺度						
1因子モデル	13.06	.869	.811	.916	.050	.114
2因子モデル	8.69	.915	.874	.947	.041	.091

　図表4-31より，Mael 尺度と Johnson 尺度の両者において，1因子モデルよりも2因子モデルの方が，適合度が高いことが確認された。
　Mael 尺度の適合度は，1因子モデルで AGFI = .743, CFI = .857, SRMR = .066, RMSEA = .127であり，2因子モデルでは AGFI = .919, CFI = .955, SRMR = .036, RMSEA = .072であった。
　また，Johnson 尺度の適合度は，1因子モデルで AGFI = .811, CFI = .916,

SRMR = .050, RMSEA = .114であり、2因子モデルでは，AGFI = .874，CFI = .947，SRMR = .041，RMSEA = .091となっている。

以上の結果から，Mael尺度とJohnson尺度の両者において，組織アイデンティフィケーションと組織コミットメントを別概念と仮定した2因子モデルの方が高い適合度を示しており，両概念の弁別性が支持される結果となった。

3.2　組織アイデンティフィケーションと組織コミットメントの相関比較

弁別性の第2の検証は相関分析である。本書では，確認的因子分析の補足と先行研究の追加検証として，諸変数の相関分析を行った。

3.2.1　分析方法

本書では，先行研究と同様の結果が得られるかについて，相関分析を行った。Riketta［2005］によれば，「職務満足」や「離職意思」などの態度変数については，組織アイデンティフィケーションよりも組織コミットメントの方が，相関が強いことが報告されている。本書においても，「組織アイデンティフィケーション」，「組織コミットメント」，「職務満足」，「残留意思」，「離職意思」の関係について，相関分析を行った。

3.2.2　対象者・尺度

本分析で使用されたデータは，サンプルA群の936名のデータである。尺度については，3.1.2と同様のものを使用した。

3.2.3　結果

図表4-32は，本分析で使用した諸変数の記述統計量と尺度の信頼性分析の結果である。図表4-33は，「組織アイデンティフィケーション」，「組織コミットメント」，「職務満足」，「残留意思」，「離職意思」の相関分析の結果である。

図表4-32の記述統計量の結果から，平均値については概ね3.4から4.2に収まっており，天井効果，床効果についても，特異な数値は観察されなかった。また，尺度の信頼性分析については，全ての尺度において α = .80以上の信頼性係数が得られており，尺度の内的一貫性が確認された。

次に，図表4-33の相関分析の結果から，「職務満足」，「残留意思」，「離職意

■ 図表 4-32　記述統計量・信頼性分析

	n	平均値 (M)	標準偏差 (SD)	天井効果	床効果	Cronbach α
組織アイデンティフィケーション (Mael 尺度)	936	4.20	1.12	5.32	3.08	.86
組織アイデンティフィケーション (Johnson 尺度)	936	3.81	1.18	4.99	2.62	.92
組織コミットメント（情緒的）	936	3.79	1.12	4.92	2.67	.87
職務満足	936	4.05	1.32	5.38	2.73	.93
残留意思	936	4.03	1.43	5.46	2.60	.89
離職意思	936	3.47	1.37	4.84	2.09	.81

■ 図表 4-33　相関分析

変数	平均値	標準偏差	1	2	3	4	5	6
1．組織 OI Mael 尺度	4.20	1.12						
2．組織 OI Johnson 尺度	3.81	1.18	.80**					
3．組織 OC（情緒的）	3.79	1.12	.67**	.80**				
4．職務満足	4.05	1.32	.55**	.69**	.73**			
5．残留意思	4.03	1.43	.56**	.72**	.82**	.69**		
6．離職意思	3.47	1.37	-.45**	-.55**	-.60**	-.59**	-.74**	

注：$n = 936$　**$p < .01$

OI = organizational identification（組織アイデンティフィケーション）

OC = organizational commitment（組織コミットメント）

思」の全てに対して，組織アイデンティフィケーションよりも組織コミットメントの方が強く相関していることが確認された。

「職務満足」，「残留意思」，「離職意思」に対する組織コミットメントの相関は，それぞれ $r = .73$，$r = .82$，$r = -.60$（$p < .01$）となっている。また，Johnson 尺度が 2 番目に強く相関しており，Mael 尺度は，3 つの尺度の中で最も弱い相関であった。以上の結果から，「職務満足」，「残留意思」，「離職意思」に対する相関は，組織アイデンティフィケーションよりも組織コミットメントの方が強く，先行研究と同様の結果が確認された。

3.3　組織アイデンティフィケーションの独自効果の検証

弁別性の最後の検証は，重回帰分析である。小玉［2011a］の研究によれば，組織アイデンティフィケーションと組織コミットメントを独立変数として同時に投入しても，「職務満足」と「文脈的パフォーマンス」に対して，それぞれが独立して有意な影響を与えたことが報告されている。本書においても，先行研究と同様の結果が得られるか，追加検証を行った。

3.3.1　分析方法

先行研究の追加検証を行うために，組織アイデンティフィケーションを独立変数，組織コミットメントを統制変数，「職務満足」，「残留意思」，「離職意思」を従属変数とした重回帰分析を行った。また，結果の妥当性を担保するために，本書ではMael尺度とJohnson尺度の両尺度を使用して分析を行った。

3.3.2　対象者・尺度・統制変数

本分析で使用されたデータは，サンプルA群の936名のデータである。尺度については，3.1.2と同様のものを使用した。従属変数と統制変数については，本章2.2.2と同様のものを使用した。

3.3.3　結果

図表4-34はMael尺度を独立変数，組織コミットメントを統制変数，「職務満足」，「残留意思」，「離職意思」を従属変数とした重回帰分析の結果である。また，図表4-35は，独立変数をJohnson尺度に変更した結果である。

図表4-34から，組織アイデンティフィケーション（Mael尺度）は，組織コミットメントを統制しても，「職務満足」と「離職意思」には有意な影響を与えるが，「残留意思」に対しては効果が消失することが確認された。

組織コミットメント統制後のMael尺度の影響力は，「職務満足」，「残留意思」，「離職意思」に対して，それぞれ $\beta = .14\ (p < .001)$，$\beta = .04$（非有意），$\beta = -.09\ (p < .05)$ となっている。

一方，組織コミットメントは，$\beta = .64$，$\beta = .79$，$\beta = -.55\ (p < .001)$ となっており，組織アイデンティフィケーションよりも強い影響が確認された。

■ 図表4-34　組織コミットメント統制後の効果（Mael 尺度）

独立変数群	従属変数群	職務満足	残留意思	離職意思
統制変数		β	β	β
性別		.01	.01	.02
年齢		.03	.00	.01
学歴		.06	.02	-.08
居住地		.03	.00	.05
結婚の有無		-.03	.02	.03
子供の有無		-.03	.02	-.02
年収（個人）		-.01	.01	-.04
年収（世帯）		.01	.05*	-.01
従業員数		-.02	.01	.00
所属部門		-.03	.02	.03
役職の有無		.05	.00	-.02
組織コミットメント（情緒的）		.64***	.79***	-.55***
独立変数				
組織 OI Mael 尺度		.14***	.04	-.09*
F 値		61.53***	104.32***	31.96***
VIF		1.88	1.88	1.88
Adj.R^2		.55	.68	.39

注：$n = 936$　***$p < .001$　**$p < .01$　*$p < .05$
　　OI = organizational identification（組織アイデンティフィケーション）

　最後に，組織コミットメントと Mael 尺度の VIF は，それぞれ1.89，1.88となっており，多重共線性は確認されなかった。

　図表4-35より，Johnson 尺度の組織アイデンティフィケーションについては，組織コミットメントによる統制を行っても，全ての従属変数に対して有意な影響を及ぼすことが確認された。

　組織コミットメント統制後の Johnson 尺度の影響力は，「職務満足」，「残留意思」，「離職意思」に対して，$\beta = .31$，$\beta = .22$，$\beta = -.20$（$p < .001$）となっている。

　一方，組織コミットメントは，$\beta = .48$，$\beta = .63$，$\beta = -.45$（$p < .001$）

■ 図表4-35　組織コミットメント統制後の効果（Johnson 尺度）

独立変数群 \ 従属変数群	職務満足	残留意思	離職意思
統制変数	β	β	β
性別	.01	.02	.02
年齢	.04	.01	.00
学歴	.06	.02	-.07
居住地	.03	.00	.06
結婚の有無	-.03	.02	.03
子供の有無	-.03	.03	-.02
年収（個人）	-.01	.01	-.04
年収（世帯）	.00	.05*	-.01
従業員数	-.04	-.01	.01
所属部門	-.02	.02	.02
役職の有無	.06	.00	-.02
組織コミットメント（情緒的）	.48***	.63***	-.45***
独立変数			
組織 OI Johnson 尺度	.31***	.22***	-.20***
F 値	67.33***	112.20***	33.21***
VIF	3.04	3.04	3.04
Adj.R^2	.57	.69	.40

注：$n = 936$　***$p < .001$　**$p < .01$　*$p < .05$
　　OI = organizational identification（組織アイデンティフィケーション）

となっており，組織アイデンティフィケーションよりも強い影響が確認された。また，多重共線性を示す VIF は，組織コミットメントが3.05，Johnson 尺度が3.04となっており，Mael 尺度よりも上昇しているが，許容範囲内であった。

図表4-34，4-35の検証結果から，Mael 尺度は組織コミットメント統制後も「職務満足」と「離職意思」に有意な影響を及ぼすが，「残留意思」に対しては効果が消失することが確認された。一方，Johnson 尺度は組織コミットメント統制後も，全ての従属変数に対して有意な影響を及ぼすことが明らかとなった。

以上の結果から，Mael 尺度の「残留意思」を除き，本書においても先行研

究と同様の結果が確認された。

　また，「確認的因子分析」，「相関分析」，「重回帰分析」の3つの分析結果から，組織アイデンティフィケーションと組織コミットメントの弁別性が支持される結果となった。

4 分析3：若年者の残留・離職意思と職場の人間関係の構造分析

　本節では，最後に分析3の構造分析の結果を提示していく。本章1.3項で示したように，分析3の主要な論点は，①関係的アイデンティフィケーションの間接効果の検証，②構造分析，③若年者と就業継続者の比較分析，の3点である。

　はじめに，4.1項では，関係的アイデンティフィケーションの間接効果の可能性について，分析結果を提示する。次に，4.2項では，職場の人間関係と残留・離職意思の関係について，構造分析の結果を示していく。最後に，4.3項では，若年者と就業継続者の比較分析の結果を提示し，両者の差について明らかにしていく。

4.1　関係的アイデンティフィケーションの間接効果

　構造分析の最初の検証は，関係的アイデンティフィケーションの間接効果の分析である。前章までの議論では，職場の人間関係が若年者の残留・離職意思に与える影響について，直接効果と間接効果の両面について検証することを述べてきた。この点について，本章では，関係的アイデンティフィケーションの直接効果について分析を行い，「残留意思」に対しては，「上司」と「先輩」との人間関係が有意な影響を及ぼし，「離職意思」に対しては，「上司」との人間関係が影響を及ぼすことを明らかにした。

　しかしながら，労働政策研究・研修機構［2007］や厚生労働省［2013］の調査結果は，職場の人間関係の「衛生要因」としての役割を示唆しており，職場の人間関係（各人に対する関係的アイデンティフィケーション）が「職務満足」や「組織アイデンティフィケーション」を経由して，「間接的」に残留・離職意思に影響を与えていることが推測される。それゆえ，本項では，関係的アイデンティフィケーションの間接効果の可能性について検証を行った。

4.1.1 分析方法

本書では，関係的アイデンティフィケーションの間接効果を検証するために重回帰分析を行った。具体的には，従来，組織成員の残留・離職意思に有意な影響を与えることが指摘されてきた，「職務満足」と「組織アイデンティフィケーション」を統制した上で，関係的アイデンティフィケーションが残留・離職意思に及ぼす影響を分析した。

関係的アイデンティフィケーションが若年者の残留・離職意思に直接的に影響を及ぼすと仮定した場合，「職務満足」や「組織アイデンティフィケーション」を統制しても，有意な影響が残ることが予想される。逆に，「職務満足」や「組織アイデンティフィケーション」を統制することによって効果が消失した場合，関係的アイデンティフィケーションの影響は間接的なものであることが推測される。

それゆえ，本分析では「上司」，「先輩」，「同期」に対する関係的アイデンティフィケーションを独立変数，「職務満足」，「組織アイデンティフィケーション」を統制変数，「残留意思」，「離職意思」を従属変数とする重回帰分析を行った。さらに，若年者特有の傾向を明らかにするために，全サンプルを使用した場合と，若年者のみのサンプルを使用した場合に分けて分析を行った。

4.1.2 対象者・尺度・統制変数

本分析で使用されたデータは，サンプルA群の936名と，そこから若年者のみを抽出した418名のデータである。尺度については3.1.2，従属変数と統制変数については，本章2.2.2と同様のものを使用した。

4.1.3 結果

図表4-36，4-37は，本分析で使用された諸変数の記述統計量と信頼性分析の結果について，全サンプルと若年者に分けて示したものである。図表4-38，4-39は，全サンプルと若年者それぞれの相関分析の結果である。

また，図表4-40，4-41は，全サンプル936名において，「上司」，「先輩」，「同期」に対する関係的アイデンティフィケーションを独立変数，「職務満足」，「組織アイデンティフィケーション」を統制変数，「残留意思」，「離職意思」を従属変数とした重回帰分析の結果である。本分析では，統制の影響を明らかに

■ 図表4-36 記述統計量・信頼性分析(全サンプル:936名)

	n	平均値(M)	標準偏差(SD)	天井効果	床効果	Cronbach α
上司:関係的アイデンティフィケーション	936	3.69	1.31	5.00	2.38	.93
先輩:関係的アイデンティフィケーション	936	3.92	1.22	5.14	2.70	.92
同期:関係的アイデンティフィケーション	936	3.99	1.25	5.25	2.74	.93
組織アイデンティフィケーション	936	3.81	1.18	4.99	2.62	.92
職務満足	936	4.05	1.32	5.38	2.73	.93
残留意思	936	4.03	1.43	5.46	2.60	.89
離職意思	936	3.47	1.37	4.84	2.09	.81

■ 図表4-37 記述統計量・信頼性分析(若年者のみ:418名)

	n	平均値(M)	標準偏差(SD)	天井効果	床効果	Cronbach α
上司:関係的アイデンティフィケーション	418	3.79	1.37	5.16	2.41	.94
先輩:関係的アイデンティフィケーション	418	4.02	1.20	5.22	2.82	.91
同期:関係的アイデンティフィケーション	418	4.07	1.32	5.39	2.75	.93
組織アイデンティフィケーション	418	3.84	1.26	5.09	2.58	.92
職務満足	418	3.98	1.36	5.35	2.62	.92
残留意思	418	3.90	1.52	5.42	2.39	.91
離職意思	418	3.52	1.48	4.99	2.04	.82

■ 図表 4-38　相関分析（全サンプル：936名）

変数	平均値	標準偏差	1	2	3	4	5	6	7
1．上司 RI	3.69	1.31							
2．先輩 RI	3.92	1.22	.54**						
3．同期 RI	3.99	1.25	.38**	.44**					
4．組織 OI	3.81	1.18	.59**	.50**	.46**				
5．職務満足	4.05	1.32	.53**	.43**	.34**	.69**			
6．残留意思	4.03	1.43	.47**	.37**	.30**	.72**	.69**		
7．離職意思	3.47	1.37	-.36**	-.24**	-.17**	-.55**	-.59**	-.74**	

注：$n = 936$　**$p < .01$
OI = organizational identification（組織アイデンティフィケーション）
RI = relational identification（関係的アイデンティフィケーション）

■ 図表 4-39　相関分析（若年者のみ：418名）

変数	平均値	標準偏差	1	2	3	4	5	6	7
1．上司 RI	3.79	1.37							
2．先輩 RI	4.02	1.20	.57**						
3．同期 RI	4.07	1.32	.42**	.49**					
4．組織 OI	3.84	1.26	.62**	.52**	.46**				
5．職務満足	3.98	1.36	.60**	.50**	.37**	.73**			
6．残留意思	3.90	1.52	.54**	.43**	.35**	.78**	.75**		
7．離職意思	3.52	1.48	-.42**	-.29**	-.24**	-.61**	-.64**	-.75**	

注：$n = 418$　**$p < .01$
OI = organizational identification（組織アイデンティフィケーション）
RI = relational identification（関係的アイデンティフィケーション）

するために，「統制前」と「統制後」の結果を併記した。また，図表4-42，4-43は，上記分析を若年者のみのサンプルで行った結果である。

図表4-36，4-37の結果より，全サンプルの平均値は3.4から4.1，若年者は3.5から4.1の範囲に収まっており，天井効果，床効果について特異な数値は観察されなかった。また，尺度の信頼性は，両者共に全て $\alpha = .80$ 以上となっており，尺度の内的一貫性が確認された。

図表4-38，4-39の結果から，「残留意思」と「離職意思」の両者に対して，「上司」，「先輩」，「同期」の順に相関が高くなることが確認された。

全サンプルの場合，「残留意思」に対する相関は，上司が $r = .47$，先輩が r

■ 図表 4-40　重回帰分析による間接効果の検証（全サンプル：残留意思）

独立変数群 / 従属変数群	残留意思 (統制前) β	残留意思 (統制後) β
統制変数		
性別	.00	.01
年齢	.05	.02
学歴	.04	.00
居住地	-.04	-.03
結婚の有無	.04	.03
子供の有無	.09	.06
年収（個人）	.03	.01
年収（世帯）	.09**	.05*
従業員数	.02	-.02
所属部門	.01	.04
役職の有無	.04	-.01
職務満足		.34***
組織アイデンティフィケーション		.49***
独立変数		
上司：関係的アイデンティフィケーション	.39***	.04
先輩：関係的アイデンティフィケーション	.14**	-.03
同期：関係的アイデンティフィケーション	.12**	-.02
F値	21.04***	65.94***
Adj.R^2	.31	.62

注：$n=936$　***$p<.001$　**$p<.01$　*$p<.05$

= .37，同期が $r=.30$（$p<.01$）となっており，「離職意思」においても，上司が $r=-.36$，先輩が $r=-.24$，同期は $r=-.17$（$p<.01$）の順となっている。

また，若年者の場合も，「残留意思」に対して，上司が $r=.54$，先輩が $r=.43$，同期が $r=.35$（$p<.01$）となっており，「離職意思」でも，上司が $r=-.42$，先輩が $r=-.29$，同期は $r=-.24$（$p<.01$）の順となっている。

以上の結果から，「残留意思」と「離職意思」に対して，「上司」，「先輩」，「同期」の順に相関が強くなることが確認された。また，全サンプルと若年者を比較した場合，「組織アイデンティフィケーション」，「職務満足」，「残留意思」，「離職意思」の全ての項目において，全サンプルよりも若年者の方が，相関が強いことが確認された。「同期」に対する関係的アイデンティフィケー

■ 図表4-41　重回帰分析による間接効果の検証（全サンプル：離職意思）

独立変数群	従属変数群	離職意思（統制前）β	離職意思（統制後）β
統制変数			
性別		.02	.02
年齢		-.02	.02
学歴		-.08	-.04
居住地		.08*	.07*
結婚の有無		.02	.01
子供の有無		-.06	-.04
年収（個人）		-.05	-.04
年収（世帯）		-.04	-.01
従業員数		-.01	.01
所属部門		.04	.00
役職の有無		-.05	.00
職務満足			-.42***
組織アイデンティフィケーション			-.32***
独立変数			
上司：関係的アイデンティフィケーション		-.34***	-.04
先輩：関係的アイデンティフィケーション		-.06	.09*
同期：関係的アイデンティフィケーション		-.04	.07
F値		10.12***	30.07***
Adj.R²		.17	.42

注：$n = 936$　***$p < .001$　**$p < .01$　*$p < .05$

ションと組織アイデンティフィケーションの相関のみ，$r = .46$で同等の値となっているが，それ以外は全て，若年者の方が，相関が高くなっている。

　以上の結果から，上司・先輩・同期との人間関係と，主要な従属変数群の関係は，全サンプルよりも若年者において，より強くなることが確認された。

　図表4-40，4-41の結果から，「職務満足」，「組織アイデンティフィケーション」を統制した場合，「残留意思」，「離職意思」に対する関係的アイデンティフィケーションの影響が消失することが確認された。

　統制前，「上司」，「先輩」，「同期」に対する関係的アイデンティフィケーションは，「残留意思」に対して$\beta = .39$ ($p < .001$)，$\beta = .14$ ($p < .01$)，$\beta = .12$ ($p < .01$) の有意な影響を与えていた。しかし，「職務満足」と「組織アイデンティフィケーション」を統制変数として投入した結果，$\beta = .04$，β

■ 図表4-42　重回帰分析による間接効果の検証（若年者のみ：残留意思）

独立変数群	従属変数群	残留意思 （統制前）	残留意思 （統制後）
		β	β
統制変数			
性別		-.04	-.06
年齢		-.08	-.02
学歴		.03	-.08
居住地		.00	-.02
結婚の有無		-.04	.00
子供の有無		.06	.04
年収（個人）		.05	.03
年収（世帯）		.01	.00
従業員数		.04	.08
所属部門		.02	.02
役職の有無		.03	.01
職務満足			.46***
組織アイデンティフィケーション			.45***
独立変数			
上司：関係的アイデンティフィケーション		.42***	.02
先輩：関係的アイデンティフィケーション		.18**	-.05
同期：関係的アイデンティフィケーション		.07	.01
F値		8.85***	35.34***
Adj.R^2		.30	.68

注：$n=418$　***$p<.001$　**$p<.01$　*$p<.05$

$=-.03$，$\beta=-.02$となり，全て非有意となっている。

　また，「離職意思」に対しては，「上司」に対する関係的アイデンティフィケーションが統制前に$\beta=-.34$（$p<.001$）の有意な影響を与えていたが，統制後，影響が消失している。一部，「先輩」に対する関係的アイデンティフィケーションが$\beta=.09$（$p<.05$）で有意となっているが，全体として，「職務満足」，「組織アイデンティフィケーション」の統制後，関係的アイデンティフィケーションの影響が消失することが確認された。

　図表4-42，4-43の結果より，若年者の場合においても，「職務満足」，「組織アイデンティフィケーション」を統制することによって関係的アイデンティフィケーションの影響が消失することが確認された。

　統制前，「上司」，「先輩」に対する関係的アイデンティフィケーションは，

■ 図表4-43　重回帰分析による間接効果の検証（若年者のみ：離職意思）

独立変数群	従属変数群	離職意思	
		（統制前）	（統制後）
統制変数		β	β
性別		.07	.09
年齢		.05	.01
学歴		-.12	-.01
居住地		.08	.10*
結婚の有無		.01	-.02
子供の有無		-.08	-.06
年収（個人）		-.02	.00
年収（世帯）		.06	.07
従業員数		.03	-.01
所属部門		.01	.00
役職の有無		-.07	-.06
職務満足			-.49***
組織アイデンティフィケーション			-.31***
独立変数			
上司：関係的アイデンティフィケーション		-.34***	.00
先輩：関係的アイデンティフィケーション		-.11	.10
同期：関係的アイデンティフィケーション		-.02	.02
F 値		4.87***	14.97***
Adj.R^2		.18	.47

注：$n=418$　***$p<.001$　**$p<.01$　*$p<.05$

「残留意思」に対して $\beta=.42$（$p<.001$），$\beta=.18$（$p<.01$）の有意な影響を与えていた。しかし，「職務満足」と「組織アイデンティフィケーション」を統制変数として投入した結果，$\beta=.02$，$\beta=-.05$ で両者とも非有意となっている。

「離職意思」においても，統制前は「上司」に対する関係的アイデンティフィケーションが $\beta=-.34$（$p<.001$）の有意な影響を与えていたが，統制後，影響が消失している。

以上の結果から，全サンプルにおいても，若年者においても，「職務満足」と「組織アイデンティフィケーション」を統制することによって関係的アイデンティフィケーションの影響が消失した。これにより，関係的アイデンティフィケーションの間接効果の可能性が確認された。

4.2 MIMIC モデルによる間接効果の検証

4.1項の分析から，関係的アイデンティフィケーションの間接効果の可能性が確認された。本項では，関係的アイデンティフィケーションの間接効果について，共分散構造分析の結果を示していく。

4.2.1 分析方法

本分析では，関係的アイデンティフィケーションの間接効果を検証するために，共分散構造分析のMIMICモデル（Multiple Indicator Multiple Cause Model）による分析を行った。本書の分析モデルは，第2章4.6項で示した図表2-12の通りである。

第2章で説明したように，本モデルでは左端に観測変数として「上司」，「先輩」，「同期」に対する関係的アイデンティフィケーションが設定されている。次に，潜在変数として「職場の人間関係」が中央に設定され，「上司」，「先輩」，「同期」から，「職場の人間関係」に対してパスが引かれている。概念上，職場の人間関係には上記三者以外との人間関係も含まれるため，誤差変数（e1）が設定されているが，これにより，「上司」，「先輩」，「同期」との人間関係が，総和としての「職場の人間関係」に対して与える影響を推定することが可能となっている。

さらに，「職場の人間関係」から「職務満足」と「組織アイデンティフィケーション」にパスを引き，両変数から「残留・離職意思」にパスを引いている。これによって，「職場の人間関係」が間接的に「残留・離職意思」に与える影響について検証が可能となっている。

4.2.2 対象者

本分析で使用されたデータは，サンプルA群の936名のデータである。また，サンプルA群の結果の信頼性・妥当性を担保するために，サンプルB群による再検証を行った。

4.2.3 結果

図表4-44は，職場の人間関係が「職務満足」と「組織アイデンティフィ

■図表 4 -44　間接効果モデル（残留意思）

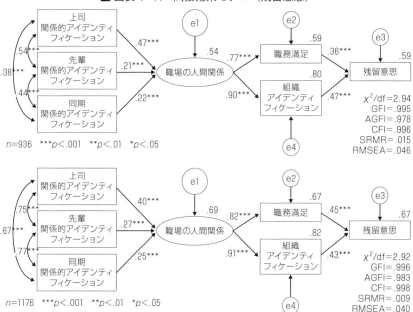

ケーション」を経由して，「残留意思」に影響を与える間接効果モデルの結果である。図表 4 -45は，上記同様，「離職意思」に影響を与える間接効果モデルの結果である。両分析において，サンプルA・B群双方のデータを使用して分析を行った。図表 4 -46は，上記の分析結果をまとめたものである。

図表 4 -44，4 -45，4 -46の結果から，「残留意思」と「離職意思」の双方において，間接効果モデルが成立することが確認された。

「残留意思」の間接効果モデルの適合度は，サンプルA群がAGFI = .978，CFI = .996，SRMR = .015，RMSEA = .046，サンプルB群がAGFI = .983，CFI = .998，SRMR = .009，RMSEA = .040となっており，高い適合度を得ることができた。

また，「離職意思」の間接効果モデルの適合度は，サンプルA群がAGFI = .957，CFI = .989，SRMR = .028，RMSEA = .072，サンプルB群がAGFI = .944，CFI = .990，SRMR = .035，RMSEA = .086となっており，適合度は許容範囲内であった。

■ 図表4-45　間接効果モデル（離職意思）

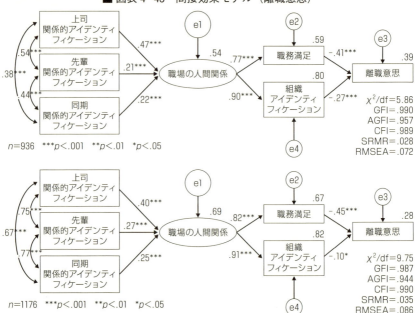

■ 図表4-46　間接効果モデルの適合度

間接効果モデル	χ^2/df	GFI	AGFI	CFI	SRMR	RMSEA
残留意思						
サンプルA群	2.94	.995	.978	.996	.015	.046
サンプルB群	2.92	.996	.983	.998	.009	.040
離職意思						
サンプルA群	5.86	.990	.957	.989	.028	.072
サンプルB群	9.75	.987	.944	.990	.035	.086

　以上の結果から，上司・先輩・同期との職場の人間関係は，「職務満足」，「組織アイデンティフィケーション」を経由して，間接的に残留・離職意思に影響を与えることが確認された。

4.3 構造分析による若年者と就業継続者の比較

　構造分析の最後の検証は，若年者と就業継続者の比較分析である。4.2項の分析結果から，職場の人間関係が「職務満足」や「組織アイデンティフィケーション」を経由して，間接的に残留・離職意思に影響を与えていることが確認された。本項では，さらに若年者特有の傾向を明らかにするために，間接効果モデルを使用した若年者と就業継続者の比較分析を行った。両者の差に関する本書の仮説は，図表4-47の通りである。

■図表4-47　若年者と就業継続者の比較分析の仮説

仮説11	上司・先輩・同期との「職場の人間関係」が，「職務満足」，「組織アイデンティフィケーション」を経由して「残留意思」，「離職意思」に与える影響は，就業継続者よりも若年者の方が大きい

4.3.1　分析方法

　若年者特有の傾向を明らかにするために，サンプルA群を若年者と就業継続者に分割した。次に，若年者と就業継続者それぞれにおいて間接効果モデルを作成し，モデル適合度及び，「残留意思」，「離職意思」に対するR^2値の比較を行った。

4.3.2　対象者

　本分析で使用されたデータは，サンプルA群の936名を，若年者418名，就業継続者518名に分割したものである。

4.3.3　結果

　図表4-48は，「残留意思」の間接効果モデルについて，若年者と就業継続者の結果を示したものである。また，図表4-49は，「離職意思」に関する両者の結果を示したものである。図表4-50は，上記2つの結果について，モデル適合度とR^2値をまとめたものである。

　図表4-48，4-49の結果から，「残留意思」と「離職意思」の両者において，職場の人間関係は若年者に対してより強い影響を及ぼすことが確認された。若年者の場合，総和としての「職場の人間関係」は，「職務満足」，「組織アイ

■図表 4-48　若年者と就業継続者の比較（残留意思）

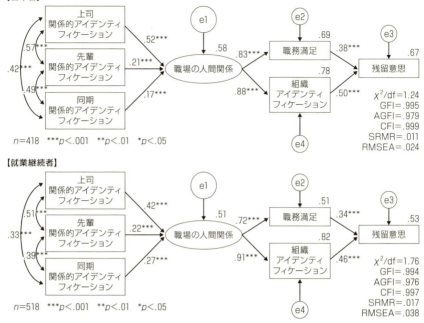

デンティフィケーション」に対して、$\beta = .83$ ($p < .001$)、$\beta = .88$ ($p < .001$) の影響を与えており、「残留意思」の R^2 値は .67 であった。

一方、就業継続者では、職場の人間関係は「職務満足」、「組織アイデンティフィケーション」に対して $\beta = .72$ ($p < .001$)、$\beta = .91$ ($p < .001$) の影響を与えているが、R^2 値は .53 に留まっている。また、「離職意思」においても、若年者では R^2 値が .45 であったのに対し、就業継続者では .33 まで低下している。

さらに、図表 4-50 の結果から、「残留意思」と「離職意思」の両者において、就業継続者よりも若年者の方が、モデル適合度が高いことが確認された。若年者の「残留意思」のモデル適合度は、AGFI = .979、CFI = .999、SRMR = .011、RMSEA = .024 であり、高い適合度を得ることができた。「離職意思」においても、AGFI = .962、CFI = .994、SRMR = .022、RMSEA = .056 となっており、適合度は許容範囲内であった。

第4章 3つの分析と結果の提示　211

■ 図表4-49　若年者と就業継続者の比較（離職意思）

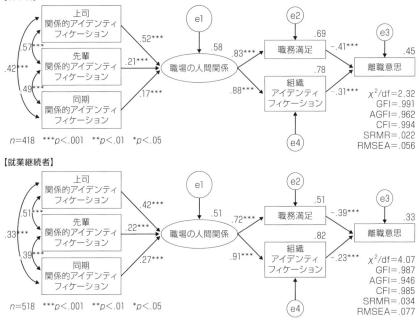

■ 図表4-50　若年者と就業継続者の比較

対象	χ^2/df	GFI	AGFI	CFI	SRMR	RMSEA	R^2値
残留意思							
若年者	1.24	.995	.979	.999	.011	.024	**.67**
就業継続者	1.76	.994	.976	.997	.017	.038	**.53**
離職意思							
若年者	2.32	.991	.962	.994	.022	.056	**.45**
就業継続者	4.07	.987	.946	.985	.034	.077	**.33**

　以上の結果から，上司・先輩・同期との「職場の人間関係」が，「職務満足」と「組織アイデンティフィケーション」を経由して「残留意思」や「離職意思」に及ぼす影響は，就業継続者よりも若年者の方が強いことが確認された。これにより，仮説11は支持される結果となった。

第5章

職場の人間関係が若年者の早期離職に及ぼす影響

1 本章の概要・目的
　　　──尺度開発・弁別性・構造分析の考察

　第4章では，①関係的アイデンティフィケーション尺度の開発，②組織アイデンティフィケーションと組織コミットメントの弁別性の検証，③若年者の残留・離職意思と職場の人間関係の構造分析について，分析結果を示してきた。また，上記3つの分析を通して，11の仮説について検証を行った。図表5-1は，その結果をまとめたものである。

　第5章では，これまでの分析結果を受け，本書の結論と含意を述べていく。はじめに，本章の主たる結論は次の4点である。第1に，組織アイデンティフィケーションの尺度については，既存のMael尺度よりもJohnson尺度の方が有効であり，今後の尺度選択としてJohnson尺度の使用が推奨される。

　第2に，本書で開発された関係的アイデンティフィケーション尺度は，信頼性・妥当性が担保された尺度である。今後，職場の人間関係を捉える新たな尺度として活用していくことが期待される。

　第3に，組織アイデンティフィケーションと組織コミットメントは異なる概念であり，両者を別概念として扱うことが適切である。

　第4に，「職場の人間関係」は若年者の残留・離職意思に「間接的」に影響を与える。また，その影響力は就業継続者よりも若年者に対してより強く働くため，職場の人間関係は若年時において，特にケア・マネジメントが必要である。

■ 図表5-1 仮説検証の結果

	本書の仮説	検証結果
仮説1	上司に対する関係的アイデンティフィケーションは，若年者の残留意思に対して有意な正の影響を与える	支持
仮説2	上司に対する関係的アイデンティフィケーションは，若年者の離職意思に対して有意な負の影響を与える	支持
仮説3	先輩に対する関係的アイデンティフィケーションは，若年者の残留意思に対して有意な正の影響を与える	支持
仮説4	先輩に対する関係的アイデンティフィケーションは，若年者の離職意思に対して有意な負の影響を与える	不支持
仮説5	同期に対する関係的アイデンティフィケーションは，若年者の残留意思に対して有意な正の影響を与える	不支持
仮説6	同期に対する関係的アイデンティフィケーションは，若年者の離職意思に対して有意な負の影響を与える	不支持
仮説7	上司，先輩，同期に対する関係的アイデンティフィケーションは，若年者の「組織アイデンティフィケーション」に有意な正の影響を与える	支持
仮説8	関係的アイデンティフィケーションが，若年者の「残留意思」，「離職意思」に与える影響力は，上司，先輩，同期の順に大きい	支持
仮説9	上司，先輩，同期に対する関係的アイデンティフィケーションは，若年者の「職務満足」に有意な正の影響を与える	一部支持
仮説10	「職場の人間関係（上司・先輩・同期に対する関係的アイデンティフィケーション）」が，「残留意思」，「離職意思」，「職務満足」，「組織アイデンティフィケーション」に与える影響は，就業継続者よりも若年者の方が大きい	一部支持
仮説11	上司・先輩・同期との「職場の人間関係」が，「職務満足」，「組織アイデンティフィケーション」を経由して「残留意思」，「離職意思」に与える影響は，就業継続者よりも若年者の方が大きい	支持

　以下では，上記結論に至った背景や，結論から導出される知見・示唆について詳しく述べていく。全体の理解をサポートするため，本章は第4章の分析順に沿って説明をしていく。また，最後に「理論」・「尺度開発」・「若年早期離職」に対する本書の貢献を述べ，全体の総括を行う。

2 考察1：アイデンティフィケーションの尺度開発

　本節では，分析1で行われたアイデンティフィケーションの尺度開発につい

て,結論と含意を述べていく。本節の構成として,2.1項では,Johnson 尺度の信頼性・妥当性の検証,2.2項では Johnson 尺度と Mael 尺度の差の検証,2.3項では関係的アイデンティフィケーションの尺度開発,2.4項では関係的アイデンティフィケーションと主要な従属変数群の関係,2.5項では若年者と就業継続者の比較分析について,結論と含意を述べていく。

2.1 Johnson 尺度の信頼性・妥当性の検証

　本書では,はじめに Johnson 尺度の信頼性・妥当性の検証を行った。これまで述べてきたように,Johnson 尺度の特徴は,タジフェルの社会的アイデンティティ理論に基づき,「感情的」,「認知的」,「価値的」側面が尺度に含まれている点にある。本書ではこの Johnson 尺度について信頼性・妥当性の検証を行い,次の2点を明らかにした。

　第1に,本書の検証結果からも尺度の信頼性・妥当性が確認され,Johnson 尺度の有効性が確認された。Johnson et al. [2012] では大学生が調査対象であったが,本書では社会人を対象としている。異なる地域,文化,対象者においても尺度の信頼性・妥当性が確認されたことは,Johnson 尺度の有効性を支持するものである。

　一方,確認的因子分析の結果から,本書では Johnson et al. [2012] で使用されたオリジナルの2因子各4項目よりも2因子各3項目の方が,適合度が高いという結果が示された。この背景には,調査方法や対象者の違い,質問項目の邦訳等,様々な要因が考えられる。しかしながら,本結果は Johnson 尺度の本来的な価値を損ねるものではない。Johnson et al. [2012] で提起された,社会的アイデンティティ理論を基礎とした概念と尺度の一致,「感情的側面」の追加,対象を限定した尺度設計を行わない,などの考え方は,アイデンティフィケーション尺度の発展に大きく寄与するものであると考えられる。

　第2に,本書の分析結果から Johnson 尺度の問題点も確認された。最も大きな問題は,「感情的側面」と「認知的側面」の内部相関である。Johnson et al. [2012] においても両側面に $r = .40$ ($p < .01$) の相関があることが報告されていたが,本書では,サンプル A 群で $r = .88$,サンプル B 群で $r = .91$ ($p < .001$) という極めて強い相関が確認された(第4章:図表4-6,4-7参照)。

　下位概念の内部相関については,本書や Johnson et al. [2012] だけでなく,

Edwards and Peccei［2007］などからも報告されており、本尺度固有の問題ではない可能性もある。実際、エドワーズらは、尺度開発の結論として、仮説として提示した3因子各2項目ではなく、それらを合わせた1因子6項目の尺度として使用することを推奨している。

複数の実証研究から同様の指摘があることを鑑みると、「感情的側面」と「認知的側面」は多くの場合において不可分なものであることが推測される。本書においても、2因子各3項目の尺度を1因子6項目の尺度として使用することによって、内部相関の問題に対応しつつ、分析モデルの簡素化を図った。

以上の先行研究や分析結果を鑑みると、本書の結論として、ジョンソンらによるアイデンティフィケーション尺度は、地域、文化、対象者を超えて信頼性と妥当性が確認された有効な尺度だといえる。しかしながら、下位概念の内部相関が強く、弁別が困難なため、実証研究においては1因子6項目の尺度として使用し、質問項目内に「感情的」、「認知的」、「価値的」側面を含んでいくことが、有効であると考えられる。

2.2 Johnson 尺度と Mael 尺度の差の検証

本書では、第4章2.2項において、Johnson 尺度と Mael 尺度の差の検証を行った。これまで述べてきたように、Mael and Ashforth［1992］の組織アイデンティフィケーション尺度は、社会的アイデンティティ・アプローチが導入されて以降、最も有力な尺度であり、1990年代初頭から多くの研究者に使用されてきた。本書ではこの Mael 尺度と Johnson 尺度を比較検証し、次の2点を明らかにした。

第1に、Mael 尺度よりも Johnson 尺度の方が、主要な従属変数群に対する影響力・説明力が大きいという点である。本書では、「職務満足」、「残留意思」、「離職意思」を従属変数として比較分析を行ったが、それぞれの影響力は、Mael 尺度が $\beta=.57$, $\beta=.57$, $\beta=-.46$ ($p<.001$) であり、Johnson 尺度では $\beta=.70$, $\beta=.74$, $\beta=-.56$ ($p<.001$) であった（第4章：図表4-11, 4-12参照）。また、調整済み R^2 値は、Mael 尺度が.33, .34, .22であるのに対し、Johnson 尺度は.50, .56, .33となっている。以上の結果から、全ての従属変数に対して、Johnson 尺度の方がより強い影響を及ぼしており、両尺度の影響力・説明力の差が確認される結果となった。

第 2 に，両尺度の影響力の差は，「感情的側面」の有無に起因することが推測される点である。Mael 尺度の功績は，社会的アイデンティティ・アプローチの導入を反映し，アイデンティフィケーションの「認知的側面」に焦点を当てた点にある。

一方，Johnson 尺度の功績は，「認知的側面」に加え，「感情的側面」を導入した点にある。Johnson 尺度では，「この会社の一員であることに，幸せ・誇り・満足感を感じる」など，感情面に関する直接的な質問が複数含まれている。Mael 尺度においても，「会社が批判された時に，自分が批判されたように感じる」，「会社が褒められた時に，自分が褒められたように感じる」など，回答者の感情が推測される設問が存在するが，Johnson 尺度ほど直接的な表現とはなっていない。

以上の結果を鑑みると，本書の結論として，Johnson 尺度と Mael 尺度の差は，「感情的側面」の有無に起因するものであり，アイデンティフィケーションにおける「感情的側面」の重要性が強く示唆される結果となった。ただし，「感情的側面」を含む尺度の予測妥当性は，CMV（common method variance）の影響を受けることが Podsakoff et al.［2012］によって報告されている。そのため，「感情的側面」を含む Johnson 尺度の方が，Mael 尺度よりも従属変数群に対して強い影響を示した可能性については，留意が必要である。

以上の点に注意しつつも，両尺度の影響力・説明力の差，Mael 尺度の課題点を鑑みると，本書の結論として，Mael 尺度よりも Johnson 尺度の方が有効性の高い尺度であり，今後の尺度選択として Johnson 尺度の使用が推奨される。

2.3 関係的アイデンティフィケーションの尺度開発

第 4 章 2.3 項では，本書の新たな取り組みとして，関係的アイデンティフィケーションの尺度開発を行った。これまで，関係的アイデンティフィケーションについては，概念の歴史が浅く，定義が曖昧なことから，標準的な尺度が定まっていなかった。本書では，研究蓄積が豊富な組織アイデンティフィケーションの定義・尺度を援用し，関係的アイデンティフィケーション尺度の開発に取り組んできた。尺度開発を通して得られた本書の成果と結論は，以下の 3 点である。

第 1 に，Johnson 尺度を応用した関係的アイデンティフィケーション尺度の

信頼性・妥当性が確認され，尺度の有効性が確認された。これにより，LMXやTMXなど，社会的交換関係とは異なる視点から，職場の人間関係を捉えることが可能となった。

第2に，本書の分析結果から，関係的アイデンティフィケーション尺度の課題点も確認された。具体的には，ジョンソンの組織アイデンティフィケーション尺度と同様に，下位概念の内部相関が強い点である。

「上司」に対する関係的アイデンティフィケーションでは，「感情的側面」と「認知的側面」の間に $r = .91$ $(p < .001)$ の相関が確認されており，「先輩」，「同期」においても $r = .85$, $r = .87$ $(p < .001)$ となっている（第4章：図表4-17参照）。同様の結果はサンプルB群においても確認されており，「上司」，「先輩」，「同期」それぞれにおける相関は，$r = .91$, $r = .94$, $r = .93$ $(p < .001)$ となっている（第4章：図表4-18参照）。

以上の結果から，アイデンティフィケーションの対象を「組織」から「個人」に変更しても，両側面の相関は極めて強く，本書の結論として，「感情的側面」と「認知的側面」は不可分なものであることが推測される。

第3に，尺度開発におけるもう1つの留意点は，関係的アイデンティフィケーションの対象によって尺度の適合度が異なる点である。今回，職場の代表的な人間関係として「上司」，「先輩」，「同期」を抽出し，確認的因子分析による検証を行った。「上司」に対する関係的アイデンティフィケーション尺度の適合度は，サンプルA群でAGFI = .984, CFI = .998, SRMR = .010, RMSEA = .034, サンプルB群でAGFI = .949, CFI = .987, SRMR = .024, RMSEA = .079, となっており，適切な適合度が得られた（第4章：図表4-17, 4-18参照）。

しかし，「先輩」に対する適合度は，サンプルA群でAGFI = .932, CFI = .986, SRMR = .022, RMSEA = .090, サンプルB群でAGFI = .943, CFI = .987, SRMR = .020, RMSEA = .085となっており，適合度が低下している。「同期」についても，サンプルA群でAGFI = .954, CFI = .990, SRMR = .017, RMSEA = .075, サンプルB群でAGFI = .947, CFI = .988, SRMR = .020, RMSEA = .082となっており，必ずしも良好な値とはいえない。以上の結果から，関係的アイデンティフィケーションという同一の概念・尺度においても，対象者によって尺度の適合度・有効性が異なることが明らかとなった。

このような適合度の差が生まれた背景として，対象となる人物の「明確性（特定のしやすさ）」の問題が存在したことが考えられる。本書では，「上司」を直属の上司とし，その定義を「自分に対して公式な指揮命令権を持つ，組織ライン上すぐ上の上司」とした。また，「先輩」については，「自分に対して公式な指揮命令権を持たない，入社年次や年齢が上の社員」となっており，「同期」については，「新卒として同時期に入社した者」と定義している（第3章：図表3-10参照）。

本定義からも理解できるように，「先輩」，「同期」については，あてはまる対象が複数名存在する可能性があるため，回答者が複数の対象者を想像し，回答内容の一貫性に影響を与えた可能性がある。本件については改めて検証する必要があるが，本結果の含意として，関係的アイデンティフィケーションを測定する際は，対象者を明確化する必要があると考えられる。

2.4 関係的アイデンティフィケーションと諸変数の関係

第4章2.4項では，関係的アイデンティフィケーションと主要な従属変数群（残留意思・離職意思・職務満足・組織アイデンティフィケーション）の関係について分析を行った。本書の結論・含意は，以下の通りである。

2.4.1 関係的アイデンティフィケーションと残留意思・離職意思の関係

本書では，職場の人間関係が若年者の残留・離職意思に与える影響を検証するために，「上司」，「先輩」，「同期」に対する関係的アイデンティフィケーションを独立変数，「残留意思」，「離職意思」を従属変数とする重回帰分析を行った（第4章：図表4-22参照）。本分析結果から得られた結論と含意は，次の2点である。

第1に，若年者の「残留意思」に対しては，「上司」，「先輩」との人間関係が重要であり，「離職意思」に対しては，「上司」との人間関係が重要であることが明らかとなった。「残留意思」に対する「上司」，「先輩」の影響力は，$\beta=.42$ $(p<.001)$，$\beta=.18$ $(p<.01)$ であり，「同期」は $\beta=.07$（非有意）であった。

また，「離職意思」に対する「上司」の影響力は，$\beta=-.34$ $(p<.001)$ であり，「先輩」，「同期」は $\beta=-.11$（非有意），$\beta=-.02$（非有意）であった。以

上の結果から，若年者の「残留意思」の向上に対しては，「上司」，「先輩」との人間関係が重要であり，「離職意思」の軽減に対しては，「上司」との人間関係が重要であることが明らかとなった。

　上記結果から得られる重要な知見・示唆は，「残留意思」と「離職意思」は質的に異なる心理状態であるという点である。もし「残留意思」と「離職意思」が表裏一体の心理状態であるならば，両変数に影響を及ぼす人間関係は同一のものになることが予想される。しかし，本書の分析結果から，「残留意思」に対しては「上司」，「先輩」が有意な影響を与え，「離職意思」に対しては，「上司」のみが有意な影響を与えていた。この事実は，組織成員の「組織に残りたい」という気持ちに影響を与える人間関係と，「組織を辞めたい」という気持ちに影響を与える人間関係が異なることを示している。

　また，調整済みR^2値も「残留意思」では.30であったものが，「離職意思」では.18となっており，「職場の人間関係（上司・先輩・同期に対する関係的アイデンティフィケーション）」が持つ説明力が，顕著に低下している。以上の結果を鑑みると，「残留意思」と「離職意思」は質的に異なる心理状態であり，「離職意思」は，「残留意思」よりも多様な要因から影響を受ける感情であることが推測される。

　本分析の第2の知見は，「同期」との人間関係は若年者の残留・離職意思に有意な影響を及ぼさないという点である。本書では，「同期」との人間関係を若年者の残留・離職意思に有意な影響を与える要因と考え，仮説5，6を提示した。しかし，分析の結果，「残留意思」と「離職意思」の両者に対して，「同期」との人間関係は有意な影響を与えないことが確認された。つまり，入社1年目から3年目の若年者にとって，「同期」に対する肯定的な感情や，仕事上のアイデンティティ形成において有益であるという認知は，若年者本人の残留・離職意思に直接的な影響を及ぼさないということである。

　以上の結果から，本分析の結論として，若年者の早期離職に対しては，「同期」よりも「上司」や「先輩」との人間関係を優先的にケア・マネジメントする必要があることが確認された。

2.4.2　関係的アイデンティフィケーションと職務満足の関係

　関係的アイデンティフィケーションと「職務満足」の関係について明らかに

なった点は,「上司」,「先輩」との人間関係が,若年者の「職務満足」に有意な正の影響を与えるという点である。「上司」,「先輩」に対する関係的アイデンティフィケーションが「職務満足」に与える影響は,$\beta = .40$,$\beta = .32$（$p < .001$）となっており,調整済みR^2値は.40となっている（第4章：図表4-22参照）。また,「同期」との人間関係は,若年者の「職務満足」に有意な影響を与えないことも確認された。

　上記結果から得られる知見・示唆は,若年者の「職務満足」の少なくない部分が,「職場の人間関係」で構成されているという点である。言い換えれば,若年者の仕事に対する満足感は,職務内容自体とは直接関係のない「職場の人間関係」から影響を受けていることが推測される。

　これまで,労働政策研究・研修機構［2007］や櫻木［2006］からも,職場の人間関係と職務満足の関係が指摘されており,本書の分析結果は,先行研究を支持するものとなっている。また,職場の人間関係の中でも,「上司」,「先輩」との人間関係が有意な影響を与えることが確認された点は,若年者の「職務満足」を高めるために「誰」との人間関係を重視すべきか,という疑問に,回答を提供するものである。一般に,「職務満足」が組織成員の離職行動に大きな影響を及ぼしている事実を鑑みると,若年者の早期離職を防止するためには,「職務満足」を担保する必要があり,そのためには,「上司」や「先輩」との適切な人間関係を形成しなければならないことが示唆される。

　さらに,「職務満足」についてもう1つ注目すべき点は,他の従属変数と比較して,「上司」と「先輩」の影響力の差が「小さい」ことである。上記で述べたように,「職務満足」に与える影響は,「上司」が$\beta = .40$（$p < .001$),「先輩」が$\beta = .32$（$p < .001$）であり,その差は.08である。「残留意思」では「上司」が$\beta = .42$（$p < .001$),「先輩」が$\beta = .18$（$p < .01$),「離職意思」では「上司」が$\beta = -.34$（$p < .001$),「先輩」が$\beta = -.11$（非有意),であったことを考えると,「職務満足」では両者の影響力の差が小さいことが確認できる。

　そして,このような結果は,若年者の「職務満足」に対する「先輩社員」の役割の重要性を示唆するものである。その背景については,第2章でも指摘したように,若年者が「直接的」に仕事の進め方やサポートを受けるのは,上司よりも先輩社員であることが多く,先輩社員が若年者の最も身近なロールモデルとなっていることが推測される。

以上の結果から,「上司」と同様に「先輩」との人間関係を担保することが,若年者の「職務満足」につながることが明らかとなった。「上司」,「先輩」との人間関係を充実させることが若年者の「職務満足」につながり,それが残留意思の向上や離職意思の低下につながると考えられる。

2.4.3 関係的アイデンティフィケーションと組織アイデンティフィケーションの関係

関係的アイデンティフィケーションと「組織アイデンティフィケーション」の関係について注目すべき点は,「上司」,「先輩」,「同期」に対する関係的アイデンティフィケーション全てが,組織アイデンティフィケーションに有意な正の影響を与えている点である。

具体的には,組織アイデンティフィケーションに対する,「上司」,「先輩」,「同期」の影響力は, $\beta = .48$ ($p < .001$), $\beta = .18$ ($p < .01$), $\beta = .14$ ($p < .01$) となっている(第4章:図表4-22参照)。これは,職場における「上司」,「先輩」,「同期」との人間関係は,全て組織に対する感情・認知・評価に転嫁されることを示唆している。中でも,「上司」に対する関係的アイデンティフィケーションは,「先輩」,「同期」と比較して2倍以上の影響を与えており,「上司」との人間関係が,「組織」との関係に強い影響を与えていることが確認された。

上記の結果から得られる知見・示唆は,「職場の人間関係」と「組織との関係」は「不可分」であるという点である。換言すれば,「職場の人間関係」はそれ自体が独立して存在するのではなく,「職場」を内包する「組織」と常に連動しているということである。

例えば,若年者と「上司」の人間関係は,表面上は二者間の関係であるが,「上司」との関係は,「組織」との関係に転嫁される。その背景には,「上司」が「組織の代表性」を備えた人物であり,上司と組織は「同一の存在」であると知覚・認知される傾向があるためである。そのような意味において,若年者と「上司」の人間関係は,二者間関係に留まらず,「組織」を含めた三者間の関係に影響を及ぼすと考えられる。

組織アイデンティフィケーションに対する調整済み R^2 値が .43であったことを考えると,組織に対する感情・認知・評価の少なくない部分が「職場の人

間関係」によって形成されていることが推測される。本書の結論として，上司・先輩・同期との職場の人間関係の在りようは，若年者の所属組織に対する感情・認知・評価の在りように，強く影響を及ぼしていると考えられる。

2.5 若年者と就業継続者の比較分析

本書では，若年者特有の離職傾向を明らかにするために，若年者と就業継続者の比較分析を行った。第4章2.5項の分析結果から，3点の知見・示唆が示されている。

2.5.1 時間による人間関係の重要性変化

若年者と就業継続者の比較分析から得られた最も重要な知見・示唆は，「時期（入社年次）」によって，重要となる人間関係が「変化」するということである。換言すれば，人間関係によって重要となる時期やタイミングが異なり，一貫して影響を及ぼし続ける人間関係もあれば，時期によって重要性が変動する人間関係も存在するということである。

例えば，「残留意思」の場合，若年者に有意な影響を及ぼしたのは，「上司」，「先輩」との人間関係であった。しかし，入社4年目以降の就業継続者では，有意な影響を及ぼす人間関係が「上司」と「同期」に変化している（第4章：図表4-26参照）。また，「職務満足」においても，若年者では「上司」，「先輩」との人間関係が有意であったのに対し，就業継続者では「上司」，「先輩」，「同期」の全ての人間関係が有意な影響を与えている（第4章：図表4-27参照）。

これまで，多くの調査・研究から，離職行動に対する職場の人間関係の重要性が指摘されてきたが，各人間関係の重要性が入社年次によって変化することについては，必ずしも明らかにされてこなかった。このような変化が起こる背景・メカニズムについては，理論的背景を含めて別途検証が必要である。しかしながら，本分析結果は，時間の経過（入社年次）によって，重要となる人間関係が変化することを示唆している。

以上の結果を鑑みると，職場の人間関係については，「誰」との人間関係が「どれくらい」影響するのか，という問いの他に，今後はその関係が「いつ」重要になるのか，という視点を新たに追加していく必要があるだろう。本書の結論として，職場における人間関係の重要性は「可変的」なものであり，人間

関係ごとに重要となる「時期」や「期間」が異なることが推測される。

2.5.2 「職場の人間関係」と「時間」の関係

比較分析による第2の知見・示唆は，「職場の人間関係」の影響力は，時間の経過と共に「減少」する傾向があるという点である。換言すれば，「職場の人間関係」は就業継続者よりも入社年次の若い若年者に対して，より強い影響を及ぼすことが推測される。

本書では，「職場の人間関係」が持つ影響力を検証するために，従属変数群に対するR^2値（統制変数を除いたR^2値）について，比較分析を行った。図表5-2は，その結果をまとめたものである。

図表5-2より，「残留意思」，「離職意思」，「職務満足」において，就業継続者よりも若年者の方が，R^2値が高いことが確認できる。統制変数を除いたR^2値（職場の人間関係のみの説明力）は，若年者が.31，.17，.38であり，就業継続者は，.25，.13，.27となっている。つまり，上記3つの従属変数に対して，上司・先輩・同期との「職場の人間関係」が持つ説明力は，若年者の方が大きいといえる。

「職場の人間関係」が就業継続者よりも若年者に対して強い影響を及ぼす背景には，複数の要因が推測される。例えば，寺畑［2009］が指摘したように，若年者の方が社内の人間関係が狭いため，少数の人間関係から強い影響を受けてしまうことが考えられる。また，若年者自身が「先輩」や「上司」に変化・

■ 図表5-2　若年者と就業継続者の比較（R^2値の変化）

独立変数 \ 従属変数	残留意思		離職意思	
	若年者	就業継続者	若年者	就業継続者
上司・先輩・同期RI 統制変数を除いたR^2値	.31 →	.25	.17 →	.13

独立変数 \ 従属変数	職務満足		組織OI	
	若年者	就業継続者	若年者	就業継続者
上司・先輩・同期RI 統制変数を除いたR^2値	.38 →	.27	.42 →	.43

成長することによって,「職場の人間関係」の影響を「受ける側」から「与える側」に移行する可能性や,給与,勤務地,仕事内容など,「職場の人間関係」以外の要因がもたらす影響が,加齢と共に強くなることが推測される。

最後に,本分析においては,唯一「組織アイデンティフィケーション」だけは,若年者よりも就業継続者の方が,R^2値が高かった。この背景には,入社からの経過年数に伴って,「上司」,「先輩」,「同期」との人間関係がより強固なものとなり,その関係性が,組織に対する愛着や帰属意識を示す組織アイデンティフィケーションに転嫁したことが考えられる。

しかし,それ以外の「残留意思」,「離職意思」,「職務満足」においては,就業継続者のR^2値が減少している事実を鑑みると,本書の結論として,「職場の人間関係」の影響力は,経年変化する性質を持っており,時間の経過と共に減少していく傾向があると考えられる。

2.5.3 「上司」・「先輩」・「同期」の特徴と役割

比較分析から得られる第3の知見・示唆は,「上司」,「先輩」,「同期」の持つ影響力の大きさと持続性,そして各人の役割の違いである。具体的には,「上司」は職場の人間関係において最も大きな影響力を持ち,なおかつ,その影響に持続性がある。一方,「先輩」は若年者に対しては有意な影響を持つが,その影響力は徐々に低下していく。そして「同期」は,若年者に対しては有意な影響を持たないが,時間の経過と共に重要性が増す「遅効性」の人間関係であることが明らかとなった。

(i) 上司の特徴・役割

はじめに,本書の分析結果から,「上司」との人間関係は全ての従属変数に対して有意な影響を与えており,なおかつ三者の中で最も影響力が大きいことが確認された(第4章:図表4-26, 4-27参照)。

「残留意思」,「離職意思」,「職務満足」,「組織アイデンティフィケーション」に対する「上司」の影響力は,若年者に対して$\beta=.42$, $\beta=-.34$, $\beta=.40$, $\beta=.48$ ($p<.001$)であり,就業継続者では$\beta=.37$, $\beta=-.34$, $\beta=.38$, $\beta=.38$ ($p<.001$)となっている。全体傾向として,その影響力は時間の経過と共に減少する傾向にあるが,本分析結果から,「上司」,「先輩」,「同期」の中

で,「上司」が最も強い影響を持つことが確認された。LMXをはじめ,これまでも様々な研究から「上司」の重要性が指摘されてきたが,本書においても,改めて「上司」との人間関係の重要性が支持される結果となった。

「上司」についてもう1つ特筆すべき点は,影響力の「持続性」である。本分析において,唯一「上司」だけが,若年者においても就業継続者においても一貫して有意な影響を及ぼすことが確認された。つまり,後述する「先輩」,「同期」とは異なり,「上司」との人間関係は,入社年次に関わらず,常に組織成員の残留・離職意思や職務満足,組織に対する愛着・帰属意識に影響を与え続けるということである。本書の結論として,「上司」は「影響力の大きさ」・「持続性」という観点からも,職場において最も重要な人間関係であるといえる。

(ii) 先輩の特徴・役割

「先輩」との人間関係については,入社1年目から3年目の若年者において重要性が高まる一方,入社4年目以降の就業継続者においては,重要性が低下することが明らかとなった(第4章:図表4-26, 4-27参照)。

「残留意思」,「離職意思」,「職務満足」,「組織アイデンティフィケーション」に対する「先輩」の影響力は,若年者に対して $\beta =.18$ ($p<.01$), $\beta =-.11$ (非有意), $\beta =.32$ ($p<.001$), $\beta =.18$ ($p<.01$) であり,就業継続者では $\beta =.10$ (非有意), $\beta =-.02$ (非有意), $\beta =.12$ ($p<.05$), $\beta =.20$ ($p<.001$) となっている。

本結果からも確認できるように,「先輩」との人間関係は就業継続者よりも若年者に対して,より大きな影響を及ぼしている。特に若年者の「職務満足」に対しては, $\beta =.32$ ($p<.001$) の影響を及ぼしており,「上司」の $\beta =.40$ ($p<.001$) に近い数値となっている。しかし,就業継続者では,その影響力が $\beta =.32$ から $\beta =.12$ ($p<.05$) まで大幅に減少しており,「残留意思」においては効果が消失してしまっている。

「先輩」の影響力が減少する背景については様々な要因が考えられるが,1つの可能性として,若年者のロールモデルとしての役割が終了することが考えられる。若年者は仕事の進め方やサポートを「先輩」から直接受ける機会が多く,「先輩」が若年者の最も身近なロールモデルとなっている可能性を指摘してきた。しかし,入社4年目以降,その役割が終了に近づくことによって「先

輩」の持つ影響力が徐々に減少することが推測される。

以上の結果を鑑みると，本書の結論として，「先輩」との人間関係は入社1年目から3年目の若年者においては重要性が高まる一方，その影響力は時間の経過と共に減少していくと考えられる。

(ⅲ) 同期の特徴・役割

最後に，「先輩」とは異なる役割を示したのが「同期」である。「残留意思」，「離職意思」，「職務満足」，「組織アイデンティフィケーション」に対する「同期」の影響力は，若年者に対して $\beta = .07$（非有意），$\beta = -.02$（非有意），$\beta = -.01$（非有意），$\beta = .14$（$p < .001$）であったが，就業継続者では $\beta = .15$（$p < .01$），$\beta = -.04$（非有意），$\beta = .14$（$p < .01$），$\beta = .28$（$p < .001$）となっている（第4章：図表4-26，4-27参照）。

上記結果からも確認できるように，「同期」との人間関係は，若年者においては「組織アイデンティフィケーション」を除き，全ての従属変数に対して非有意であった。しかし，就業継続者においては，「残留意思」，「職務満足」に有意な影響が表れ，「組織アイデンティフィケーション」についても β 値が2倍に上昇している。

以上の結果が示唆するものは，「同期」との人間関係は若年者に対しては有意な影響を及ぼさないが，入社4年以降の就業継続者においては，その重要性が高まるということである。換言すれば，「同期」との関係は，時間の経過と共に重要性が高まる「遅効性」の人間関係であることが推測される。

時間の経過に伴って「同期」の重要性が増す背景については，理論的背景を含めて改めて調査・分析が必要であるが，いくつかの可能性が考えられる。第1に，時間の経過と共に，ロールモデルが「先輩」から「同期」に移り変わる可能性である。換言すれば，「先輩」のロールモデルとしての役割には一定の有効期限が存在し，その役割が「同期」に移行するという可能性である。例えば，入社4年目以降，若年者が自立的に仕事を進めることができるようになった結果，ロールモデルの対象が「同期」にシフトし，同時期に入社した「同期」の仕事ぶりや存在感が，「先輩」以上に，若年者自身の仕事に対する姿勢や意識に影響を与えることが考えられる。

第2に，入社当初はある種のライバル関係であった「同期」が，仕事経験を

重ねる中で、苦楽を共にする同志・仲間という認識に変化し、その存在自体が職務や組織に対する満足感につながることも考えられる。本書の結論として、「同期」は時間の経過と共に重要性が増す「遅効性」の人間関係であり、若年者の将来的な仕事に対する姿勢や満足感、組織に対する愛着・所属意識に少なくない影響を与える存在であることが推測される。

以上の分析結果をまとめると、本書の結論として次のことがいえる。はじめに、先行研究でも指摘されてきたように、「上司」は職場の人間関係の中で最も大きな影響力を持っており、その影響は年次に関係なく、一貫して継続することが確認された。一方、「先輩」との人間関係は、就業継続者よりも若年者に対して強い影響を及ぼす傾向があり、入社1年目から3年目の社会人初期において、特に重要性が増す人間関係であると考えられる。逆に、「同期」との人間関係は、若年者よりも就業継続者に対して強い影響を及ぼしており、将来的に重要性が増す遅効性の人間関係であることが推測される。

さらに、「職場の人間関係」が持つ影響力は経年変化する性質を持っており、その影響力は時間の経過と共に減少傾向にある。換言すれば、「職場の人間関係」は就業継続者よりも若年者に対してより強い影響を与えるため、入社1年目から3年目において、重点的にケア・マネジメントされるべき現象であると考えられる。

3 考察2：組織アイデンティフィケーションと組織コミットメントの弁別性

本書では、分析2として組織アイデンティフィケーションと組織コミットメントの弁別性について検証を行った。「確認的因子分析」、「相関分析」、「重回帰分析」の3つの視点から検証を行った結果、組織アイデンティフィケーションと組織コミットメントは弁別が可能であり、両者は異なる概念であることが支持された。

両概念は別概念であるという結論と共に、本分析結果から得られる知見・示唆は次の2点である。第1に、組織アイデンティフィケーションと組織コミットメントの類似性は、「感情的側面」の重複に起因することが推測される点である。相関分析の結果、Mael尺度と情緒的組織コミットメント尺度の相関が

$r=.67$（$p<.01$）であるのに対し，Johnson 尺度と情緒的組織コミットメント尺度の相関は $r=.80$（$p<.01$）となっている（第4章：図表4-30参照）。

Mael 尺度の特徴がアイデンティフィケーションの「認知的側面」に注目した点であり，Johnson 尺度の特徴は，「認知的側面」に「感情的側面」を追加した点にあることを考えると，相関係数の差は，「感情的側面」の有無に起因することが推測される。本書の結論として，既存の組織アイデンティフィケーション尺度と組織コミットメント尺度は極めて高い相関関係にあり，その主な原因の1つは，「感情的側面」の重複にあると考えられる。

本分析結果においてもう1つ注目すべき点は，「感情的側面」の影響力・役割の大きさが定量的に確認された点である。第4章図表4-33の相関分析から，主要な従属変数と最も強い相関を示したのは，「感情的側面」のみを含む情緒的組織コミットメント尺度であり，「職務満足」，「残留意思」，「離職意思」に対する相関は，$r=.73$，$r=.82$，$r=-.60$（$p<.01$）となっている。次に高い相関を示したのは，「感情的側面」と「認知的側面」を含む Johnson 尺度であり，相関係数は $r=.69$，$r=.72$，$r=-.55$（$p<.01$）となっている。最後は「認知的側面」のみを含む Mael 尺度であり，相関係数は $r=.55$，$r=.56$，$r=-.45$（$p<.01$）であった。以上の結果から，「感情的側面」を強く含む尺度ほど，従属変数群との相関が高いことが確認された。

同様の傾向は重回帰分析でも確認されている。影響力を示す β 値は，情緒的組織コミットメント尺度が最も高い数値を示しており，Johnson 尺度や Mael 尺度と比較しても際立って高い（第4章：図表4-34，4-35参照）。例えば，Mael 尺度と情緒的組織コミットメント尺度を同時に投入した場合，「職務満足」，「残留意思」，「離職意思」に対する影響力は，Mael 尺度が $\beta=.14$（$p<.001$），$\beta=.04$（非有意），$\beta=-.09$（$p<.05$）であるのに対し，情緒的組織コミットメント尺度が $\beta=.64$，$\beta=.79$，$\beta=-.55$（$p<.001$）となっている。

また，Johnson 尺度と同時に投入した場合も，Johnson 尺度が $\beta=.31$，$\beta=.22$，$\beta=-.20$（$p<.001$）であるのに対し，情緒的組織コミットメント尺度は $\beta=.48$，$\beta=.63$，$\beta=-.45$（$p<.001$）となっている。これらの結果は，組織成員の残留・離職意思や職務満足に対して，「感情的側面」が極めて強い影響を及ぼすことを示している。

本書では，社会的アイデンティティ理論や自己カテゴリー化理論において

「感情的側面」への視点が不足していることを指摘してきたが，本分析結果は，「感情的側面」の果たす役割・影響力の大きさを定量的に示しており，改めて，「理論」・「概念」・「尺度」における「感情的側面」の重要性が支持される結果となった。

4 考察3：若年者の残留・離職意思と職場の人間関係の構造分析

　本書の3つ目の分析は，職場の人間関係が若年者の残留・離職意思に与える影響の構造分析である。本書では，職場の人間関係の「間接効果」を確認するために，共分散構造分析のMIMICモデルによる検証を行った。分析の結果，職場の人間関係は「職務満足」や「組織アイデンティフィケーション」を経由して，「間接的」に若年者の残留・離職意思に影響を与えることが明らかとなった。また，若年者と就業継続者の比較分析の結果，「職場の人間関係」は就業継続者よりも若年者に対して，より強い影響を及ぼすことが再確認された。上記結果と共に，構造分析から得られる追加的な知見・示唆は次の4点である。

4.1　上司・先輩・同期と総和としての「職場の人間関係」

　本書では，職場の人間関係という目に見えない仮説的な変数の影響を明らかにするために，MIMICモデルの潜在変数として「職場の人間関係」を設定した。若年者の場合，「上司」，「先輩」，「同期」との人間関係は，総和としての「職場の人間関係」に対して，$\beta = .52$，$\beta = .21$，$\beta = .17$（$p < .001$）の影響を与えており，R^2値は.58であった。また，就業継続者においては，$\beta = .42$，$\beta = .22$，$\beta = .27$（$p < .001$），R^2値は.51となっている（第4章：図表4-48，4-49参照）。

　以上の結果から，「上司」，「先輩」，「同期」との人間関係は，総和としての「職場の人間関係」の5割から6割近くを占めていることが推測される。また，本分析結果から「職場の人間関係」を構成する要素として，特に「上司」との人間関係が大きな影響を及ぼしていることが確認された。若年者において，「上司」の影響力は$\beta = .52$（$p < .001$）となっており，「先輩」の2倍以上，「同期」の3倍の数値となっている。また，就業継続者においても，「上司」の影

響力は,「先輩」の1.5倍から2倍近くとなっている。本分析結果のみで判断することはできないが,職場全体の人間関係の中においても,「上司」との人間関係の果たす役割・影響が極めて大きいことが確認された。

4.2 残留意思と離職意思の違い

　第2の知見・示唆は,構造分析の結果からも「残留意思」と「離職意思」は質的に異なる心理状態であることが確認された点である。本章2.4.1で両者が表裏一体の心理状態ではないことを指摘したが,構造分析の結果から,「残留意思」に対しては「職務満足」よりも「組織アイデンティフィケーション」の方が強い影響を与える一方,「離職意思」に対しては,「組織アイデンティフィケーション」よりも「職務満足」の方が強い影響を与えることが明らかとなった（第4章：図表4-44, 4-45, 4-48, 4-49参照）。

　サンプルA群の場合,「職務満足」と「組織アイデンティフィケーション」は,「残留意思」に対して$\beta=.36$, $\beta=.47$（$p<.001$）の影響を与えているが,「離職意思」に対しては, $\beta=-.41$, $\beta=-.27$（$p<.001$）となっており,影響力の大きさが逆転している。より一般性の高いサンプルB群では,「職務満足」と「組織アイデンティフィケーション」は,「残留意思」に対して$\beta=.45$, $\beta=.43$（$p<.001$）で同程度の影響力となっているが,「離職意思」に対しては, $\beta=-.45$（$p<.001$）, $\beta=-.10$（$p<.05$）となっており,「職務満足」の方が強い影響を与えている。

　同様の結果は,若年者と就業継続者の比較分析においても確認されており,「残留意思」に対しては「職務満足」よりも「組織アイデンティフィケーション」の方が強い影響を与え,「離職意思」ではその逆となっている。これらの結果は,組織成員の「残留意思」を高めるために有効な要因と,「離職意思」を軽減するために有効な要因が異なることを示すものである。

　また,サンプルA群のR^2値は「残留意思」では.59であったが,「離職意思」では.39まで減少しており,説明力に大きな差が確認されている。さらに,モデル適合度も「残留意思」ではAGFI=.978, CFI=.996, SRMR=.015, RMSEA=.046であったが,「離職意思」ではAGFI=.957, CFI=.989, SRMR=.028, RMSEA=.072まで低下している（第4章：図表4-46参照）。

　同様の傾向はサンプルB群においても確認されており,「残留意思」のR^2値

は.67であったが,「離職意思」では.28まで大幅に低下している。また,モデル適合度も「残留意思」ではAGFI =.983, CFI =.998, SRMR =.009, RMSEA =.040であったものが,「離職意思」ではAGFI =.944, CFI =.990, SRMR =.035, RMSEA =.086まで低下している。

以上の結果を総合的に勘案すると,「離職意思」は「残留意思」よりも多様な要因から影響を受ける変数であり,両者は質的に異なる心理状態であると考えられる。本書の結論として,組織成員の「組織に残りたい」という気持ちに影響を与える要因と,「組織を辞めたい」という気持ちに影響を与える要因は異なっており,前者に対しては,「組織アイデンティフィケーション」のような組織への愛着・帰属意識を高めていくことが有効である一方,後者に対しては,「職務満足」のような仕事内容自体への満足感を高めていくことが有効であることが確認された。

4.3 若年期における「職場の人間関係」の影響力

第3の知見・示唆は,構造分析の結果からも,「上司」,「先輩」,「同期」との人間関係は,就業継続者よりも若年者に対して,より強い影響を及ぼすことが確認された点である。第4章図表4-48, 4-49より,「上司」,「先輩」,「同期」との人間関係が,総和としての「職場の人間関係」に与える影響は,就業継続者よりも若年者の方が大きいことが確認された。就業継続者の場合,「上司」,「先輩」,「同期」との人間関係が「職場の人間関係」に与える影響は,β =.42, β =.22, β =.27 (p <.001)であり,R^2値は.51となっている。一方,若年者では,β =.52, β =.21, β =.17 (p <.001)であり,R^2値は.58となっている。以上の結果から,上記三者との人間関係が総和としての「職場の人間関係」に与える影響は,若年者の方が高いことが確認された。本結果の背景として,若年者は社内での人間関係が狭いため,職場全体の人間関係に果たす三者の役割・影響力が,就業継続者よりも高いことが推測される。

また,総和としての「職場の人間関係」が「職務満足」や「組織アイデンティフィケーション」を経由して「残留意思」,「離職意思」に与える影響についても,若年者の方が高いことが確認された。若年者における「残留意思」,「離職意思」のR^2値は,それぞれ.67, .45となっており,就業継続者の.53, .33を上回っている。また,モデル適合度も,「残留意思」と「離職意

思」の双方において，若年者の方が良好な値となっている（第4章：図表4-50参照）。

唯一,「組織アイデンティフィケーション」に対する「職場の人間関係」の影響については，若年者よりも就業継続者の方が高くなっているが，その背景には，時間の経過と共により強固になった人間関係が,「組織の代表性」を通じて，組織に対する愛着や帰属意識に転嫁していることが考えられる。しかしながら，全体的には,「上司」,「先輩」,「同期」との人間関係が総和としての「職場の人間関係」に与える影響や，それが「職務満足」や「組織アイデンティフィケーション」を経由して残留・離職意思に与える影響は，若年者の方が大きい。

本書の結論として,「職場の人間関係」は，就業継続者よりも若年者に対してより強い影響を及ぼしており，職場の人間関係は若年期において，重点的にケア・マネジメントされるべき現象であることが再確認された。

4.4 職場の人間関係と若年者の職務満足

第4の知見・示唆は，若年者の「職務満足」は「職場の人間関係」によって構成される割合が大きいという点である。就業継続者の場合，総和としての「職場の人間関係」が「職務満足」に与える影響は，$\beta = .72$ $(p < .001)$ であり，R^2値は .51 となっている。一方，若年者では，$\beta = .83$ $(p < .001)$ となっており，R^2値も .69 まで上昇している。

寺畑［2009］は，入社から間もない若年者は職務満足を議論するまでの技能を習得していないため，限られた人間関係から強く影響を受けることを指摘しているが，本分析結果は,「職場の人間関係」が若年者の「職務満足」に大きな影響を与えていることを支持するものである。

以上の結果を鑑みると，本章2.4.2の結論同様，若年者の職務満足を担保するためには，仕事内容だけでなく，その基礎となる「職場の人間関係」を充実させることが重要であることが再確認された。

5 | 理論・尺度開発・若年早期離職への貢献

前節では，本書で行われた3つの分析について，分析順に沿って結論と含意

を述べてきた。本節では,「理論」・「尺度開発」・「若年早期離職」に対する本書の貢献内容を整理し,研究全体の総括を行う。

5.1 社会的アイデンティティ理論と自己カテゴリー化理論への貢献

本書ではアイデンティフィケーションを主要概念として分析を進めてきたが,本概念の理論的基盤は「社会的アイデンティティ理論」と「自己カテゴリー化理論」である。本書を通して得られる両理論への貢献は,大きく2つ考えられる。第1に,「感情的側面」の役割・重要性を明らかにしたこと,第2に,社会的カテゴリーの動的側面を確認した点である。以下では,各貢献内容について述べていく。

5.1.1 「感情的側面」の役割・重要性

「社会的アイデンティティ理論」と「自己カテゴリー化理論」に対する第1の貢献は,理論における「感情的側面」の重要性を定量的に明らかにした点である。これまで,「社会的アイデンティティ理論」においても「自己カテゴリー化理論」においても,「感情面」に対する視点の不足が批判されてきた。Abrams [1989] や Taylor and Moghaddam [1994] は,両理論について,人間を「思考する機械」,「認知的自動装置」として扱っており,現実のコンフリクトで生じる「感情」について注意が払われていないと批判している。

このような状況の中で,本書では両理論を基盤とするアイデンティフィケーション尺度に「感情的側面」を追加することによって,その影響力を検証した。分析の結果,「感情的側面」は主要な従属変数群に極めて強い影響を与えており,「感情的側面」の有効性・重要性が確認される結果となった。特に尺度の弁別性で行われた重回帰分析では,主要な従属変数に最も強い影響を与えたのは,「感情的側面」のみを含む情緒的組織コミットメント尺度であり,次に「感情的側面」と「認知的側面」を含む Johnson 尺度,そして「認知的側面」のみの Mael 尺度という順であった(第4章:図表4-34, 4-35参照)。

本書のみで判断することはできないが,上記結果は実証研究における「感情的側面」の影響力と重要性を示すものであり,「認知的側面」と同等,もしくはそれ以上に,「感情的側面」に注目していく必要性があることを強く示唆している。

また，社会的アイデンティティ理論については，行動指針の略図がフローチャートとして示されており，その内容は合理的で隙がないものとなっている（第2章：図表2-2参照）。しかしながら，本フローチャートに足りないものは，各段階における「感情的側面」への考察と，感情がその後の選択に与える影響の検証であると考えられる。

　例えば，集団間の社会的比較の結果，自己の社会的アイデンティティが不適切であると認知した場合，どのような感情が生まれ，その感情はその後の選択にどのような影響を与えるのだろうか。当該理論では，適切な社会的アイデンティティを得られていないと知覚した場合，「支配集団への吸収合併」，「所属集団の特徴の見直し」，「新たな比較次元の創出」，「支配集団への直接的挑戦」など，様々な戦略を実行することが想定されている。

　しかし，実際にどの戦略を採用するのかについては，その優先順位や基準は明らかにされていない。この疑問について1つ推測されることは，上記4つの戦略においても心理的・物理的な難易度が存在し，どの戦略を選択するかは，当該人物がどの程度自己の社会的アイデンティティに不満を持っているか，という「感情の強さ」によって左右される可能性である。

　例えば，自己の社会的アイデンティティを変える試みとして，最も難易度が高い戦略は，「支配集団への直接的挑戦」である。本戦略を選択するためには，自己の社会的アイデンティティに対する強い不満や支配集団に対する敵意など，極めて強い感情が必要になる。逆に，自己の社会的アイデンティティに不満はありつつも，そこまで強いものではない場合，比較的穏健な選択肢である「所属集団の特徴の見直し」，「新たな比較次元の創出」などを選ぶことが推測される。

　つまり，「感情」は複数の選択肢から何らかの選択をする際の，バロメーター的な役割をしていることが考えられる。もし「感情」がそのような働きをしていると仮定した場合，社会的アイデンティティ理論のフローチャートは，例えば図表5-3のようなものになることが想定される。

　図表5-3のフローチャートが適切であるか否かについては，本書で確認することはできない。しかしながら，重要な点は，自己の社会的アイデンティティの適切性を「認知」した際，満足・不満足（もしくは喜び・悲しみ・怒りなど）の「感情」が生まれることであり，その「感情」が後の行動選択に影響

■ 図表5-3　社会的アイデンティティ理論の略図における感情的側面の役割

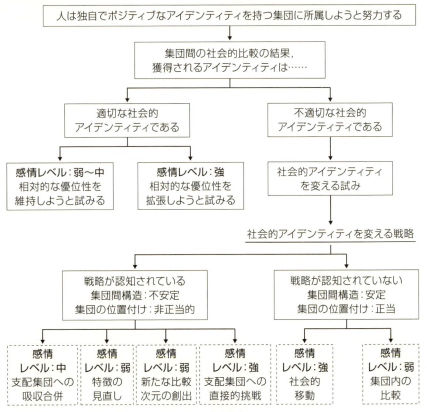

出所：Taylor and Moghaddam [1994] p.80より筆者作成。

を与えているのではないか，という視点である。

　社会的アイデンティティ理論の課題は「認知」のみで合理的に人間の行動を説明しようとしている点であり，「認知」から発生する「感情」が，人間の行動に与える影響について考察が不足している点にある。社会的アイデンティティ理論を提唱したタジフェル自身が感情的側面に言及していることや，本書の結果を鑑みると，両理論における「感情的側面」の役割・重要性について，今後更なる分析が必要であると考えられる。

5.1.2　社会的カテゴリー化の動的側面

　理論に対する第2の貢献は，社会的アイデンティティ理論において，社会的カテゴリーを静的（不変的）な現象ではなく，動的（可変的）な現象として扱うことが妥当であることを明らかにした点である。社会的カテゴリーについては，人種や性別など，変更が困難なカテゴリーも存在するが，これらのカテゴリーは個人の「知覚・認知」によって成立するため，他者との交流，時間の経過，価値観の変化等によって影響を受けると考えられる。また，人は通常，国家，宗教，人種，民族，企業，地域コミュニティなど，複数の社会集団に所属しており，どのカテゴリーが顕現化するかは，人や状況などのコンテクストによって変化すると考えられる。

　上記仮説を本研究に置き換えた場合，例えば，組織への帰属意識や一体感を示す組織アイデンティフィケーションの変動は，個人の社会的カテゴリーの顕現性が動的（可変的）なものであることを示す，1つの証左であると考えられる。本書では，若年者と就業継続者の比較分析を行い，入社からの経過年数によって組織アイデンティフィケーションの強さや影響力が異なることを確認した（第4章：図表4-20，4-24，4-48，4-49参照）。換言すれば，ある組織の成員であるという知覚・認知は，常に一定ではなく，時間の経過や職場の人間関係にも影響を受けるということである。

　以上の結果を鑑みると，社会的カテゴリーやその顕現性は，多様な要因から影響を受ける性質を持ち，時間の経過や社会的文脈，他者との関係によって変動する動的（可変的）な現象として扱うことが適切であると考えられる。

5.2　アイデンティフィケーションの尺度開発への貢献

　本書では，アイデンティフィケーションの概念を若年者の早期離職問題に応用するために，尺度開発に取り組んできた。本書を通じた尺度開発への貢献は，①Johnson尺度の有効性の確認，②関係的アイデンティフィケーション尺度の開発，③弁別性の確認の3点である。

5.2.1　Johnson尺度の有効性の確認

　尺度開発に対する第1の貢献は，Mael尺度よりもJohnson尺度の方が，アイデンティフィケーションの尺度として有効であることを明らかにした点であ

る。これまでのアイデンティフィケーション研究では，Mael and Ashforth [1992] による Mael 尺度が，実質的な標準尺度として使用されてきた。しかし，Mael 尺度の課題点として，尺度の妥当性（概念と尺度の不一致），「感情的側面」の不足，応用性の低さなどが挙げられる（第3章：2.2項参照）。

一方，Johnson 尺度の優れた点は，社会的アイデンティティ理論に依拠し，「感情的側面」を追加したこと，概念と尺度の一致，そして応用範囲の広さにある。本書では，第4章2.2項において Mael 尺度と Johnson 尺度の差の検証を行い，「残留意思」，「離職意思」，「職務満足」などの主要な従属変数群に対して，Johnson 尺度の方が高い影響力・説明力を持つことを明らかにした。理論と実証の両面から Johnson 尺度の有効性を示したことは，今後の尺度選択に有益な示唆をもたらし，アイデンティフィケーション尺度の発展に寄与するものであると考えられる。

5.2.2 関係的アイデンティフィケーション尺度の開発

尺度開発に対する第2の貢献は，関係的アイデンティフィケーション尺度の開発である。本書の取り組みを通して，概念の再定義や，「上司」，「先輩」，「同期」に対する関係的アイデンティフィケーション尺度が開発されたことは，本概念の発展に寄与するものである。特に，関係的アイデンティフィケーションの尺度開発によって，多様な人間関係を同一の概念・尺度で測定・分析できるようになったことは，本書の最も大きな貢献の1つであると考えられる。

LMX や TMX などの既存概念の課題点を克服しつつ，アイデンティフィケーションという新たな視点から職場の人間関係を捉え直したこと，そして，多様な人間関係を共通の概念・尺度で比較検討するための素地を作ったことは，本分野のこれからの発展に，新たな可能性を提供することが期待される。

5.2.3 弁別性の確認

尺度開発に対する第3の貢献は，我が国における弁別性の実証研究がごく少数に留まる中，文化，地域，制度を超えて，組織アイデンティフィケーションと組織コミットメントが別概念であることを再確認した点である。特に，「確認的因子分析」，「重回帰分析」，「相関分析」の3つの分析から包括的に弁別性が確認されたことは，本問題の解決に貢献するものである。

また，弁別性の検証を通して，組織コミットメントと組織アイデンティフィケーションの理論的な相違点や影響力の差を定量的に示した点も，両概念の精緻化と，将来の活用法に寄与することが期待される。特に，主要な従属変数に対して，組織アイデンティフィケーションよりも組織コミットメントの方が強い影響を及ぼすという結果は，小玉［2011a］が指摘する，組織コミットメントは所属組織に対して抱く思いが「態度」として表面化した概念であり，組織アイデンティフィケーションよりも強い影響力を持つという主張を支持するものである。

多数の研究から両概念の弁別性が確認される中，今後重要となる視点は，両概念の差を理解した上での使い分けである。本書の結果を鑑みると，仕事に対する満足感や，残留・離職意思のような具体的な態度変数を測定する場合は，組織コミットメントの方が有効であると考えられる。一方，組織成員の心理的プロセスや，組織が個人の自己概念（アイデンティティ）の中で，どのように位置付けられ，影響を与えているのかを検討するような場合は，組織アイデンティフィケーションの方が有効であると考えられる。このような使い分けは，両概念の差の明確化や弁別性の上に成り立つものであり，本書の理論的・実証的な検証は，単に弁別性を確認するだけでなく，両概念の使い分け・活用の土台を形成するものとなることが期待される。

5.3 若年早期離職への2つの貢献

本書のテーマである，若年者の早期離職問題に対する貢献は，大きく2つ考えられる。第1に，若年早期離職を時系列的な観点から考察し直し，その要因・メカニズムを明らかにした点である。第2に，上司・先輩・同期との「職場の人間関係」が，若年者の残留・離職意思にどのような影響を与えているのかを明らかにした点である。

本書では，はじめにバブル経済期以降の約30年間を振り返り，各時代において，若年早期離職がどのような要因，時代背景によって引き起こされたのかを検討してきた。第1章でも指摘したように，これまで，若年者の早期離職問題については多数の調査・研究が行われてきたが，早期離職が発生した原因を時系列かつ包括的に検討した研究は少ない。

本書では，早期離職が発生した原因として「環境要因」，「構造要因」，「企業

要因」，「個人要因」の 4 つを挙げ，各要因がどのような時代背景の中で発生し，若年早期離職に関わってきたのかを分析した。また，要因間の関連を指摘し，「環境要因」が「構造要因」と「企業要因」を引き起こし，「企業要因」が「個人要因」を引き起こした，という仮説的な因果関係を示した。本仮説が適切であるか否かについては，更なる研究蓄積が必要である。しかしながら，経済学，経営学，心理学など，多数の研究分野にまたがる知見を時系列的観点から整理し直し，要因の発生順や因果関係を指摘したことは，若年早期離職全体の原因・メカニズムを明らかにするための一助になると考えられる。

また，本書では，既存研究の課題点として解決策の「実現可能性」を指摘し，「環境要因」，「構造要因」，「企業要因」，「個人要因」を検討するだけでは，早期離職問題を解決することは困難であることを指摘した。本問題を解決していくためには，企業・個人がより「直接的」に取り組むことが可能な「職場要因」に注目する必要があり，その中でも「職場の人間関係」は解決策の実現可能性，即効性，経済性など，複数の観点から取り組むべき課題の 1 つであると考えられる。

最後に，本書では，「職場の人間関係」について「上司」，「先輩」，「同期」を取り上げ，彼らとの人間関係が，若年者の残留・離職意思に与える影響について実証研究を行った。本書を通して，「職場の人間関係」には対象ごとに重要となる「タイミング」や「期間」が存在すること，「組織に残りたい」という気持ちを高める人間関係と，「組織を辞めたい」という気持ちを軽減する人間関係は異なることなどが明らかとなった。さらに，「職場の人間関係」は「間接的」に若年者の残留・離職意思に影響を与えており，その影響力は，時間の経過に伴い「減少」する傾向があることなどが確認されている。

以上のような分析結果は，職場における上司・先輩・同期の役割を明らかにし，若年者が「誰と」，「いつ」，「どのような」関係を結ぶべきかについて，有益な知見・示唆を提供するものである。また，本書の結果は，「職場の人間関係」が若年者の残留・離職意思に与える影響・メカニズムの一端を明らかにするものであり，人間関係を通した若年早期離職の改善に貢献することが期待される。

第6章

早期離職研究の発展と4つの研究テーマ

1 | 本章の概要・目的——限界と将来の研究展望

　第6章では，本書の締め括りとして，本研究の限界と将来の研究展望について述べていく。はじめに，本書の限界として「分析データ」と「尺度開発」の課題について述べていく。次に，将来の研究展望として「質的調査による分析」，「分析モデルの改善」，「中小企業への応用」，「多様な雇用形態への応用」の4つを挙げ，その意義について述べていく。

2 | 分析データと尺度開発の課題

　本書では多数の分析を行ってきたが，主な限界点として「分析データ」と「尺度開発」の2つの問題が挙げられる。以下の2.1項では，分析データの限界として，コモンメソッドバイアスと調査対象者の抽出条件の課題について述べていく。2.2項では，尺度開発の課題点として，対象者の明確化と質問項目の改善について言及していく。

2.1　コモンメソッドバイアスと調査対象者の抽出条件

　分析データの限界として最も留意すべき点は，コモンメソッドバイアス（共通方法バイアス）の問題である。本書では，インターネット調査を通じて取得したサンプルA群（936名）とサンプルB群（1,176名）の2つのデータを使用して分析を行った。実際の調査にあたり，例えば，サンプルA群では従属変数

の設問を質問票の最初に持ってくるなど，データの信頼性・妥当性を担保するために，様々な工夫を試みた。しかしながら，本書において，コモンメソッドバイアスの問題が生じている可能性は排除できない。西村［2013］が指摘しているように，同一人物の同一調査票から独立変数と従属変数を用いることは，回答者が回答の一貫性を無意識に維持する傾向や，社会的に望ましい回答を行う可能性があるため，できる限り避けるべきである。また，一時点のデータのみでは，因果の方向を特定することも困難である。

Podsakoff, Mackenzie and Lee［2003］によれば，このような問題を回避するために，独立変数と従属変数を異なる母集団から収集することや，第1回目のサーベイで独立変数に関する調査を行い，第2回目で従属変数に関する調査を行うなどの手法が提示されている。

本書においても，サンプルA群を主要な分析データとして使用しつつ，その結果をサンプルB群のデータで再検証するなど，分析結果の信頼性と妥当性を担保するように努めてきた。しかしながら，本書のテーマを鑑みると，今後はパネルデータでのデータ収集と分析が望ましいと考えられる。特に若年者については，入社1年目と3年目で心理状態が大きく異なることも予想される。研究結果の信頼性・妥当性を担保するためにも，コモンメソッドバイアスの問題を解決していくことは不可欠である。

分析データに関するもう1つの課題点は，調査対象者の抽出条件である。本書の主要な分析データであるサンプルA群では，調査対象者の抽出条件として，「最終学歴」，「雇用形態」，「企業規模」，「出向の有無」，「転職経験の有無」の5つを事前に設定した。これらの抽出条件によって，母集団の均質性が保たれている一方，調査対象者に偏りが生じている可能性も否定できない。特に留意すべき点は，本書において設定された「雇用形態」，「企業規模」，「転職経験の有無」の3点である。

第1に，本書では，「雇用形態」について正社員のみを調査対象としている。本条件についてはサンプルB群も同様であり，その背景には，日本的雇用慣行の変化による影響を最も受けたであろう，大卒正社員を分析対象としていることがある。しかしながら，近年，我が国において雇用形態の多様化が進んでいることは周知の事実であり，例えば，雇用者全体に占める非正規雇用労働者の割合は，4割近くまで上昇している（総務省統計局，［2017］）。

第6章　早期離職研究の発展と4つの研究テーマ　243

　非正規雇用者については，パート，アルバイト，派遣社員，契約社員，嘱託など，多様な雇用形態が含まれており，職業観や組織に対する姿勢，考え方，愛着等も多様であることが予想される。それゆえ，本書の結果を異なる雇用形態にそのまま適用することはできない。雇用の多様化が推進される中，正社員以外の雇用形態に目を向けることは極めて重要なテーマであるため，本件については別途，調査・分析が必要であると考えられる。

　第2に，サンプルA群では研究テーマの必要性から「企業規模」を200名以上に設定し，それらの企業に所属する者を調査対象としてきた。しかしながら，このような抽出条件による最も大きな弊害は，中小の企業に勤務する者のほとんどが，調査対象外となってしまう点である。

　中小企業の定義は業種によって異なるが，製造業では資本金3億円または従業員数300名以下，卸売業は資本金1億円または従業員数100名以下，サービス業は資本金5,000万円または従業員数100名以下，小売業では資本金5,000万円または従業員数50名以下となっている（中小企業庁，[2016]）。つまり，製造業を除く卸売業，サービス業，小売業については，中小企業に勤める者が調査対象者となっておらず，本研究結果の適用については課題が残る。我が国の9割以上の企業が中小企業に属することを考えると，本研究結果の信頼性・妥当性を担保するためには，中小企業を対象とした再調査が不可欠である。

　第3に，「転職経験の有無」についても留意が必要である。本書では，転職経験の有無によって，組織に対する基本的な姿勢，愛着，人間関係に対する考え方が大きく異なる可能性を考慮し，転職経験がない者を調査対象者としてきた。それゆえ，転職経験がある者に対して，本研究結果をそのまま適用することには，留意が必要である。「雇用形態」，「企業規模」と同様，結果の信頼性と妥当性を担保するためには，転職経験者を対象とした更なる分析が必要である。

　以上のように，本書の主要な分析データであるサンプルA群については，複数の課題が残されている。上記の課題を克服するために，本書では，サンプルA群の結果を，サンプルB群によって再検証してきた。サンプルB群は20歳から59歳の社会人を対象とした，より一般性の高いデータである（第3章：3.2項参照）。それゆえ，サンプルB群による再検証は，本研究の信頼性・妥当性の向上に一定の貢献をしたと考えられる。しかしながら，それのみで十分とは

いえない。本研究結果の信頼性と妥当性をより高めていくためには，今後，別サンプルを使用した更なる追加検証が必要である。

2.2　調査対象者の明確化と質問項目改善

本書の第2の限界は，尺度開発における対象者の明確化と調査票の改善である。本書では「上司」，「先輩」，「同期」に対する関係的アイデンティフィケーション尺度の開発を行ってきたが，少なくとも2つの課題が残されている。

第1に，対象者の明確化の問題である。第5章2.3項でも述べたように，本書では対象者によって尺度の適合度が異なる結果となった。具体的には，「上司」に対する関係的アイデンティフィケーション尺度の適合度が良好であった一方，「先輩」，「同期」については，許容範囲ではあるが，必ずしも良好とはいえない結果となっている（第4章：図表4-17，4-18参照）。

上記結果の原因として考えられることは，対象者の「明確性」である。第5章2.3項で指摘したように，本書の定義では，特に「先輩」，「同期」において，回答者が複数の対象者を想像し，回答内容の一貫性に影響を与えたことが考えられる。

上記課題点を克服するために，関係的アイデンティフィケーションの対象をより明確に指定していくことが必要である。例えば，「先輩」についても，若年者のメンターや教育係を担う者にするか，それとも他部署で言葉を交わす程度の者を指定するかによって，影響力にも大きな差が出ることが予想される。「同期」についても，仕事面・プライベート面で交流のある者と，直接関わりのない者では，存在の意味が異なる可能性がある。本書の結果をより精緻化していくためには，尺度開発における対象者の選定と明確化に留意する必要があると考えられる。

尺度開発における2つ目の課題点は，質問項目の改善である。本書では，Johnson et al.［2012］の2因子各4項目の尺度を基に，関係的アイデンティフィケーション尺度の開発を進めてきた。2回の予備調査を経て作成した尺度は第3章2.4項で示した通りであるが，質問項目については課題も残されている。最も留意すべき点は，質問項目内における「アイデンティティ」という言葉の解釈が，人によって異なる点である。

本件については，予備調査の段階から指摘があった問題であり，本書ではア

イデンティティという言葉の後に，「考え方・特徴」などの文言を挿入することによって回答者の理解をサポートしてきた。しかしながら，このような訳は基本的に誤訳であり，かえって誤解を生む可能性もある。本問題の根本的な解決は困難であるが，1つの対策として，調査票の冒頭（もしくは質問文中）に，調査票で使用される用語の基本的な定義や説明を載せておくことが考えられる。また，文意が損なわれない範囲で，邦訳の修正や意訳を検討する必要がある。対象者の明確化と質問票の改善は，関係的アイデンティフィケーション尺度の開発において喫緊に対応すべき課題であると考えられる。

3 有望な4つの研究テーマ

本節では，最後に将来の研究展望について述べていく。具体的には，今後重要となる研究テーマ・領域として，「質的調査による分析」，「分析モデルの改善」，「中小企業への応用」，「多様な雇用形態への応用」の4つが考えられる。

3.1 質的調査による分析

将来の研究として最も重要となるのが，インタビュー等を通した「質的分析」である。本書では，「職場の人間関係」が若年者の早期離職に与える影響について，主に定量分析を行ってきた。多数の分析を通して，定量的に様々な知見・示唆が得られたことは，本書の貢献の1つである。しかしながら，今後は，本書の知見・示唆を裏付ける質的調査が必要である。

例えば，本研究の結果から，「職場の人間関係」が及ぼす影響力が経年変化すること，人間関係によって重要となる「タイミング」や「期間」が存在することが明らかとなった。しかしながら，上記現象がなぜ起こるのか，どのように起こるのかについては，明らかにされていない。本書では上記現象の背景として，職場の人間関係の「幅」や「質」の変化，「先輩」のロールモデルとしての役割の終了などについて言及したが，これらの指摘も推測に留まっている。

本書の知見・示唆の裏付けや，更なる発展のためにも，インタビュー調査を中心とした質的調査が不可欠である。特に，質的調査において重要となるテーマは，以下の3点が考えられる。

第1に，若年者の「職業観」に関する質的調査である。第1章において若年

者の「職業観」が変化していることを指摘したが，第2ロスト期（2010年から2014年）については，それ以前とは異なる傾向が確認されている（第1章：5.4項参照）。若年早期離職の今後の展望を検討する上でも，若年者の職業観変化については，改めて調査・分析をする必要がある。

第2のテーマは，「職場の人間関係」に関する質的調査である。特に重要な点は，「上司」，「先輩」，「同期」との人間関係について，「各人との人間関係は，あなたの仕事上の人格形成にどのような影響を与えているか」，「各人の存在は，あなたにとってどのような意味を持っているのか」など，より心理的側面に焦点を当てた調査を行う必要がある。また，これらの調査を若年者と就業継続者それぞれに行うことによって，各人の存在の意味や役割の変化を明らかにすることができるかもしれない。特に，どのような時期・原因によって「先輩」の役割や重要性が低下していくのか，なぜ「同期」との関係が時間の経過と共に重要になるのかなど，上記テーマによる質的調査からは，多様な知見・示唆が得られることが期待される。

第3のテーマは，若年者の「職務満足」をテーマとした質的調査である。第5章の2.4.2でも指摘したように，若年者の「職務満足」の少なくない部分が，「職場の人間関係」によって構成されていることが明らかとなった。しかし，職務の内容とは直接関係のない（と推測される）「職場の人間関係」が，どのように若年者の職務満足に影響を与えているのかについては，明らかになっていない。各人のロールモデルとしての役割やメンターとしてのサポートなど，様々な可能性が考えられるが，本テーマについては，若年者に直接インタビューをしていく必要がある。特に，若年者の職務満足に有意な影響を及ぼしている「上司」と「先輩」については，各人との関わり方やサポート内容について，丁寧な質的調査を行う必要がある。

3.2　分析モデルの改善

今後の研究における第2のテーマは，分析モデルの改善である。本書では，共分散構造分析のMIMICモデルを使用して定量分析を行ったが，本モデルには複数の改善点が残されている。

第1に，対象となる人間関係の拡張である。本書では，職場の人間関係の代表として「上司」，「先輩」，「同期」を取り上げたが，職場の人間関係はこの三

者に留まらない。例えば，職場において重要な役割を果たしていることが推測される「部下」のような人間関係を追加することによって，分析モデルの改善を図ることが考えられる。業界・企業によって職場の人間関係の在りようが多様であることを考えると，それぞれの実情に合わせた人間関係の選定，分析モデルの改善が必要である。

第2に，「職務満足」や「組織アイデンティフィケーション」のように，「職場の人間関係」が影響を及ぼす可能性がある他の要因を追加することによって，分析モデルの改善を図ることが考えられる。例えば，給与・役職などの「処遇・待遇」は，常に離職理由の上位に挙げられる要因であり，組織成員の離職行動に強い影響を及ぼしていることが推測される。例えば，図表6-1のように「処遇・待遇」を分析モデルに挿入することによって，「職場の人間関係」が「処遇・待遇」の満足感に与える影響を明らかにすることが可能となる。

本書では，「職場の人間関係」が，「職務満足」や「組織アイデンティフィケーション」の一部を構成していることを明らかにしたが，同様に，「職場の人間関係」が「処遇・待遇」に影響を与えている可能性も考えられる。給与や役職に代表される「処遇・待遇」は，企業において容易に変更することができないものであるため，もし「職場の人間関係」が「処遇・待遇」に対する満足感に有意な影響を及ぼしているのであれば，実務的にも有益な示唆となり得る。良好な職場の人間関係は「処遇・待遇」の一部である，という考え方は，「職

■ 図表6-1　分析モデルの改善案

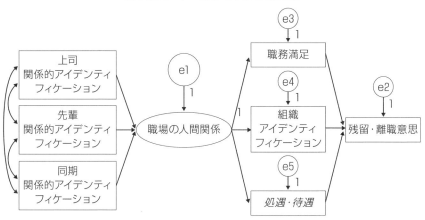

場の人間関係」の役割や価値について，新たな視点をもたらすことが考えられる。

　以上のように，分析モデルの改善については，様々な可能性が想定される。本書ではMIMICモデルを使用したが，分析モデルそのものを変更することも考えられる。今後は，多様な年齢層からパネルデータを収集し，年代ごとの分析モデルを構築していくことも考えられる。重要な点は，時間の経過に伴って，離職行動の原因・メカニズムがどのように変化していくのかを，立体的な視点から検討していくことである。

3.3　中小企業への応用

　将来の研究における第3のテーマは，中小企業に焦点を当てた調査・分析である。本章の2.1項でも言及したように，本書の主要な分析データであるサンプルA群では，従業員数200名以上の企業に所属する者を調査対象としてきた。実際には，従業員数1,000名以上の企業に勤務する者が936名中679名（72.5％）に及んでおり，全体として大企業に所属する者が多数を占めている。

　しかしながら，上記でも述べたように，我が国の企業の9割以上は中小企業に区分される。それゆえ，本書で得られた知見・示唆の信頼性と妥当性を担保するためには，中小企業に焦点を当てた再調査が不可欠である。

3.4　多様な雇用形態への応用

　将来の研究における第4のテーマは，関係的アイデンティフィケーションの多様な雇用形態への応用である。本書の限界部分でも触れたように，我が国では雇用形態（働き方）の多様化が進んでおり，特に非正規雇用労働者の割合が増加している。総務省統計局［2017］の「労働力調査」によれば，雇用者全体に占める非正規雇用労働者の割合は，7年連続増加となった。しかしながら，職場における非正規雇用労働者の存在感が増す一方，彼らが職場の人間関係においてどのような役割を担っているのか，また，周りの人間関係からどのような影響を受けているのかについては，必ずしも明らかになっていない。

　アイデンティフィケーションの分野においては，唯一，小玉［2012］がスーパーマーケット団体の加盟企業15社381名（正規労働者150名，パートタイマー231名）を対象に，雇用形態別の調査を行っている。分析の結果，正規・非正

規に関わらず，自社には他社とは相違した独自性があることを強く認識することによって，自発的な行動をとることなどが指摘されている。しかしながら，当該研究の目的が，組織の独自性の影響を明らかにすることであるため，「職場の人間関係」の影響については，別途調査が必要である。

　パート，アルバイト，派遣社員，契約社員，嘱託など，多様な雇用形態による働き方が推進される現代において，非正規雇用労働者が職場において果たす役割や，「職場の人間関係」が彼らの離職行動にどのような影響を及ぼすのかは，今後さらに重要性が増すテーマであると考えられる。

4　おわりに──早期離職研究の更なる発展のために

　本書では，「職場の人間関係」が若年者の早期離職に与える影響をテーマに，多数の議論・分析を行ってきた。しかしながら，本書で明らかにされた知見・示唆は，「職場の人間関係」に関するごく一部のものであり，本研究を通して，新たな疑問・テーマが導出されている。

　今後の研究において重要となるのは，「上司」，「先輩」，「同期」，「部下」など，職場における重要な人間関係を抽出し，パネルデータを用いて，その影響を時系列（年次・年代ごと）に分析していくことである。また，本書では分析結果のデータの解釈が多数されているが，本来的には，より理論に基づいた仮説の導出と結果の解釈が行われるべきである。

　最後に，もう1つ重要な点は，実際の「離職行動」を従属変数とした分析を行うことである。本書では従属変数として「残留意思」と「離職意思」を使用した。しかしながら，「意思」と「行動」には大きな隔たりがある。「職場の人間関係」の本質的な影響力を明らかにするためには，実際の「離職行動」を従属変数にすること，そして，定量分析の裏付けとして，質的調査を丁寧に行っていくことが必要である。

　以上のような多数の欠点・課題はありつつも，アイデンティフィケーションの概念導入，尺度開発，構造分析などへの取り組みは，本研究分野の発展の一助になることが期待される。また，本書で得られた知見・示唆が，若年早期離職の改善に寄与できるのであれば，筆者にとっても望外の喜びである。

引用・参考文献一覧

〈欧文文献〉

Abrams, D. [1989] "How social is social identity?" *European Congress of Psychology*, Amsterdam, The Netherlands.

Abrams, D. and de Moura, R. [2001] "Organisational identification: psychological anchorage and turnover." In Hogg, M.A. and Terry, D.J. (eds), *Social Identity Processes in Organisational Contexts*. Philadelphia: Psychology Press, pp.131-148.

Allen, N. J., and Meyer, J. P. [1990] "The measurement and antecedents of affective, continuance and normative commitment to the organization," *Journal of Occupational Psychology*, 63, pp.1-18.

Allen, V.L. and Wilder, D. A. [1975] "Categorization, Belief similarity, and group discrimination," *Journal of Personality and Social Psychology*, 32, pp.971-977.

Allport, F.H. [1924] *Social Psychology*, Boston: Houghton-Mifflin.

Aron, A., and Aron, E. [2000] Self-expansion motivation and including other in the self. In W. Ickes and S. Duck (Eds.), *The social psychology of personal relationships:* pp.109-128. New York: Wiley.

Ashforth, B.E., Harrison, S.H. and Corley, K.G. [2008] "Identification in Organizations: An Examination of Four Fundamental Questions," *Journal of Management*, 34, pp.325-374.

Ashforth, B.E., and Johnson, S. A. [2001] "Which hat to wear? The relative salience of multiple identities in organizational contexts." In M. A. Hogg and D. J. Terry (Eds.), *Social identity processes in organizational contexts:* pp.31-48. Philadelphia: Psychology Press.

Ashforth, B.E. and Mael, F. [1989] "Social identity theory and the organisation," *Academy of Management Review*, Vol. 14 No. 1, pp.20-39.

Ashforth, B.E. and Mael, F.A. [1996] "Organisational identity and strategy as a context for the individual," In Baum, J.A.C. and Dutton, J.E. (eds), *Advances in Strategic Management*, Vol. 13. Greenwich, CT: JAI Press, pp.19-64.

Ashforth, B.E., Saks, A.M. [1995] "Work-role transitions: a longitudinal examination of the Nicholson model," *Journal of Occupational and Organizational Psychology*, 68, pp.157-175.

Ashforth, B. E., Sluss, D. M., and Harrison, S. H., [2007] "Socialization in organizational contexts," *International Review of Industrial and Organizational Psychology*, 22, pp.1-70.

Bamber, E. M., and Iyer, V. M. [2002] "Big 5 auditors' professional and organizational identification: Consistency or conflict?" Auditing: *A Journal of Practice and Theory*, 21(2): pp.21-38.

Becker, H.S. [1960] "Notes on the concept of commitment," *American Journal of Sociology*. 66, pp.32-40.

Bergami, M. and Bagozzi, R.P. [1996] "Organisational identification: conceptualization measurement, and nomological validity," Working Paper 9608-10, University of Michigan Business School.

Bergami, M. and Bagozzi, R.P. [2000] "Self categorisation, affective commitment and group self-esteem as distinct aspects of social identity in the organization," *British Journal of Social Psychology*, 39, pp.555-577.

Billing, M.G. [1973] "Normative communication in a minimal intergroup situation," *European Journal of Social Psychology*, 3, pp.339-343.

Billing, M.G. and Tajfel, H. [1973] "Social categorization and similarity in intergroup behavior," *European Journal of Social Psychology*, 3, pp.27-52.

Brown, M.E. [1969] "Identification and some conditions of organisational involvement," *Administrative Science Quarterly*, 14, pp.346-355.

Brown, R. J. [1984] The role of similarity in intergroup relations. In H. Tajfel (Ed.), *The social dimension* (Vol.2, pp.603-623). Cambridge: Cambridge University Press.

Buchanan, B. [1974] "Building organizational commitment; The socialization of managers in work organizations," *Administrative Science Quarterly*, 19, pp.533-546.

Cheney, G. [1982] Organisational identification as a process and product: a field study. Unpublished master's thesis, Purdue University.

Cheney, G. [1983] "The rhetoric of identification and the study of organizational communication," *Quarterly Journal of Speech*, 69, pp.143-158.

Cole, M. S., and Bruch, H. [2006] "Organizational identity strength, identification, and commitment and their relationships to turnover intention: Does organizational hierarchy matter?," *Journal of Organizational Behavior*, 27, pp.585-605.

Cook, J. and Wall, T. [1980] "New work attitude measures of trust, organisational commitment and personal need fulfilment," *Journal of Occupational Psychology*, 53, pp.39-52.

DeCotiis, T.A., and Summers, T.P. [1987] "A path analysis of a model of the antecedents and consequences of organizational commitment," *Human Relations*, 40, pp.445-470.

Dutton, J.E., Dukerich, J.M. and Harquail, C.V. [1994] "Organisational images and member identification," *Administration Science Quarterly*, 39, pp.239-263.

Edwards, M.R. [2005] "Organizational identification: A conceptual and operational review," *International Journal of Management Reviews*, 7, pp.207-230.

Edwards, M. R., and Peccei, R. [2007] "Organizational identification: Development and testing of a conceptually grounded measure," *European Journal of Work and Organizational Psychology*, 16(1), pp.25-57.

Eisenberger, R., Karagonlar, G., Stinglhamber, F., Neves, P., Becker, T. E., Gonzalez-Morales, M. G., and Steiger-Mueller, M. [2010] "Leader-member exchange and affective organizational commitment: The contribution of supervisor's organizational embodiment," *Journal of Applied Psychology*, 95, pp.1085-1103.

Erikson, E. H. [1959] Identity and the life cycle. *Psychological Issues Monograph 1*. New York: International University Press.

Fisher, C. D. [1986] "Organizational socialization: An integrative review," In K. M. Rowland and G. R. Ferris (Eds.), *Research in Personnel and Human Resource Management*, Vol.4, pp.101-146, Greenwich, CT: JAI Press.

Foote, N.N. [1951] "Identification as the basis for a theory of motivation," *American Sociological Review*, 16, pp.14-21.

Gautam, T., van Dick, R., and Wagner, U. [2004] "Organizational identification and organizational commitment: Distinct aspects of related concepts," *Asian Journal of Social Psychology*.

Graen, G. B., and Uhl-Bien, M. [1995] "Relationship-based approach to leadership: Development of leader–member exchange (LMX) theory of leadership over 25 years: Applying a multi-level multi-domain perspective," *Leadership Quarterly*, 6, pp.219-247.

Griffeth, R.W., Hom, P. W., and Gaertner, S. [2000] "A metaanalysis of antecedents and correlates of employee turnover: Update, moderator tests, and research implications for the millennium," *Journal of Management*, 26, pp.463-488.

Hall, D.T., Schneider, B. and Nygren, H.T. [1970] "Personal factors in organizational identification," *Administrative Science Quarterly*, 15, pp.176-190.

Harquail, C.V. [1998] Organisational identification and the "whole person": integrating affect, behavior, and cognition. In Whetten, D.A. and Godfrey, P.C. (eds), *Identity in organisations: Building Theory Through Conversations*. London: Sage, pp.223-231.

Harris, G. E., and Cameron, J. E. [2005] "Multiple dimensions of organisational identification and commitment as predictors of turnover intentions and psychological well-being," *Canadian Journal of Behavioural Science*, 37, pp.159-169.

Herrbach, O. [2006] "A matter of feeling? The affective tone of Organizational commitment and identification," *Journal of Organizational Behavior*, 27, pp.629-643.

Herzberg, F. Mousner, B. and Snyderman, B. B. [1959] *The Motivation to Work*. John Wiley and Sons, Inc.

Hornstein, H.A. [1972] "Promotive tension: the basis of prosocial behavior from a Lewinian perspective," *Journal of Social Issues* 28: pp.191-218.

Hogg, M.A., and Abrams, D. [1985] Review of, H. Tajfel (Ed.), "The Social Dimension: European Developments in Social Psychology (Vols. 1 and 2)," *Journal of Language and Social Psychology* 4, pp.51-60.

Hogg, M. A., and Abrams, D. [1988] *Social identifications: A Social psychology of intergroup relations and group processes*. London: Routledge. (吉森護・野村泰代（訳）『社会的アイデンティティ理論―新しい社会心理学体系化のための一般理論』北大路書房, 1995年)

Hom, P.W., and Griffeth, R.W. [1995] "Employee turnover," *South Western college publishing, Cincinnati*, OH pp.200-340.

Johnson, D.M., Morgeson, P.F. and Hekman, R.D. [2012] "Cognitive and affective identification: Exploring the links between different forms of social identification and personality with work attitudes and behavior," *Journal of Organizational Behavior*, 33, pp.1142-1167.

Jovanovic, Boyan [1979] "Job Matching and the Theory of Turnover," *Journal of Political Economy*, Vol. 87, pp.972-989.

Kark, R., Shamir, B., and Chen, G. [2003] "The two faces of transformational leadership: Empowerment and dependency," *Journal of Applied Psychology*, 88, pp.246-255.

Kelman, H. C. [1958] Compliance, identification, and internalization: three processes of attitude change. *Journal of Conflict Resolution*, 2, pp.51-60.

Kopelman, R.E., Rovenpor, J. L., and Millsap, R. E. [1992] "Rationale and construct validity evidence for the Job Search Behavior Index: Because intentions (and new year's resolutions) often come to naught," *Journal of Vocational Behavior*, 40, pp.269-287.

Kramer, R.M., and Brewer, M. B. [1984] "Effects of group identity on resource use in a simulated commons dilemma," *Journal of Personality and Social Psychology*, 46, pp.1044-1057.

Lee, S.M. [1969] "Organisational identification of scientists," *Academy of Management Journal*, 12, pp.327-337.

Lee, S.M. [1971] "An empirical analysis of organizational identification," *Academy*

of Management Journal, 14, pp.213-226.
Liden, R. C., and Maslyn, J. M. [1998] "Multidimensionality of leader- member exchange: An empirical assessment through scale development," *Journal of Management,* 24, pp.43-72.
Lodahl, T., and Kejner. M. [1965] "The definition and measurement of job involvement," *Journal of Applied Psychology,* 49, pp.24-33.
Louis, M. R., Posner, B. Z., and Powell, G. N. [1983] "The availability and helpfulness of socialization practices." *Personnel Psychology,* 36, pp.857-866.
Lyons, T.F. [1981] "Propensity to leave scale of 1971." In Cook, J.D., Hepworth, S.J., Wall, T.D., and Warr, P.B. (Eds). *Experience of Work: A Compendium and Review of 249 Measures and Their Use.* New York: Academic Press.
Mael, F.A. and Ashforth, B.E. [1992] "Alumni and their alma mater; a partial test of a reformulated model of organisational identification," *Journal of Organizational Behavior,* 13(2), pp.103-123.
Mael, F.A. and Ashforth, B.E. [1995] "Loyal from day one: biodata, organizational identification, and turnover among newcomers," *Personnel Psychology,* 48, pp.309-333.
Mael, F.A., and Tetrick, L.E. [1992] "Identifying organizational identification," *Educational and Psychological Measurement,* 52, pp.813-824.
Maertz, C. P., and Campion, M. A. [1998] "25 years of voluntary turnover research: A review and critique," In C. L. Cooper and I. T. Robertson, *International review of industrial and organizational psychology,* vol.13, pp.49-81. New York: Wiley.
March, J.G., and Simon, H. A. [1958] *Organizations.* New York: Wiley.
Meyer, J. and Allen, N. [1991] "A three-component conceptualization of organizational commitment," *Human Resource Management Review,* 1, pp.61-98.
Meyer, J., and Allen, N. [1997] *Commitment in the workplace, theory research and application.* Thousand Oaks, CA: Sage Publications.
Miller, V.D., Allen, M., Casey, M.K. and Johnson, J.R. [2000] "Reconsidering the organisational identification questionnaire," *Management Communication Quarterly,* 13, pp.626-658.
Mobley, W. H. [1977] "Intermediate linkages in the relationship between job satisfaction and employee turnover," *Journal of Applied Psychology,* 77, pp.237-240.
Moghaddam, F. M., Taylor, D. M. [1994] *Theories of Intergroup Relations: International Social Psychological Perspectives.* Second Edition. New York: Praeger. Hardcover and Softcover.

Moscovici, S. [1972] *The Psychosociology of Language*, Chicago: Markham Publishing.

Mowday, R.T., Porter, L.W., and Steers, R.M. [1982] *Employee-organization linkages: The psychology of commitment, absenteeism, and turnover.* Academic Press, New York.

Mowday, R.T., Steers, R.M., and Porter, L.W. [1979] "The measurement of organizational commitment," *Journal of Vocational Behavior*, 14, pp.224-247.

Nelson, D. L., and Quick, J. C. [1991] "Social support and newcomer adjustment in organizations: Attachment theory at work?," *Journal of Organizational Behavior*, 12, pp.543-554.

O'Reilly, C., and Chatman, J. [1986] "Organizational commitment and psychological attachment: The effects of compliance, identification, and internalization on prosocial behavior," *Journal of Applied Psychology*. 71, pp.492-499.

Patchen, M. [1970] *Participation, Achievement and Involvement in the Job.* Englewood Clifs, NJ: Prentice Hall.

Pettigrew, T.F., Allport, G. W., and Barnett, E. O. [1958] "Binocular resolution and perception or race in South Africa," *British Journal of Psychology*, 49, pp.265-278.

Podsakoff, P. M., MacKenzie, S. B., Lee, J.Y., and Podsakoff, N. P. [2003] "Common method biases in behavioral research: A critical review of the literature and recommended remedies," *Journal of Applied Psychology*, 88, pp.879-903.

Podsakoff, P. M., MacKenzie, S. B., and Podsakoff, N. P. [2012] "Sources of method bias in social science research and recommendations on how to control it," *Annual Review of Psychology*, 63, pp.539-569.

Pratt, M.G. [1998] "To be or not to be? Central questions in organisational identification," In Whetton, D.A. and Godfrey, P.C. (eds), *Identity in Organisations: Building Theory Through Conversations*. London: Sage Publications, pp.171-207.

Pratt, M.G., and Rafaeli, A. [2001] "Symbols as a language of organizational relationships," *Research in Organizational Behavior*, 23, pp.93-132.

Pratt, M.G., Rockmann, K. W., and Kaufmann, J. B. [2006] "Constructing professional identity: The role of work and identity learning cycles in the customization of identity among medical residents," *Academy of Management Journal*, 49, pp.235-262.

Riketta, M. [2005] "Organizational identification: A meta-analysis," *Journal of Vocational Behavior*, 66, pp.358-384.

Rosch, E. [1978] "Principles of categorization," in E. Rosch and B.B. Lloyd (eds.)

Cognition and Categorization, Hillsdale, NJ: Erlbaum.

Rousseau, D.M. [1998] "Why workers still identify with organisations," *Journal of Organisational Behavior,* 19, pp.217-233.

Schneider, B., Hall, D.T. and Nygren, H.T. [1971] "Self image and job characteristics as correlates of changing organisational identification," *Human Relations,* 24, pp.397-416.

Shamir, B. and Kark, R. [2004] "A single item graphicscale for the measurement of organisational identification," *Journal of Occupational and Organizational Psychology,* 77, pp.115-123.

Shamir, B., Breinin, E., Zakay, E. and Popper, M. [2000] "Leadership and social identification in military units: direct and indirect effects," *Journal of Applied Social Psychology,* 30(3), pp.612-640.

Shamir, B., Zakay, R., Breinin, E., and Popper, M. [1998] "Correlates of charismatic leader behavior in military units: Subordinates' attitudes, unit characteristics, and superiors' appraisal of leader performance," *Academy of Management Journal,* 41, pp.387-409.

Sluss, D. M., and Ashforth, B. E. [2007] "Relational identity and identification: Defining ourselves through work relationships," *Academy of Management Review,* 32: pp.9-32.

Sluss, D. M., and Ashforth, B. E. [2008] "How relational and organizational identification converge: Processes find conditions," *Organization Science,* 19, pp.807-823.

Sluss, D. M., Cooper, D., Morrell, D. L., and Thompson, B.S. [2008] *Coming into focus: Exploring work relationships through exchange and identity lenses.* Paper presented at the 15th meeting of the European Association of Experimental Social Psychology, Opatiji, Ctoatia.

Sluss, D.M., Ployhart, E. R., Cobb, G.M., and Ashforth, E. B. [2012] "Generalizing newcomer's relational and organizational identifications: Processes and Prototypicality," *Academy of Management Journal,* 55-4, pp.949-975.

Tajfel, H. [1970] "Experiments in intergroup discrimination," *Scientific American,* 223(5), pp.96-102.

Tajfel, H. [1974] "Social identity and intergroup behavior," *Social Science Information,* 13(2), pp.65-93.

Tajfel, H. (ed.) [1978] *Differentiation Between Social Groups,* London: Academic Press.

Tajfel, H. (ed.) [1984] *The Social Dimension: European Developments in Social Psychology,* Cambridge University Press and Paris: Editions de la Maison des

Sciences de L'Homme, vols 1 and 2.

Tajfel, H., Flament, C., Billing, M. G., and Bundy, R. F. [1971] "Social categorization and intergroup behavior," *European Journal of Social Psychology*, 1, pp.149-177.

Tajfel, H., and Turner, J.C. [1979] "An integrative theory of intergroup conflict," in W.G. Austin, and S. Worchel (eds.) *The social psychology of intergroup relations*, Monterey, Calif.: Brooks-Cole.

Tajfel, H., and Wilkes, A. L. [1963] "Classification and quantitative judgement," *British Journal of Psychology*, 54, pp.101-113.

Taylor, D.M., and Moghaddam, F.M. [1994] *Theories of Intergroup Relations: International Social Psychological Perspectives* (2nd Ed.) Westport, CT: Praeger Press.（野波寛・岡本卓也・小杉考司（訳）『集団間関係の社会心理学―北米と欧州における理論の系譜と発展』晃洋書房，2010年）

Terence, R.M., Brooks, C.H., Thomas, W.L., [2001] "Why people stay: using job embeddedness to predict voluntary turnover," *Academy of Management Journal*, 44-6, pp.1102-1121.

Turner, J.C. [1975] "Social comparison and social identity: Some prospects for intergroup behavior," *European Journal of Social Psychology*, 5, pp.5-34.

Turner, J.C. [1978] "Social categorization and social discrimination in the minimal group paradigm." In H, Tajfel (Ed.), *Differentiation between social groups* (pp.101-140). London and New York: Academic Press.

Turner, J. C. [1984] "Social identification and psychological group formation," in H. Tajfel (ed.) *The Social Dimension: European Developments in Social Psychology*, Vol.2, Cambridge University Press.

Turner, J.C., Brown, R. J., and Tajfel, H. [1979] "Social comparison and group interest in ingroup favouritism," *European Journal of Social Psychology*, 9, pp.187-204.

Turner, J.C., Hogg, M. A., Oakes, P. J., Reicher, S. D., and Wetherell, M. S. [1987] *Re-discovering the social group: A self-categorization theory*. Oxford, UK: Blackwell.（蘭千壽・内藤哲雄・磯崎三喜年・遠藤由美（訳）『社会集団の再発見―自己カテゴリー化理論』誠信書房，1995年）

Ullrich, J., Christ, O., and van Dick, R. [2009] "Substitutes for procedural fairness: Prototypical leaders are endorsed whether they are fair or not," *Journal of Applied Psychology*, 94, pp.235-244.

van Dick, R. [2001] "Identification in organizational contexts: linking theory and research from social and organisation psychology," *International Journal of Management Reviews*, 3(4), pp.265-283.

van Dick, R. [2004] "My job is my castle: identification in organizational contexts,"

International Review of Industrial and Organizational Psychology, 19, pp.171-203.
van Knippenberg, D., and Sleebos, E. [2006] "Organizational identification versus organizational commitment: Self-definition, social exchange, and attitudes," *Journal of Organizational Behavior*, 27, pp.571-584.
van Knippenberg, D., van Knippenberg, B., Monden, L. and de Lima, F. [2002] "Organisational identification after a merger: a social identity perspective," *British Journal of Social Psychology*, 41, pp.233-252.
van Knippenberg, D., and van Schie, E. C. M. [2000] "Foci and correlates of organizational identification," *Journal of Occupational and Organizational Psychology*, 73, pp.137-147.
Van Maanen, J. [1975] "Police Socialisation: a longitudinal examination of job attitudes in an urban police department," *Administrative Science Quarterly*, 20, pp.207-228.
Van Maanen, J. [1978] "People processing: Strategies of organizational socialization," *Organizational Dynamics*, 7, pp.18-36.
Van Maanen, J., and Schein, E. H. [1979] "Toward a theory of organizational socialization," In B. M. Staw (Ed.), *Research in Organizational Behavior*, 1, pp.209-264.
Walumbwa, F. O., and Hartnell, C. A. [2011] "Understanding transformational leadership-employee performance links: The role of relational identification and self-efficacy," *Journal of Occupational and Organizational Psychology*, 84(1), pp.153-172.
Weick, K. E. [1995] Sensemaking in organizations. Thousand Oaks, CA: Sage.
Wiesenfeld, B. M., Raghuram, S., and Garud, R. [1998] "Communication patterns as determinants of organizational identification in a virtual organization," *Organization Science*, 10, pp.777-790.

〈邦文文献〉
池上知子・遠藤由美［2008］『グラフィック社会心理学』サイエンス社。
石井久子［2005］「新規大卒者のジョブサーチと早期離職」『高崎経済大学論集』第47巻, 第4号, 88-99頁。
伊藤重男［2015］「若手社会人の早期離職についての要因分析」『四天王寺大学紀要』第59号, 307-332頁。
大竹文雄・猪木武徳［1997］「労働市場における世代効果」浅子和美・吉野直行・福田慎一（編）『現代マクロ経済分析転換期の日本経済』東京大学出版会, 第10章。
太田聰一・玄田有史・近藤絢子［2007］「溶けない氷河—世代効果の展望」『日本労

働研究雑誌』569号，4-16頁．
太田聰一［2010a］「若年雇用問題と世代効果」樋口美雄編『労働市場と所得分配』慶應義塾大学出版会，第15章．
太田聰一［2010b］『若年者就業の経済学』日本経済新聞出版社．
尾形真実哉［2009］「導入時研修が新人の組織社会化に与える影響の分析―組織社会化戦術の観点から」『甲南経営研究』49（4），19-61頁．
尾形真実哉［2012a］「若年就業者の組織適応エージェントに関する実証研究―職種による比較分析」『経営行動科学』第25巻第2号，91-112頁．
尾形真実哉［2012b］「リアリティ・ショックが若年就業者の組織適応に与える影響の実証研究―若年ホワイトカラーと若年看護師の比較分析」『組織科学』45（3），49-66頁．
小川憲彦［2006］「組織における社会化過程と個人化行動に関する理論的・実証的研究」神戸大学博士論文．
http://www.lib.kobe-u.ac.jp/repository/thesis/d1/D1003637.pdf（最終閲覧日2017-11-14）．
柿本敏克［2001］「社会的アイデンティティ理論・自己カテゴリー化」山本眞理子・外山みどり・池上知子・遠藤由美・北村英哉・宮本聡介(編)『社会的認知ハンドブック』北大路書房，120-125頁．
株式会社カイラボ［2013］『早期離職白書2013―3年で辞めた若者たちの本音』．
苅谷剛彦・本田由紀(編)［2010］『大卒就職の社会学―データからみる変化』東京大学出版会．
木村太一［2016］「マネジメント・コントロールと組織アイデンティフィケーションの研究―定量的調査にもとづく考察」一橋大学博士論文．
金倫廷・大月博司［2016］「組織コントロール戦略の新たなアプローチ―アイデンティティとアイデンティフィケーションの視点から」『早稲田商学』（447・448），1-34頁．
黒澤昌子・玄田有史［2001］「学校から職場へ―「七・五・三」転職の背景」『日本労働研究雑誌』490号，4-18頁．
経済広報センター［2004］『若年者の就労に関するアンケート』．
玄田有史［2001a］「結局，若者の仕事がなくなった―高齢社会の若年雇用」橘木俊詔・ワイズ，デービッド編『日米比較―企業行動と労働市場』日本経済新聞社，173-202頁．
玄田有史［2001b］『仕事のなかの曖昧な不安―揺れる若者の現在』中央公論新社．
玄田有史［2008］「前職が非正社員だった離職者の正社員への移行について」『日本労働研究雑誌』No.580，61-77頁．
厚生労働省［2017］『一般職業紹介状況（職業安定業務統計）』．
http://www.mhlw.go.jp/toukei/list/114-1.html（最終閲覧日2017-11-14）．

厚生労働省［2015］，［2016］，［2017］『雇用動向調査』。
　　http://www.mhlw.go.jp/toukei/itiran/roudou/koyou/doukou/17-2/dl/kekka_gaiyo-03.pdf（最終閲覧日2017-11-14）。
厚生労働省［2015］，［2016］，［2017］『新規学卒就職者の学歴別就職後3年以内離職率の推移』。
　　http://www.mhlw.go.jp/file/06-Seisakujouhou-11650000-Shokugyouanteikyokuhakenyukiroudoutaisakubu/0000177659.pdf（最終閲覧日2017-11-14）。
厚生労働省［2017］『新規学卒就職者の在職期間別離職状況』。
　　http://www.mhlw.go.jp/file/06-Seisakujouhou-11650000-Shokugyouanteikyokuhakenyukiroudoutaisakubu/0000177658.pdf（最終閲覧日2017-11-14）。
厚生労働省［2015］，［2016］，［2017］『新規大学卒業者の産業分類別卒業3年後の離職率の推移』。
　　http://www.mhlw.go.jp/file/06-Seisakujouhou-11650000-Shokugyouanteikyokuhakenyukiroudoutaisakubu/0000177703.pdf（最終閲覧日2017-11-14）。
厚生労働省［2015］，［2016］，［2017］『新規大学卒業就職者の事業所規模別卒業3年後の離職率の推移』。
　　http://www.mhlw.go.jp/file/06-Seisakujouhou-11650000-Shokugyouanteikyokuhakenyukiroudoutaisakubu/0000177682.pdf（最終閲覧日2017-11-14）。
厚生労働省［2013］「第2章 日本経済と就業構造の変化」『労働経済の分析―構造変化の中での雇用・人材と働き方』。
　　http://www.mhlw.go.jp/wp/hakusyo/roudou/13/dl/13-1-4.pdf（最終閲覧2017-11-14）。
厚生労働省［2017］「平成28年賃金構造基本統計調査―学歴別」『賃金構造基本統計調査』。
　　http://www.mhlw.go.jp/toukei/itiran/roudou/chingin/kouzou/z2016/dl/03.pdf（最終閲覧日2017-11-14）。
厚生労働省［2009］「平成21年若年者雇用実態調査結果の概況」『若年者雇用実態調査』。
　　http://www.mhlw.go.jp/toukei/itiran/roudou/koyou/young/h21/dl/gaikyo.pdf（最終閲覧日2017-11-14）。
厚生労働省［2013］「平成25年若年者雇用実態調査の結果」『若年者雇用実態調査』。
　　http://www.mhlw.go.jp/toukei/list/dl/4-21c-jyakunenkoyou-h25_houdoou.pdf（最終閲覧日2017-11-14）。
厚生労働省［2013］「労働者健康状況調査」『労働安全衛生特別調査』。
　　http://www.mhlw.go.jp/toukei/list/dl/h24-46-50_05.pdf（最終閲覧日2017-11-14）。
厚生労働省職業安定局［2014］『雇用を取り巻く環境と諸課題について』。

http://www.mhlw.go.jp/file/05-Shingikai-11601000-Shokugyouanteikyoku-Soumuka/0000062121.pdf（最終閲覧日2017-11-14）。

鴻巣忠司［2012］「新卒採用者と中途採用者の組織社会化の比較に関する一考察―個人の革新行動に与える影響を中心として」神戸大学ワーキングペーパー。

鴻巣忠司・小泉大輔・西村知晃［2011］「新卒採用者と中途採用者の組織社会化の比較研究」経営行動科学学会第14回大会。

小玉一樹［2011a］「組織同一視と職務態度・行動との関連性―組織コミットメントとの弁別性に着目して」『人材育成研究』6 (1), 55-67頁。

小玉一樹［2011b］「組織同一視尺度の開発と信頼性・妥当性の検討」『広島大学マネジメント研究』11, 55-67頁。

小玉一樹［2012］「組織成員の帰属意識に関する研究―社会的アイデンティティ理論の観点から」広島大学博士論文。

小玉一樹・戸梶亜紀彦［2010］「組織同一視の概念研究―組織同一視と組織コミットメントの結合」『広島大学マネジメント学会―マネジメント研究』第10号, 51-66頁。

小林徹［2013］「高度経済成長期以降の職場変化と外部労働市場」慶應義塾大学博士論文
http://koara.lib.keio.ac.jp/xoonips/modules/xoonips/download.php/KO10004001-20144136-0003.pdf?file_id=99661（最終閲覧日2017-11-14）。

小林徹［2016］「新規学卒者の就職先特徴の変化と早期離職の職場要因」『日本労働研究雑誌』No. 668, 38-58頁。

小林徹・梅崎修・佐藤一磨・田澤実［2014］「大卒者の早期離職とその後の転職先―産業・企業規模間の違いに関する雇用システムからの考察」『大原社会問題研究所雑誌』第671・672号, 50-70頁。

近藤絢子［2008］「労働市場参入時の不況の長期的影響―日米女性の比較分析」『季刊家計経済研究』77号, 73-80頁。

櫻木晃裕［2006］「職務満足概念の構造と機能」『豊橋創造大学紀要』10号, 37-47頁。

佐藤一磨［2009］「学卒時の雇用情勢は初職離職後の就業行動にも影響しているのか」樋口美雄・瀬古美喜・照山博司・慶應‐京大連携グローバルCOE編『日本の家計行動のダイナミズムV』81-104頁。

清水裕士［2016］「フリーの統計分析ソフトHAD―機能の紹介と統計学習・教育, 研究実践における利用方法の提案」『メディア・情報・コミュニケーション研究』1, 59-73頁。

総務省統計局［2017］『労働力調査』。
http://www.stat.go.jp/data/roudou/longtime/03roudou.htm#hyo_1（最終閲覧日2017-11-14）。

田尾雅夫編著［1997］『「会社人間」の研究―組織コミットメントの理論と実際』京

都大学学術出版会。
高尾義明［2013a］「組織アイデンティフィケーションと組織コミットメントの弁別性―日本における組織アイデンティフィケーション研究に向けた予備的分析」『首都大学東京　経営と制度』11号，65-80頁。
高尾義明［2013b］「組織成員のアイデンティフィケーション」組織学会編『組織論レビューⅠ　組織とスタッフのダイナミズム』白桃書房，193-235頁。
高尾義明・王英燕［2012］『経営理念の浸透―アイデンティティプロセスからの実証分析』有斐閣。
高木浩人・石田正浩・益田圭［1997］「実証的研究―会社人間をめぐる要因構造」田尾雅夫(編)『「会社人間」の研究』京都大学学術出版会，265-296頁。
高橋弘司［1993］「組織社会化研究をめぐる諸問題」『経営行動科学』第8巻第1号，1-22頁。
高橋弘司［1999］「第5章　態度の測定(Ⅱ)―組織コミットメント」渡辺真澄・野口裕之編『組織心理測定論―項目反応理論のフロンティア』白桃書房，131-154頁。
竹内倫和［2003］「新規学卒就職者の初期キャリアにおける態度変容とリアリティ・ショック―縦断的調査に基づく検討」『経営行動科学学会第6回年次大会発表論文集』140-149頁。
竹内倫和・竹内規彦［2011］「新規参入者の組織社会化過程における上司・同僚との社会的交換関係の役割―縦断的調査による分析」『組織科学』44，(3)，132-145頁。
中小企業庁［2016］『中小企業・小規模企業者の定義』。
　http://www.chusho.meti.go.jp/soshiki/teigi.html（最終閲覧日2017-11-14）。
寺畑正英［2009］「若年層における継続就業の要因」『東洋大学経営論集』74号，213-229頁。
寺畑正英［2013］「若年従業員の継続就業」『日本経営学会 経営学論集』83，(30)，1-11頁。
内閣府［2001］『青少年の生活と意識に関する基本調査報告書―第3章　職業関係』。
　http://www8.cao.go.jp/youth/kenkyu/seikatu2/pdf/2-3-1.pdf（最終閲覧日2017-11-14）。
内閣府［2010］『若者の意識に関する調査（ひきこもりに関する実態調査)』。
　http://www8.cao.go.jp/youth/kenkyu/hikikomori/pdf/gaiyo.pdf（最終閲覧日2017-11-14）。
内閣府［2012］『若者雇用戦略』。
　http://www5.cao.go.jp/keizai1/wakamono/sennryaku.pdf（最終閲覧日2017-11-14）。
内閣府［2012］『若者の考え方についての調査報告書―概要版』。

http://www8.cao.go.jp/youth/kenkyu/thinking/h23/pdf/gaiyo.pdf（最終閲覧日2017-11-14）。

内閣府［2014］『我が国と諸外国の若者の意識に関する調査―第4章　職業関係』。
http://www8.cao.go.jp/youth/kenkyu/thinking/h25/pdf/b2_3.pdf（最終閲覧日2017-11-14）。

中村友理絵・則定百合子［2014］「若者の早期離職の主要因に関する研究―職場ストレス，抑うつ傾向，労働環境との関連」『和歌山大学教育学部紀要』第64集，37-48頁。

西村孝史［2013］「HRM」『日本労働研究雑誌』No.633，46-49頁。

日本生産性本部［2014］，［2015］，［2016］，［2017］『働くことの意識―調査報告書』。

日本労働研究機構［1999］「雇用管理業務支援のための尺度・チェックリストの開発―HRM（Human resource management）チェックリスト」『調査研究報告書』No, 124頁。

濱秋純哉・堀雅博・前田佐恵子・村田啓子［2011］「低成長と日本的雇用慣行―年功賃金と終身雇用補完性を巡って」『日本労働研究雑誌』611号，26-37頁。

原ひろみ［2005］「新規学卒労働市場の現状―企業の採用行動から」『日本労働研究雑誌』542号，4-17頁。

林祥平［2013］「組織社会化と組織的同一化の弁別妥当性」『経営行動科学』26(1)，1-15頁。

林祥平［2015］「組織成員のアイデンティティマネジメントの研究」神戸大学博士論文。
http://www.lib.kobe-u.ac.jp/infolib/meta_pub/G0000003kernel_D1006287（最終閲覧日2017-11-14）。

福本俊樹［2011］「組織社会化概念の再定位」神戸大学ワーキングペーパー。

前田佐恵子・濱秋純哉・堀雅博・村田啓子［2010］「新卒時就職活動の失敗は挽回可能か？　家計研パネルの個票を用いた女性就業の実証分析」『ESRI Discussion Paper Series No. 234』。

守島基博［2004］『人材マネジメント入門』日本経済新聞社。

文部科学省［2001］，［2015］『学校基本調査』。
http://www.mext.go.jp/b_menu/toukei/chousa01/kihon/1267995.htm（最終閲覧日2017-11-14）。

安田雪［2008］「若年者の転職意向と職場の人間関係―上司と職場で防ぐ離・転職」『Works Review』，3，32-45頁。

谷内篤博［2005］『大学生の職業意識とキャリア教育』勁草書房。

山本寛［1995］「勤労者のワーク・コミットメントの比較とその関係要因の検討(2)―キャリア上の決定・行動との関係を中心にして」『日本労務学会年報』66-75頁。

吉村大吾［2010］「若者の早期離職現象に関する基礎的考察」『労務理論学会誌』第

19号，217-229頁。

吉村大吾［2012］「若者の早期離職と企業経営に関する研究」『追手門経済論集』46(2)，94-116頁。

リクルートワークス研究所［2017］『大卒求人倍率調査』。
http://www.works-i.com/surveys/graduate.html（最終閲覧日2017-11-14）。

労働政策研究・研修機構［2007］『若年者の離職理由と職場定着に関する調査』JILPT 調査シリーズ No, 36。

労働政策研究・研修機構［2012］『中小企業における人材の採用と定着―人が集まる求人，生きいきとした職場／アイトラッキング，HRM チェックリスト他から』JILPT 労働政策研究報告書，No,147。

労働政策研究・研修機構［2017］『若年者の離職状況と離職後のキャリア形成―若年者の能力開発と職場への定着に関する調査』JILPT 調査シリーズ，No,164。

付　録

〈本書で使用された尺度と質問項目〉

■ Johnson et al.［2012］を基にした関係的アイデンティフィケーション尺度

感情的側面（affective aspect）	
1	I feel happy to work with the immediate supervisor. 直属の上司と一緒に働けることに，幸せを感じる
2	I am proud to work with the immediate supervisor. 直属の上司と一緒に働けることに，誇りを感じる
3	It feels good to work with the immediate supervisor. 直属の上司と一緒に働けることに，満足感を感じる
4	If I were forced to leave the supervisor, I would be very disappointed. もし直属の上司と離れなければならないとしたら，がっかりするだろう
認知的側面（cognitive aspect）	
5	My self-identity at work is based in part on my work relationship with the immediate supervisor. 直属の上司との仕事における関係は，私の仕事上の人格（パーソナリティ）の一部を形成している
6	My work relationship with the immediate supervisor is very important to my sense of who I am at work. 直属の上司との仕事における関係は，私が仕事において「どのような人間（人物）であるか」を決める重要な要素である
7	My sense of self at work overlaps with the work identity of the immediate supervisor. 直属の上司の仕事におけるアイデンティティ（考え方・特徴）と，私の仕事におけるアイデンティティ（考え方・特徴）には共通点がある
8	If the work relationship with the immediate supervisor were criticized, it would influence how I thought about myself. もし直属の上司が批判されたら，それは自分自身の自己評価にも影響を与えるだろう

注：「直属の上司」の部分を「先輩社員」，「同期」に名称変更したものが，各人に対する関係的アイデンティフィケーション尺度となる。

■ Mael and Ashforth [1992] の組織アイデンティフィケーション尺度

1	When someone criticizes (name of organization), it feels like a personal insult. (所属組織) が批判された時に，自分が批判されたように感じる
2	I am very interested in what others think about (name of organization). 他の人が(所属組織)のことをどのように思っているのかについて，とても興味がある
3	When I talk about this organization, I usually say "we" rather than "they". (所属組織) について誰かに話す時，たいてい「あの組織」ではなく「うちの組織」という
4	This organization's successes are my successes. (所属組織) の成功は，私にとっての成功である
5	When someone praises this organization, it feels like a personal compliment. (所属組織) が褒められた時に，自分が褒められたように感じる
6	If a story in the media criticized the organization, I would feel embarrassed. もしメディアで (所属組織) を批判する話が出ていたら，きまり悪く感じる

■ Johnson et al. [2012] を基にした組織アイデンティフィケーション尺度

	感情的側面（affective aspect）
1	I feel happy to be a member of the company. この会社の一員であることに，幸せを感じる
2	I am proud to be a member of the company. この会社の一員であることに，誇りを感じる
3	It feels good to be a member of the company. この会社の一員であることに，満足感を感じる
4	If I were forced to leave the company, I would be very disappointed. もしこの会社を辞めなければならないとしたら，がっかりするだろう
	認知的側面（cognitive aspect）
5	My self-identity is based in part on my membership in the company. この会社の一員であることは，私のパーソナリティ（人格）の一部を形成している
6	My membership in the company is very important to my sense of who I am. この会社の一員であることは，私が「どのような人間（人物）であるか」を決める重要な要素である
7	My sense of self overlaps with the identity of the company. この会社のアイデンティティ（考え方・特徴）と，私のアイデンティティ（考え方・特徴）には共通点がある
8	If the company were criticized, it would influence how I thought about myself. もしこの会社が批判されたら，それは自分自身の自己評価にも影響を与えるだろう

■ Allen and Meyer [1990] の組織コミットメント尺度（情緒的側面）

1	I would be very happy to spend the rest of my career with this organization. 私の仕事生活（キャリア）の残りをこの会社で過ごせたら，とても幸せだ
2	I really feel as if this organization's problems are my own. 私はこの会社の問題を，まるで自分自身の問題であるかのように感じている
3	I feel a strong sense of "belonging" to my organization. 私はこの会社に対して，強い「所属感」を感じている
4	I feel "emotionally attached" to this organization. 私はこの会社に対して「愛着」を感じている
5	I feel like "part of the family" at my organization. 私は，会社という「家族」の一員であるように感じている
6	This organization has a great deal of personal meaning for me. この会社は，私にとって個人的に重要な意味を持っている

■ Lyons [1981] の残留意思

1	If I were completely free to choose, I would prefer to keep working in this organization. もし自由に選択できるのであれば，現在の会社で働き続けたい
2	I would like to stay at this organization for a long time. 現在の会社にこれからもずっと留まりたい
3	If I had to quit work for a while (for example because of personal/family reasons), I would return to this organization. もし個人的な理由や家族の問題でしばらくの間仕事を辞めなければならなかったとしても，現在の会社に戻ってきたい

■ 小玉 [2012]，竹内 [2003]，山本 [1995] の離職意思

1	私は現在と違った会社に転職したい
2	現在所属している会社を辞めたい
3	半年後，私はこの会社にいないだろう

■ 小玉 [2012] の職務満足

1	今の仕事が好きである
2	現在の仕事に満足している
3	今の仕事に喜びを感じる
4	今の仕事にやりがいを感じる

■著者紹介

初見　康行（はつみ　やすゆき）

いわき明星大学 教養学部 地域教養学科 准教授
1978年千葉県生まれ。2004年同志社大学文学部英文学科卒業。株式会社リクルートHRマーケティングにおいて，法人営業，人事業務に従事。2011年一橋大学大学院商学研究科経営学修士コース修了（経営学），2014年博士後期課程単位修得退学。2017年博士（商学）。
専門は人的資源管理論。若年者の早期離職など，組織からの移動・退出をテーマとした研究を推進。

若年者の早期離職
―時代背景と職場の人間関係が及ぼす影響―

2018年3月30日　第1版第1刷発行

著　者　初　見　康　行
発行者　山　本　　　継
発行所　㈱中央経済社
発売元　㈱中央経済グループ
　　　　パブリッシング

〒101-0051　東京都千代田区神田神保町1-31-2
電話　03 (3293) 3371（編集代表）
　　　03 (3293) 3381（営業代表）
http://www.chuokeizai.co.jp/

©2018
Printed in Japan

印刷／東光整版印刷㈱
製本／誠　製　本　㈱

＊頁の「欠落」や「順序違い」などがありましたらお取り替えいたしますので発売元までご送付ください。(送料小社負担)

ISBN978-4-502-26161-9 C3034

JCOPY〈出版者著作権管理機構委託出版物〉本書を無断で複写複製（コピー）することは，著作権法上の例外を除き，禁じられています。本書をコピーされる場合は事前に出版者著作権管理機構（JCOPY）の許諾を受けてください。
JCOPY〈http://www.jcopy.or.jp　eメール：info@jcopy.or.jp　電話：03-3513-6969〉

ベーシック＋プラス
Basic Plus

ミクロ経済学の基礎　マクロ経済学の基礎　経営学入門　経営管理論

財政学　公共経済学　企業統治　技術経営

金融論　金融政策　人的資源管理　国際人的資源管理

日本経済論　地域政策　消費者行動論　物流論

いま新しい時代を切り開く基礎力と応用力を兼ね備えた人材が求められています。このシリーズは，各学問分野の基本的な知識や標準的な考え方を学ぶことにプラスして，一人ひとりが主体的に思考し，行動できるような「学び」をサポートしています。

Let's START!
学びにプラス！
成長にプラス！
ベーシック＋で
はじめよう！

中央経済社